U0691825

杨振华——著

孟郊传

我心随月光

中国文史出版社

图书在版编目（ＣＩＰ）数据

我心随月光：孟郊传 / 杨振华著. —— 北京：中国
文史出版社，2024.1
　　ISBN 978-7-5205-4264-7

　　Ⅰ.①我… Ⅱ.①杨… Ⅲ.①孟郊（751-814）—传
记 Ⅳ.①K825.6

中国国家版本馆CIP数据核字（2023）第169993号

责任编辑：王文运　　　　装帧设计：尚俊文化

出版发行：中国文史出版社

社　　　址：北京市海淀区西八里庄路69号　　邮　编：100142
电　　　话：010-81136606　81136602　81136603（发行部）
传　　　真：010-81136655
印　　　装：北京新华印刷有限公司
经　　　销：全国新华书店
开　　　本：710mm×1000mm　1/16
字　　　数：290千字
印　　　张：19.75
版　　　次：2024年3月北京第1版
印　　　次：2024年3月第1次印刷
定　　　价：68.00元

文史版图书，版权所有，侵权必究。
文史版图书，印装错误可与印刷厂联系调换。

/ 目　录

第一章

中唐文化和孟郊的早年生活

中唐乱

1

大唐王朝到了唐玄宗一代，算是登上了繁盛的巅峰。唐玄宗年号开元，史称"开元盛世"。

开元之初，唐玄宗刚即位，很想和太宗皇帝李世民一样做一个有所作为的好皇帝，于是励精图治，任用贤能，起用姚崇、宋璟等人为宰相，推行了一些改革，朝廷上下一时充满朝气。一方面，唐玄宗加强皇室内部的治理，解除武则天、韦皇后等的残余势力对皇位构成的威胁，并恩礼优待皇家兄弟，进而削弱他们手中的实权，坐稳了自己屁股底下的龙椅；另一方面，加强官员的队伍建设，整顿吏治，裁撤冗员，尤其对武周以来委派的大量非正式任命的斜封官进行清除，宰相人数也从十多人减少到两三人，同时择优选拔官员到重要的岗位，提高了朝廷的行政效率。张九龄拜相后，提出以"王道"替代"霸道"，强调以人为本，增殖人口，反对穷兵黩武；主张减少刑罚，减轻徭役，扶持农桑；坚持吏治革新，选拔德才兼备的官员。大臣的合理化建议得到采纳，朝廷出台了一系列得力的政策和制度。如实施京官与地方官的迁调制度，增进了中央与地方的沟通、了解和信任；开元二十二年（734），发布诏书调整婚嫁年龄，"男年十五，女年十三以上，听婚嫁"，即以15岁、13岁为男女婚嫁最低年龄，增加了人口的出生。

君王思路清晰，大臣尽忠辅佐，"开元盛世"的天空里自然阳光灿烂。可以说，唐朝开元年间政局稳定，经济繁荣，人口增长，一派国力富强的大好形势。从户数人口和对外关系，我们可以洞见一番盛世唐朝的状况。

古代没有GDP（国内生产总值）的说法，衡量一个国家的盛衰，其中一个主要指标是户数和人口。我们来看一看从隋朝到唐朝开元年间的户数和人口的变化：

隋炀帝大业五年（609），隋朝户数有890万，人口4601万。看来隋朝鼎盛时期的经济水平还是不错，能够养活这么多人。经过隋朝末年的战乱，人口急剧下降，唐武德年间户数只剩200多万；到了贞观二十三年（649），人口有了明显增长，户数方才达到380万。而唐玄宗在位期间，人口呈爆发式增长，开元二十八年（740），全国的户数达到841万户，人口4844万；天宝十三年（754），户数超越隋朝，有906万户，人口5288万。

这些户数和人口是户部可以统计到的，加上民间、官吏隐瞒的人口，数量还要多一些。从现在的眼光，开元时期的全国人口只相当于如今一个中等省的人口数，但当时唐朝是世界上人口最多的国家了。从人口增长来看，唐朝在唐太宗时经济还处于恢复时期，到了唐玄宗的开元年间才真正进入全盛期。历史记载：开元时，全国境内富裕殷实，1斗米才值13钱，青州、齐州之间1斗米才3钱，1匹绢才200钱；路边上排列着酒肆客栈，为行人提供酒菜客房，店里有作为脚力的驴子，你行走千里之外也不需要带着兵器防身。可见，当时经济发展，粮食充足，交通便利，又治安良好，一个人口日益增长的王朝呈现出强健的体格。

衡量一个国家的盛衰，还可以看看对外关系如何，而对外影响力的大小可以看他国是否派遣留学生前来学习。我们知道，当今美国是世界各国学子留学的首选地，因为美国强，经济发达、科技进步，是全球经济、科技、金融的中心。当年的唐朝也一样，是一个开放强盛的王朝，笑迎四方客，周边各国青年纷纷前来学习。新罗（朝鲜）、大食（阿拉伯）等国的年轻人还来参加唐朝的科举考试，甚至有人留在唐朝做官。而日本的遣唐使，是最早最庞大的赴唐外交留学使团。从贞观年间开始，日本先后任命派遣了19次遣唐使，人数达数千人之多，他们前来学习唐朝的典章制度和文化礼仪，学习生产技术、天文历法、文学历史和医药建筑等，还参照汉字创制了日本文字，日本的建筑和社会生活至今还保留了唐朝的某些风格风尚。

唐玄宗在位期间，日本派遣了三次留学使团，其中最为著名的是开元五年（717）的遣唐使，人数多达557人。这一批留学生中涌现了阿倍仲麻吕（晁衡、朝衡）这样杰出的人才。他进入国子监太学学习，参加唐朝科举并进士及第，因爱好诗歌与诗人李白、王维等结下深厚友谊，后来东渡回国受阻，永远留在了唐朝，做官做到秘书监、光禄大夫兼御史中丞等。

在开元年间，唐朝的武功也推向一个高峰：北方与回纥共灭后突厥，东北挫败契丹，西北分裂削弱突骑施而称霸西域，西方一时击败吐蕃和大食。在唐朝的全盛时期，建成了一个开放、庞大的帝国，版图东起朝鲜半岛，南抵越南顺化一带，西达葱岭以西中亚咸海地区，北包贝加尔湖。先后设立了安西、安北、安东、安南、单于、北庭六大都护府，有效管理突厥、回纥、铁勒、室韦、契丹、靺鞨等各民族，较好维护与吐蕃、新罗、南诏等国的双边关系。长城，曾经是抵御漠北民族的军事防御设施，此时只是景观一道了。唐朝是秦、汉以来第一个不筑长城的统一王朝。

站在时代的巅峰，身处富庶的繁华，唐玄宗沉醉在富贵的安逸梦和美人的温柔乡，失去了曾经的朝气与勤勉，殊不知盛世中已经埋下了衰败的种子。他宠幸杨贵妃，"从此君王不早朝"；他刚愎自用，罢免张九龄这样的尽忠之臣，自己堵塞言路；他怠于朝政，把政事都交给自以为值得信任的臣子，于是有了李林甫、杨国忠的擅权。最终，酿成"安史之乱"，又处乱而失措，听信谗言，自毁长城，唐玄宗落得仓皇出逃，"马嵬坡下杨妃死"，只留得"此恨绵绵无绝期"，而所谓的盛世成了幻影一场。

2

"安史之乱"（755—763）真是一场空前大浩劫。乱军所到之处，烧杀抢掠，长安城内的宫殿宗庙被焚烧，三省六部的官衙也荒废了；百姓流离失所，市井荆榛生长，甚至会听到豺狼的嚎叫声。中原大地，人烟断绝，千里萧条。

杜甫著名"三吏"(《新安吏》《石壕吏》《潼关吏》)和"三别"(《新婚别》《无家别》《垂老别》),就是这场战乱的真实记录。其中《无家别》写道:"寂寞天宝后,园庐但蒿藜,我里百余家,世乱各东西。存者无消息,死者为尘泥。"真是离乱百姓苦。

因为"安史之乱",唐朝向西北回纥借兵抗敌,回纥虽然没有侵占土地的欲望,但乘机索要大量财物。至德二年(757)、宝应元年(762),回纥军两次攻入叛军盘踞的洛阳,两次大肆劫掠,人民死伤无数,洛阳城遭受了两次劫难。而洛阳,正是诗人孟郊后来重要的生活场所。

还是因为"安史之乱",唐朝调动西北藩镇的军队抵抗叛军,一时西北空虚,吐蕃军队乘虚而入,侵占了河西、陇右几十个州的土地,势力逼近都城长安,甚至于广德元年(763)攻入长安,都城被抢劫一空。

"安史之乱"平定后怎样呢?这场浩劫开启了唐朝的乱世之门,唐朝也由盛唐转入中唐。这就是诗人孟郊要立足的时代。

造成中唐乱世的主要祸根不外乎宦官弄权和藩镇割据。

唐太宗时,就有任用宦官的先例。到了唐玄宗即位,就养成了重用宦官的习惯,宫中有1000多宦官穿上了红衣紫袍的官服,得皇帝器重的还官居三品,府邸的门前可以像功勋元老一样树立门戟,威风得很。宦官高力士更是势焰熏天,他深得唐玄宗的信任,操纵朝中事务,各地呈送的奏章,都要经过他的手才能送达皇帝,小事就自己直接做主了;朝中的许多大臣都因为他才踏上高位。为什么皇帝器重宦官?皇帝以为自己知人善任,宦官是身边人、自己人,可以放心,并且容易控制。

"安史之乱"之后,宦官势力日益专横。要命的是宦官逐步掌握了兵权,监军制度的设立让宦官开始干预军队的指挥,主帅受到限制,大大影响军队的战斗力;在平定叛乱中成长起来的禁军主力——神策军的领导权握在宦官手中,由此掌控京师的宿卫。手中有了军权,宦官开始参与争夺皇位继承权的斗争,上位的皇帝要看他们的眼色行事,甚至可以决定某些上位皇帝的废立生死。后来的唐宪宗、唐敬宗都死于宦官之手。唐宪宗之后,除唐敬宗以太子继位外,其他皇帝无不由宦官拥立。皇帝不是不想剪除宦官恶势力,但盘根错节，杀了一个自有后来人。唐代宗时，杀了宦官李辅国，又养大程元振；去除了程元振，又涌现了鱼朝恩，一个比一个精明，一个比一个专权……宦官弄权导致的后果是朝廷不像朝廷，朝臣与宦官之间争权夺利，整个的秩序乱了；而贪婪的宦官到地方随意索取贿赂，皇帝还听之任之，致使朝廷声望大失，甚至挑起反叛。宦官势力在中晚唐的乱世土壤里，可谓根深蒂固，牢不可拔。重用宦官无疑是唐王朝的自杀之举。

再来看中唐乱世的另一大祸根藩镇割据。

唐朝开始实行府兵制，原则上是世袭的征兵制。以指定的区域为军府州，拣选征充兵源，兵户一般为世袭，与清朝的八旗兵相类似。府兵，免除赋役，但要自食其力，也要自备各类物资，以备征战之需。府兵"兵民合一"，战时为兵，平时务农，这种征兵用兵方式的好处是将帅无法拥兵自重。但世袭的府兵家庭逐渐发生变化，如果发家致富了，名列缙绅富贵，就会雇佣他人替代；如果沦为破落户了，就会逃荒而去。到开元年间，府兵制难以维持，公开地面向百姓的募兵推行开来，中央政府招募"长从宿卫"（后改称彍骑），用来戍卫京城；随后，允许各地藩镇招募大量的职业军人，即所谓的"长征健儿"，成为藩镇节度使的实力来源。

为巩固边防，唐玄宗在沿边要地设置了9个节度使、1个经略使。藩镇节度使集军政大权于一身，权力逐渐扩张，成为手握强权的封疆大吏。唐玄宗信任安禄山，竟将平卢、范阳、河东三镇节度使加其一身，手握重兵18万之众，赋予的职权太大了，最后酿成尾大不掉之势，自食了恶果。

唐代宗广德元年（763），叛军首领史朝义自缢身亡，其党羽纷纷投降唐朝，"安史之乱"宣告结束。遗憾的是，唐朝没有乘着战胜的威望，巧妙地剥夺藩镇的部分权力，而是一误再误，以赏功为名，给安史叛军的降将授以节度使称号。李怀仙为幽州（又名卢龙或范阳，今北京）节度使，李宝臣为成德（今河北正定）节度使，田承嗣为魏博（今河北大名北）节度使，薛嵩为相卫（今河南安阳）节度使，其后相卫为田承嗣所并。这样，在原来安史叛军地盘形成了所谓的"河北三镇"，名义上拥护朝廷，但拥有自己的军队，官吏自行任免，所辖户籍不上报，赋税也不上交朝廷，成了独立王国。那些野心勃勃的藩镇节度使，纷纷割据一方。

在藩镇，军中主帅，时常是父子相承，成了世袭制；更多的是争权夺利，军士谋杀主帅，儿子谋杀父帅，自行代立，而朝廷无法过问，只有听之任之。各藩镇节度使，从自身利益出发，为守护获得的富贵，有举兵反叛的，有归顺朝廷的；相互之间，时而攻守同盟，时而兵戈相向。他们小心翼翼，又反复无常，一不小心，或许就身首异处，成为权力觊觎者的刀下鬼。据岑仲勉先生《隋唐史》统计，河北三镇节度使57人，被部下逐杀的就有22人。真可谓是"你方唱罢我登场"，"城头变幻大王旗"。

可见，安（安禄山及其子安庆绪）、史（史思明及其子史朝义）虽死，"安史之乱"却未定。虽然在唐宪宗元和年间，一时中兴，藩镇归顺，但随着唐宪宗被宦官杀害，唐朝重返乱局，直到朱温灭唐。

3

社会动乱了，中唐时代的经济秩序自然被打乱，朝廷的开销捉襟见肘，百姓的生活朝不保夕。要应对时局的变化，保障国家的经济秩序，朝廷想方设法广开财源，一个是实行"两税法"，一个是经济重心放在相对安定的江南地区。

经济制度方面，唐朝沿袭了前朝的均田制和租庸调制。不管你是官员贵族，还是平民百姓，凡是满18岁的男丁都有朝廷的授田，还照顾到残疾人、失去丈夫的寡妻妾等特殊群体，真正做到耕者有其田。当然，按照贵族的爵位、官员的品位高低，授田多少差别很大，具有明显的等级制；一般女性没有授田的资格，男尊女卑显而易见。在此基础上，采用租庸调制，授田的农民要交人头税，每年缴纳粟2石，是租；每年上交绢2丈、绵2两，或者交布2丈5尺、麻3斤，是调；每年服役20天，不服役的话缴纳一定数量的绢或布代替，叫庸。政府加征劳役，还可以减免租和调。灵活宽松的制度，有利于农民从事农业生产，不至于耽误农事。

经历了"安史之乱"以及之后不断的动荡战乱，广大北方人口锐减，千里荒野，并且豪强对土地的兼并愈演愈烈，朝廷失去了有效控制户口及田亩籍账的能力。广德二年（764），户部统计的户数只剩293万多户，只有天宝年间的三分之一左右；到了建中元年（780），也只有308万多户。所以，"安史之乱"以后，原本的均田制自然崩溃，按照人口实行的租庸调制已经不合时宜。

唐德宗建中元年（780），宰相杨炎的建议得到采纳，颁行"两税法"。它的主要原则是"户无主客，以见居为簿，人无丁中，以贫富为差。不居处而行商者，在所郡县税三十之一……居人之税，夏秋两征之……"。也就是说，不管你是有田地的主户，还是无地的客户（佃户），都要编入现居州县的户籍，依照丁壮和财产田亩的多少确定每一户的等级，分夏秋两次征税，商人依照其收入征收三十分之一的税，其余的税收全部免除。"两税法"以财产的多少为计税依据，简化了税目和手续，相对比较公平合理，也拓宽了征税的广度，增加了国家的财政收入。

但随着时间的推移，许多官吏为了得到升官想方设法向上进贡，在两税定额之外巧立名目，横征暴敛；富豪商人从中敛财渔利，强取豪夺，百姓陷入了生不如死的悲惨境地。"两税法"推行了不到30年，就名存实亡了。

唐朝政府实行了"两税法"，一时有了稳定的财政收入，但能够掌控的税源人口还是有限。据唐朝李吉甫《元和国计簿》，元和二年（807）有户数240多万，与建中年间比明显减少。考查其原因是，北方各藩镇控制的71个州府竟然不申报户口，也就是不在国家税收范围之内；每年奉献税赋的，只有浙东、浙西、宣歙等地的49个南方州府。这里当然有李吉甫没有统计的部分，但我们明显看到了南方经济在唐朝国家整体运作中所占的比重已经增加。因为北方战乱频繁，又有藩镇割据一方，而南方相对安定，百姓还能安心生产，唐朝的经济重心开始移向南方，尤其是长江中下游的江南地区。而江南正是诗人孟郊的故乡——武康的所在地。

政府的眼光聚焦江南，江南的农田水利得以兴办，农耕器具得到改进，农业技术不断提高，农业生产有了很大发展。"安史之乱"以后，浙东道、浙西道已经成为唐朝重要的粮食生产基地。晚唐陆龟蒙的《耒耜经》记载，他在湖州、苏州担任郡佐时，考察当地农情，发现农民改进了适合于江南水田耕作的耕犁——江东犁。江东犁采用铁制犁镵、犁壁，是当时世界上最为完善的耕田农具。江东犁的发明与使用，大大提高了农业生产效率，在中国农业史上具有划时代的意义。江南盛产粮食，而北方粮荒，南粮就源源不断地运往北方，去填饱北方大地上人们饥饿的肚子。孟郊的朋友陆长源，就曾在浙西观察使韩晃麾下负责南粮北运的工作。

此外，养蚕、丝织逐渐成为江南百姓增加收入的主要副业，优等的织品成为朝廷贡品。李贺的诗"越妇未织作，吴蚕始蠕蠕……"，白居易"缭绫织成费功绩，莫比寻常缯与帛"，都是描写江南丝织女工的诗句。孟郊也写有《织妇辞》，后文要介绍，这里不多赘言。饮茶已经成为唐朝人的生活习惯，而江南是高品质茶叶的重要产地。茶圣陆羽在湖州完成人类第一部茶文化专著《茶经》，其中记载的茶叶产地大部分都在江南，其中浙西湖州、浙东越州的茶都是上品。唐朝专门在湖州长兴设立贡茶院，由刺史负责监制焙制贡茶。颜真卿在湖州做刺史的时候，就到长兴顾渚山监制过贡茶——紫笋茶。江南的青瓷也是唐朝著名的物产。其中浙东越窑出产的"秘色瓷"制作精良，釉色青绿润滑，可谓美轮美奂。陆龟蒙的诗句"夺得千峰翠色来"，是对秘色瓷最为形象逼真的写照。

勤劳的江南百姓，用自己的双手和智慧创造了丰富的物产，不仅给乱世中唐提供了温饱的保障，而且为中华文明增添了无数的华彩。

尚奇的时代

1

一个王朝国力强盛了，自然表现出恢宏的气度和豪迈的自信。开元年间，唐朝确立起世界东方强国的地位；都城长安，成为亚欧大陆经济文化的中心，为世人所仰望。一种开放包容、豪迈从容的大唐气象，呈现在唐朝社会思想文化的方方面面、角角落落。

唐朝是一个思想相对自由的朝代。作为一个强大的统一王朝，它始终没有热衷于建立起强有力的大一统的思想统治。传统儒家思想发展到汉代被定为一尊，成为官方正统思想，到魏晋时期一度中衰。唐朝建立之后，统治者认识到儒学具有经邦治国的治世功能，积极倡导儒学。儒家经典是士人的必读书，也是科举进士和明经考试的必考科目，朝廷还颁行《五经正义》，立为官定经书，成为儒家经典的简明教科书。但儒学在大唐思想界的舞台并没有成为绝对主角，它时常让位于道教和佛教。确实，唐朝对儒学的学术研究，既不如前面的南朝，也不及后来的宋朝，即使是以昌盛儒学为己任的韩愈，在宋朝的理学家看来也不算纯粹，学说驳杂。而科举考试中的"帖经"，只是简单的记诵默背罢了。

道教在唐朝得到恩宠，是因为它的祖师爷老子姓李名聃。为了明确自身统治的合法性，唐高祖李渊尊奉老子为远祖，道教自然备受青睐。贞观十一年（637），唐太宗下诏，说老子是朕祖宗，名位称号，宜在佛先。道教的地位得到巩固。开元天宝年间，道教更是春风得意，唐玄宗亲注《道德经》颁行天下，又专门把"道举"列为科举考试科目之一，从而使道教地位空前提高。

当然，佛教自东汉传入中国，不断地本土化，具有深厚的民间基础。佛教的轮回，进入中国就成了超人生的观念，即使一些消极的佛教哲学也不能改变中国人那些人生的爱好和向善的情怀。唐朝统治者自然不会去撼动这一民心的基础。当唐僧玄奘西天取经归来，进京那一天，唐太宗亲自迎接，万人空巷。而后，他在白马寺翻译了1300多卷佛教经典。可与玄奘媲美的僧人义净，由海路取经归来，武则天也亲自到洛阳东门外迎接，他翻译出了约950卷的佛经。当时，佛教门派林立，主要有律宗、禅宗、密宗、华严宗、法华宗等10宗。

儒道佛之外，基督教也在长安流行起来。明朝天启五年（1625），西安城外出土了一块石碑，正面写着"大秦景教流行中国碑"，引起当时传教士的轰动。景教就是最早传入中国的基督教。这块碑几经劫难，得幸保存，现今藏于西安碑林。碑文集多种文化于一体，记述了唐朝时景教在中国的传播情况，甚至引用了儒家经典《周易》《诗经》和《春秋》中的文句，它阐明基督教教义的同时，又体现了儒、道、佛的思想。可见，大唐气象里包含着信仰的自由，反正你有奇奇怪怪的思想，不会遭人侧目，更不会有性命之忧。联想到后世义和团的"扶清灭洋"，残杀基督教徒，让我们看到千年之前大唐长安的奇特而有趣。

2

雄浑的大唐气象，氤氲到唐朝的文学艺术界，自然百花齐放，争奇斗艳。

唐初虞世南，是宫廷诗人的代表，但他尽力摆脱南朝诗风的痕迹，融入唐朝开明自由的精神气息，于是，他的诗歌多了灵动的气韵，多了自然的寄兴，多了生命的体验，多了豪迈的气概。他的咏物诗，洋溢着诗的情思意蕴和独特的生活哲理。《蝉》一诗写道："居高声自远，非是藉秋风。"其实要表达的是，读书人只要志存高远、立身谨重，不用他人的褒扬，自然声名远播。他的边塞诗，主人公远赴边塞、驰骋沙场，忧国不忧身，天下为己任，诗句间充满了苍凉雄壮之气："誓将绝沙漠，悠然去玉门。"（《出塞》）他的诗歌之旅，从南朝出发，超越南朝，导引了初唐诗风的转化，给诗坛带来一股清新自然、雄劲雅壮的气息。明代学者许学夷在《诗源辩体》中说，虞诗"此唐音之始也"。唐音是什么？是黄钟大吕，是黄河咆哮。

在虞世南的身后，涌现了卢照邻、骆宾王、王勃、杨炯"初唐四杰"；涌现了陈子昂，在北方边疆抑郁不平的时候，写下"前不见古人，后不见来者……"（《登幽州台》）的著名诗篇，将自己安置在孤独而慷慨涕下的境界；涌现了张若虚，他描绘柔美的长江夜景而感悟生命，"人生代代无穷已，江月年年只相似。不知江月待何人，但见长江送流水……"（《春江花月夜》），闻一多先生赞不绝口："更夐绝的宇宙意识！……在神奇的永恒面前，作者只有错愕，没有憧憬，没有悲伤。"

就这样，诗歌逐渐地从宫廷诗的社交娱乐品，转变成体现个人、社会、文化价值观的艺术，盛唐之音响起。"日暮乡关何处是，烟波江上使人愁"（崔颢《黄鹤楼》），"夜来风雨声，花落知多少"（孟浩然《春晓》），"大漠孤烟直，长河落日圆"（王维《使至塞上》），"但使龙城飞将在，不教胡马度阴山"（王昌龄《出塞》）……短暂无常，可以显得如此动人如此含蓄；伤春惜花，给人的印象是清新活泼；远征出塞，尽显明快豪迈；即使战争残酷，也壮丽无比。盛唐给后人的直觉就是，向前，向前，一往无前。

站在盛唐诗歌顶峰的自然是李白和杜甫。李白写道，"君不见，黄河之水天上来，奔流到海不复回"（《将进酒》），"人生在世不称意，明朝散发弄扁舟"（《宣州谢朓楼饯别校书叔云》），"但使主人能醉客，不知何处是他乡"（《客中行》）……李白个性张扬，不满现实，蔑视权贵，沉醉于诗酒，笑傲天地间，他的诗"痛快淋漓，天才极致，似乎没有任何约束，似乎毫无规矩可循，一切都是脱口而出，随意创造，却都是这样的美妙奇异、层出不穷和不可思议"（李泽厚语）……这样的诗歌是大唐气象里的强音。

杜甫同李白只相差11岁，也经历了繁荣的大唐开元、天宝时代，但官宦的家世和儒学的教养，让他的视角更多关注家国民生。天宝十四年（755）十一月初，杜甫自京赴奉先县，去探望寄居在那里的妻子儿女，途经骊山，唐玄宗、杨贵妃正在华清宫歌舞欢乐，殊不知安禄山叛军的渔阳鼙鼓即将动地而来。诗人目睹百姓因水灾而食不果腹、流离失所的惨象，深感命途多舛，自家的小儿子竟在饥饿中死去，不禁悲从中来，写下了《自京赴奉先县咏怀五百字》，吟出了"朱门酒肉臭，路有冻死骨"的千古名句。其时，杜甫的诗歌体现了复杂的多样化，诗人的特性复杂到难以评价，如美国汉学家宇文所安评价，"杜甫是律诗的文体大师，社会批评的诗人，自我表现的诗人，幽默随便的智者，帝国秩序的颂扬者，日常生活的诗人，及虚幻想象的诗人"。杜甫已经超越时代，迈向了沉郁顿挫又波澜壮阔的诗歌之路。

书法在唐朝绝对是显学。从皇帝到平民百姓都学习书法，朝廷设有"侍书"官职，任务就是指导皇帝写字。书法家褚遂良就做过唐太宗的"侍书"。唐初的国子监开设了书学课，科举也设置了书法（包含在明字科）一科。虞世南和欧阳询等一起成为京城达贵子弟的书法教授。你想要居庙堂之高，先过书法之关。全社会学习书法的气氛十分浓烈。

虞世南的冲和遒逸，欧阳询的中正险绝，褚遂良的清远萧散……他们以各自的艺术特色闪耀在书法史的长河里，成为后世代代相传的楷模。正因唐朝政府重视与倡导，许多书法名家逐渐站到了艺术的前台。开元天宝年间，著名书法家有张旭、李阳冰、颜真卿名耀大唐。

张旭是草书名家，他的草书奔放豪逸，刚柔相济，千变万化，虽然奇怪百出，求其源流，点划无一不合书法规范，苏轼称为"神逸"。据说，他见"公主与担夫争路，而得笔法之意，后见公孙氏舞剑器而得其神"。张旭每次饮酒醉时就挥笔草书，还大喊大叫，有时甚至将头浸入墨汁中用头发书写，世上人称他为"张颠"。酒醒后，看见自己写的字，他认为神异得再也写不出来。他是名副其实的"草圣"。

李阳冰，是李白的族叔，张旭的老师，以篆书名世。他的精工小篆，圆淳瘦劲，被称为"铁线描"，是秦篆的一大变革，被誉为李斯后小篆第一人。李白有诗盛赞其篆书"落笔洒篆文，崩云使人惊"。

而颜真卿，师承褚遂良、张旭，他的正书端庄雄伟，行书气势遒劲。尤其是他的正楷，浑厚雄劲，大气磅礴，后世把他和欧阳询、柳公权、赵孟頫并称为"楷书四大家"。不管是颜真卿，还是张旭、李阳冰，各有千秋的书风里，都呈现了盛唐豪迈的气度。

绘画艺术方面，唐朝也是异彩纷呈。一方面，一个和平繁荣的时代，皇室贵族有爱好，寺院和很多公共场所也有需求；另一方面，经过前人的探索，传统绘画艺术已经有了积淀，肖像画、仕女画风靡一时，寺院壁画随处可见，甚至山水画也崭露头角，成为文人雅士的新宠。初唐时，阎立本为帝王画像，李思训状描山水，都卓有成效，称誉于世。到了盛唐，张萱的笔下那些"绮罗人物"，也即美人画像，曲眉丰颊，体态丰腴，神情自若；王维笔下的山水，"诗中有画，画中有诗"，诗情画意，闲适宁静，尽显一个时代自信的风范。

而吴道子，原本是民间画家，当过县尉的小官，但为了丹青之爱，就跑到东都洛阳画画，所谓的"浪迹东洛"，成了名副其实的"洛漂"。开元年间，唐玄宗听说吴道子"丹青绝妙，古今无比"，就召入禁中，让他做宫廷画师，并任命他为内教博士，即翰林院的绘画教授，后来又提升为宁王友，做宁王李宪的专职艺术陪侍。吴道子学书法于张旭老师，悟到了书画相通的道理，画艺日进，他观裴将军舞剑后，作画"有若神助"。他是一个早熟的画家，青年时代就"写蜀道山水，始创山水之体"，他粗放逸写，简笔意远，自成一格。他画人物，"守其神，专其一"，既生动传神，又浑然一体。他的画中充满激情，一种自由奔放的情感满溢画面，苏东坡说吴道子"出新意于法度之中，寄妙理于豪放之外"，可谓"古今一人"。在古代绘画史上，吴道子的创造被尊为"吴家样"。"样"就是样子，是楷模，能够得到"样"之尊称的画家凤毛麟角。他是一代宗师，是中古时代东方艺术的杰出代表，名副其实的"画圣"。

唐朝也掀起了音乐和舞蹈的高潮。它们是唐乐不可分割的两个组成部分，供皇帝祭祀用的称雅乐，宴飨盛会用的叫燕乐。两种乐都是载歌载舞，歌舞合成，使用多种乐器，糅合各种异国曲调，又融合传统古乐，进行了许多的创新。从宫廷歌舞到市井音乐，从唐太宗的"秦王破阵"到唐玄宗的"霓裳羽衣"，有大鼓声震、舞动强劲的壮观，也有轻歌曼舞、优雅闲适的柔美。

"秦王破阵"曲，擂大鼓，配上龟兹乐，气势如雷，声震百里，大有千军万马破阵而来之势。"霓裳羽衣"曲，唐玄宗和杨贵妃的天合之作，乐曲是皇帝受《婆罗门曲》影响而作，明显有天竺乐的韵味，诗人白居易后来为此写过《霓裳羽衣舞歌》，一句"飘然转旋回雪轻，嫣然纵送游龙惊"，以飞雪回旋比作舞姿的轻盈旋转，以游龙受惊比作舞步矫健前行时的飘忽之态，一幅优美而充满动态感的画面。

除了这些盛大的乐舞，唐朝也有流行歌曲，就是诗人们所作的绝句和乐府诗，尤其是绝句，不管是宫廷、梨园（当时的国立音乐、舞蹈、戏曲学院），还是旗亭（长安城内旗帜高悬的市楼）、边疆的军营，随处都可以听到绝句的传唱。诗人们是那个时代的天之骄子，只要有新的好诗，马上就会在酒楼宴会上传播，而歌唱是重要的方式。王维的绝句《送元二使安西》就被谱成著名的《阳关三叠》，广为传唱。这种诗歌的传唱后来就发展出了"词"这一音乐的形式。当时还流行胡旋舞（又称胡腾舞），就是西北少数民族的舞蹈，舞者上身是粉红袄，袖子镶花边，下着绿裤，红皮靴，披纱巾，身上有飘带，舞蹈时纱巾和飘带都飘起来……它有独舞，也有三四人的合舞，最大的特征是"旋转如风"，最初从西域传到中原来都是女子跳，后来男子也跳。据说，杨贵妃擅长跳胡旋舞，安禄山也会。天宝末年，长安人人学胡旋舞，胡旋舞成为社会一种时尚。

一个安定繁荣的统一王朝，南北文化交融一体，又有"丝绸之路"连接中外，异国的风情、风俗和宗教信仰极大地丰富了唐朝的文化艺术。一种自由、开放的向上心态，一种丰满、热情的青春气息，弥散在唐朝的庙堂之上和江湖之远。这是一个真正大融合大繁荣的时代。但"安史之乱"，一下打破了这一个安定团结的良好局面，唐朝的繁荣跌到了断崖之下，历史文化进入了中唐的篇章。

3

那些经历了从盛唐到中唐的人们，越过一座气象万千的高山，但回首望去，高山不见了，崩塌了，只看到迷蒙一片；而那些出生在中唐的人们，盛唐只是口口相传的传说一般，如同海市蜃楼。人们内心的迷茫显而易见，从盛唐走来，到何处去，成了那一代人心中的疑问。

这种疑问，转化到文化的领域里，盛唐那些满满的自信销蚀了，盛唐那些缤纷的浪漫飘散了，盛唐那些豪迈的情怀流失了。面对连年的战乱，遍地哀号的苦难，天下瓦解的危机，甚至你连饭也吃不饱，还会有多少的自信、浪漫与豪情？

尽管铁一般的严酷现实摆在面前，那些有抱负的知识分子从迷茫中依然看见时代的希望，他们倡导传统的儒学，期望皇上圣明，企盼天下中兴，祈望自己做官得志，能够"兼济天下"。于是，他们背负着一个王朝命运的沉重责任，凝视着纷乱的大地，观照在离乱中遭遇不幸的人们，也观照人生不得意的内心悲哀，抒写无尽的家国情怀与游子离愁。中唐诗人们笔下，那些属于盛唐的激情明显消退，取而代之的是，沉郁，哀苦，怪诞。在诗歌的形式上，他们努力摆脱以往的窠臼，以自己独特的面貌呈现给世人，各种不同风格的诗风破浪而来。

其实，中唐诗风的变格在杜甫的吟咏中已经悄然开启。尤其遭遇"安史之乱"之后，杜甫经历了天下瓦解、遍地哀鸿的苦难，他笔下的诗歌变得更为深沉。在充满危险和艰难的战乱之中，他和着血与泪，创作了"三吏""三别"这样史诗般的诗篇。他流离飘零，仕途不利，最后辗转到了成都，"漂泊西南天地间"十一年，吟唱出一曲曲离乱时世里的悲歌。他自然而然地背负起一个时代交付的责任，不再有仰天长啸的姿态，有的是面对土地苍生的沉思，他的诗歌"语不惊人死不休"，显得那么的忧郁与苍凉。

"安史之乱"过去不久，大诗人李白、杜甫相继去世。唐代宗大历年间、唐德宗贞元年间的诗坛，相对显得有些沉闷，虽说有刘长卿的"柴门闻犬吠，风雪夜归人",有韦应物的"春潮带雨晚来急,野渡无人舟自横",还有钱起、卢纶为代表的"大历十才子"以山水写我心,顾况取法六朝诗歌和民歌的奇想与节奏……从总体上说,这个时期的诗歌技巧相对完美,似乎保持了盛唐风格的延续,但内容单一、意象重复、气格狭隘。

直到贞元年间后期,孟郊、韩愈在诗坛上掀起复古的新诗潮,才面貌一新。韩、孟等诗人警觉到诗歌写作华靡的文风、媚俗的语言,他们不满这些流俗,视之为道德的倒退与堕落,于是他们以古为新,从前代诗歌传统中汲取营养,独辟蹊径,呼唤朦胧的古代理想,推行文学的创新和道德的重建,写诗往往选用新的字眼,创造新的语词,故意写生硬的句子,开创了唐诗变革的途径,形成奇崛险峻的独特诗风。如美国汉学家宇文所安所言,他们追逐一种"特性",不是指一般意义上的"个体性",更多是刻意求异,是苦痛、寂寥和异化感的呈现。他们似乎站在道德的制高点上,傲视世间,但时时遭到他人的怀疑、讥笑、嘲讽。正是孟郊与韩愈等人,志同道合,赋诗酬唱,催生了韩孟诗派。韩愈的诗不错,但他的散文更为有名,后来还被列为"唐宋八大家"之首。孟郊的诗、韩愈的文并称中唐,是中唐文学的奇景,时称"孟诗韩笔"。

而韩愈、柳宗元等在散文写作中倡导"古文运动",呼唤秦汉文章的质朴传统,摒弃六朝以来骈体文的浮艳之风;白居易、元稹等倡导另一种新的诗歌写作——"新乐府运动",光大《诗经》和汉魏乐府讽喻时事的传统,采用平易浅切的语言增强了诗歌的可读性。中唐文坛呈现了多样化色彩。

在书法领域,颜真卿早已书名远扬,有大量的作品传世,但大历以后,也就是他60岁以后,颜真卿的书风开始创变。"颜体"总的风格,是刚劲苍健、质朴豪放,但不容忽视的是,时常会有让你意想不到的险怪色彩,如苍松倚峭壁。大历六年(771),他书写了《大字麻姑仙坛记》,一改前期规矩方整的字体,别具一种骨相嶙峋、姿态奇崛的雄豪境界。而"颜体"这些独特的艺术风格,后世批评颇多,南唐李后主说"失于粗鲁",苏东坡说"书法之坏,自鲁公始",米芾也说颜真卿"为后世丑怪恶札之祖"。他们都以正统的视角,讥讽"颜体"中崇尚险怪的倾向。颜真卿之后,沈传师、柳公权再变楷法，一反雍容与饱满，以瘦劲露骨为尊。尤其是柳公权，上追魏碑瘦硬的笔势，他的字有骨干，硬朗遒劲，笔画如刀如戟，斩钉截铁。颜真卿与柳公权的书法有"颜筋柳骨"之称。还有和尚书家怀素，草书比他的老师张旭更为狂放奔逸，如骤雨，如旋风，如急流，随手万变。

绘画方面，中唐画家张璪的松石画和山水画最能体现尚瘦硬、重神韵之审美趣味。而戴嵩是画牛名家，朱景玄《唐朝名画录》评他画河畔水牛，"穷其野性筋骨之妙"，不仅画出了牛的"野性"，也刻画了牛的"筋骨"，形神兼备，可谓精妙绝伦。

中唐的人物画，虽承袭盛唐的画风，投达官贵人所好，画面大多是绮罗人物，但更为注重人物的神态描绘。中唐最为有名的人物画家是周昉。他出身于官宦之家，熟悉的是贵族生活，画了许多仕女图。他继承了盛唐张萱的仕女画风，青出于蓝而胜于蓝，自创一体，他不只注重描绘人物服饰等外在之形，更擅长观察记录人物的表情，分析人物的心理，其笔下人物精神状态生动入微，动作惟妙惟肖，他的人物画达到了出神入化的境界。如《挥扇仕女图》，刻意描绘了仕女们相互关联的活动情节，她们富态、奢美的表象下，透露着她们久居深宫寂寞空虚的思想情绪。周昉还创造了最著名的佛教形象"水月观音"，他的佛教画曾成为长期流行的标准，被称为"周家样"。可见，中唐绘画突破盛唐的传统，尚瘦硬、重神韵，别具一格，这何尝不是中唐时代炫异争奇的审美追求之一种。

中唐时期，有人心怀家国之忧，有人心有不平之鸣，于是有了中唐文化沉郁尚奇的一面，但许多达贵依然躺在安闲享乐的床榻，大有"我死后，哪管他洪水滔天"的"气度"，于是中唐社会生活有了奢华绮靡的另一面。

据李肇《唐国史补》记载：贞元时，即唐德宗的时代，京城长安的风俗，人们竞相于游园宴席、书法图画，还有博弈（即赌博）、卜卦算命，甚至追逐时装秀，宽袖长袍替代了天宝年间的窄袖紧身。当时，长安、洛阳春游赏花的时尚已经形成。对上流权贵和风雅之士而言，春日间结伴赏花更是一场浮光溢彩的精神盛宴。每到春花缤纷时节，有钱的、有闲的人们乘着车马踏春而去，他们饮酒，赏花，咏花。次第开放的花有杏花、芍药、牡丹、桃花……面对美好的春景，诗人们诗兴大发。刘禹锡的诗"唯有牡丹真国色，花开时节动京城"，"紫陌红尘拂面来，无人不道看花回"，就是描绘人们竞相去观赏牡丹和桃花时的盛况。

白居易晚年在洛阳做闲散官，把这种亦仕亦隐的状态称为"中隐"。《中隐》一诗里写道："君若好登临，城南有秋山。君若爱游荡，城东有春园。君若欲一醉，时出赴宾筵。洛中多君子，可以恣欢言。"这是诗人从心怀"兼济天下"的社会理想已经转向"独善其身"的自处，在一个不太好的社会里追求一份逍遥闲适。

儒家正统观念认为"玩物丧志"，但中唐人并不以为耻，这是他们生活的一部分。总之，中唐的上层士大夫沉浸在声色歌舞的浅斟低唱，沉溺于热闹纵欢的车马宴游，陶醉在舞文弄墨的华丽舒适。后来杜牧写道："至于贞元末，风流恣绮靡。"但透过奢华绮靡的社会景观，我们看到中唐世俗生活的趋向，人们的追求在社会价值难以实现的时候，更多地转向心理慰藉的内在需求，由此人们的理想更为世俗，个性更为凸显，思想也更为多样。

李泽厚先生把中唐和魏晋、明末并列为先秦之后三个比较开放和自由的时期。确实，在社会政治相对纷乱的时势里，中唐文化体现了相对自由的多样性，它不再有盛唐之音那样雄豪刚健，但更为多姿多彩，它不再有李白、张旭那样的天马行空，但更为脚踏实地。它以其独特的文化形态，承前启后，灿烂在历史的长河。它尚奇尚险，却总披上那么一层薄薄的忧郁和哀苦，即使它风流绮靡，也摆脱不了那一丝淡淡的寂寞和孤冷。

这就是中唐，与盛唐不一样的中唐，孟郊生活过的中唐。

孟郊的早年生活

1

唐玄宗天宝十年（751），大唐依然在盛世的酣梦中沉睡。这一年，孟郊诞生在江南昆山县（今江苏昆山市）。

孟郊的父亲叫孟庭玢，时任昆山县尉。孟县尉喜得贵子，又母子平安，一直悬着的心终于放下。孟家上下欢天喜地，家里洋溢着欢快的笑声。在没有西医外科的中古时代，产妇的一只脚是跨进了棺材的，多少貌美贤惠的妻子过不了这一道鬼门关。但一旦跨过来，那种满满的幸福就会挂在家中每一位成员的脸上。在"不孝有三，无后为大"的伦理观念之下，还有什么比家族后继有人更值得庆幸的呢？

不知道做父亲的为什么要给儿子取名"郊"，取字"东野"，是不是孟县尉在昆山的家位于县城的东郊？史书没有记载。他的武康老乡沈约倒曾结庐在建康（今南京）的东郊，有一处称为"东园"的别墅，曾作过《郊居赋》，其中有"披东郊之寥廓，入蓬藋之荒茫"的句子。据范成大《吴郡志》，说"玢亦能诗"，孟县尉也是一个诗人。当然，在唐朝，会写诗是科举做官的基本功，孟庭玢能写诗再正常不过，遗憾的是他的诗淹没在唐诗的海洋里了，竟没有一首传世。能够作诗的孟县尉，或许读过沈老乡的诗赋，是否希望儿子像前辈老乡那样，既能青云直上做官，又会激扬文字作诗？当然，史书也没有记载，连孟郊的诗句里也没有提到他得名的来历。

孟郊的母亲是谁？韩愈所写的孟郊墓志铭记载，他的父亲"娶裴氏女"。所以，只知道孟郊的母亲姓"裴"，不知道叫什么名。在中国古代，妇女的地位相对低下，妇女出嫁随夫，孟郊的母亲出嫁后只能称"孟门裴氏"，名字似乎可以省去；如果还可以看到孟母的墓碑，墓碑上大概也只能写"孟门裴氏之墓"。这种封建时代的风气一直延续到20世纪。20世纪80年代，我的祖母让我在她的烧香篮上用毛笔写上姓名，她就要求写"杨门俞氏"，而没有写她的大名"俞阿毛"。其实，国外也好不到哪里，美国妇女是到20世纪才逐渐争取到女权，能够和男人一样上学、参与选举。可以说，女权的缺失是一个世界史的问题。

孟庭玢不是昆山人，他的家乡在昆山西南300里之外湖州武康县（今浙江省德清县）。

武康和昆山一样，是江南古城之一，在远古的九州之中都属于"扬州之域"；在春秋战国时期，又都先后归属吴国、越国和楚国。

武康于东汉汉献帝初平四年（193）立县（一说为黄武元年，即公元222年），开始称永安县，到晋朝时先改称永康县，太康二年（281）才改名武康县，希望国家武力强盛的意思吧。而昆山，秦始皇统一中国实行郡县制的时候就已经立县，初为疁县，西汉时改为娄县，因为境内有娄江，古时就有"娄邑"的名称，直到南朝梁武帝时改娄县为昆山县。至于昆山县名，是以山得名。据明嘉靖《昆山县志》，境内有一座小山叫天马山，文学名家陆机、陆云落葬在那里，那俩人物如同石中之玉，人们以"玉出昆山"来比拟，天马山改名昆山，县也有了昆山之名。

武康县，在唐朝武则天时东部地区分设了德清县，所以孟庭玢、孟郊父子时的武康县辖区明显缩小，直到1958年两县合并成德清县，地域与早期的武康县大致相同。昆山县地域，经数代置废分合，变化较大。唐以前县境广至今天的嘉定县全境及太仓、宝山、青浦、上海、松江等县部分境域。唐朝天宝十年（751），也就是孟郊出生的那一年，吴郡太守赵居贞奏请朝廷，割昆山南部，以及嘉兴、海盐的一部分新立华亭县（即今嘉定），昆山县的县治从前文所说的天马山之北迁移到马鞍山。

2

天宝十年（751），对于县尉孟庭玢来说，是十分忙碌和快慰的一年。

县尉主要负责一县的治安、赋税等工作，既要保一方平安，又要向百姓催收赋税，但县衙要搬家，县尉自然要帮县令张罗，责无旁贷。从县衙房屋的整修，到器物的购置安放，孟庭玢都和县丞、主簿一起为县令大人分忧。虽然工作忙与累，但他累并快乐着，回到家里，添丁的喜悦让他把劳累统统丢到九霄云外了。每次从衙门里回来，总要先走进内室向妻子裴氏问候一番，对摇篮里的小孟郊亲热一番，还把他抱在手里，一边轻轻地摇来摇去，一边笑着对他说着什么，逗得怀里的婴儿咯咯地笑。每次从家里去衙门上班，他总要吩咐家中的侍婢要好好照应裴氏母子，对小孟郊恋恋不舍，端详了又端详。

天宝十年（751）的长安依然是一片祥瑞，一派歌舞升平、安定团结的局面。但唐朝繁荣景象的背后，衰老的迹象已经显露。前一年，唐朝与回纥一战，大败；就在这一年，唐朝与南诏一战，又大败。一个泱泱大国的军队，竟然不堪一击，简直太不可思议了。但事实就摆在眼前，你不承认也没有用，大厦将倾你扶也扶不住。

天宝十五年（755），也就是孟郊五岁那年，安禄山在范阳起兵，"安史之乱"爆发。中原地区很快沦陷，叛军踏破潼关，长安不保，连皇帝唐玄宗也仓皇出逃到四川，盛唐的大厦一下子坍塌了。

远在江南的昆山，没有战争的袭扰，人们平安无事，依然过着富足的生活。虽然孟庭玢职位不高，俸禄不多，但一家的生活有保障，温饱绰绰有余。有父亲的关爱，有母亲的慈爱，孟郊的童年在一种温馨的幸福里成长。

到六七岁的时候，孟郊就像个小大人一样，懂得事理，那种聪慧的才智渐渐显露出来。父亲自然更为宠爱有加，也寄托了无限的期望，希望孟郊能够成才，光耀门庭。父亲平时也喜欢读书作诗，就教孟郊读前贤的诗文，屈原、陶渊明、沈约、谢灵运的诗，直到本朝的李白、王维、杜甫等，他们一起吟诵，在古诗悠扬的声调里，孟郊幼小的心灵得到了最初的文学涵养。

说到孟郊从小就很具文学才华，昆山和武康都流传着小孟郊巧对挫钦差的民间故事：

一年冬天，钦差大臣到来。县太爷大摆筵席，在后院为钦差大臣接风。他们还猜拳行令，吆五喝六。正好小孟郊在县衙读书，或许是跟随父亲而去的。他对大人们的行为大为皱眉，就故意大声吟诵诗篇起来。孟郊的读书声，惹得钦差大臣要考考他，考他对对子。

小孟郊一点也不害怕，说来吧。

钦差大臣自恃才高，摇头晃脑地说：小小青蛙穿绿衣。

小孟郊见钦差穿着大红蟒袍，略一沉思，道：大大螃蟹着红袍。

钦差一听，气得浑身像筛糠，但又不好发作。三杯酒落肚，又斜了一眼小孟郊，说：小小猫儿寻食吃。

小孟郊回敬道：大大老鼠偷皇粮。

钦差和县太爷一听，吓出了一身冷汗。原来他们吃的正是公款皇粮呢。

当然，唐朝还没有钦差大臣的称呼，准确的称呼应为监察御史。这个民间故事的昆山版和德清版大同小异，两地都希望童年孟郊的才华和正气能够为县域的文化增添华彩吧。

但好景不长，在孟郊的两个弟弟孟酆、孟郢出生之后，孟庭玢就因病英年早逝。

失去父亲后孟郊一家的情况，史书没有记载。但我们可以想到，孟郊童年失怙，家庭失去了顶梁柱，就失去了重要的收入来源，一下子陷入困顿之中；母亲裴氏只得独力持家，含辛茹苦，要把三个孩子拉扯大。

昆山是待不下去了，回故乡武康去。母亲拖着孩子们回到故乡，孟家在武康还有几亩薄田，能过上还算温饱的日子。母亲丧夫的悲伤，母亲持家的不易，母亲对儿子的爱，孟郊从小就深深地体悟到了。这些爱与哀伤，从小就在孟郊的内心埋下了种子吧。年幼的孟郊不知道，他一生的剧本都将在爱与哀伤中上演。

3

　　孟郊的故乡武康，风光秀美、人文鼎盛。境内有莫干山、防风山、铜官山等名胜，莫干山因相传春秋时干将、莫邪夫妇在山间为吴王铸剑为闻名，防风山是古代的治水英雄防风氏在江南建立防风古国而得名，而铜官山则是西汉时吴王刘濞曾开矿采铜的地方。唐朝武则天的时候用县名来重新命名县内的一座名山，铜官山因此又得名武康山。

　　武康自古名人辈出。南朝时，武康沈氏文臣武将，人才济济，当时的民谣有"满朝文武半朝康"之称，就是说满朝文武中近一半是武康人。其中沈充、沈麟士、沈约等最为杰出。武将沈充，同时是一位音乐家，他创作了《前溪曲（歌）》舞曲七首，"前溪歌舞"为汉民族舞蹈滥觞之一。沈麟士著书立说，开坛授课，虽一生布衣，但桃李满天下，是孔子之后少数兴私学的中国教育家。而沈约，更是一代辞宗，他写下诗歌声律学专著《四声谱》，提出了"四声八病"说，为唐朝格律诗的繁荣打下了良好的声律学基础，他撰写的历史著作《宋书》，后来成为"二十四史"之一。在唐朝，武康还涌现了姚察、姚思廉父子两代名流，都是历史学家，他们著就的《梁书》《陈书》，也被列入"二十四史"之中。

　　武康县城，原本位于余英溪的北岸，它的西北不远处有永安山；隋朝时，县治迁移到了南岸。孟郊的家位于溪北清河坊孟宅保，有房屋数间，门口有井一圈。家门南边不远处就是余英溪，因为溪流从前在县治的前边，余英溪也称前溪。溪水清清，春天的时候溪水里还会夹带着片片桃花，那是上游夹岸的桃树上飘落下来的，溪水于是有了"余英"的美称；到了秋天白露后，溪面上竹簰浮水而来，放簰客或许还会唱着山歌，飘然而去。眺望远处，就是石城山，苍山如幕，横亘在县城西南，南朝文学家庾信的父亲——庾肩吾被封武康侯的时候，曾经写过"石城定若远，前溪应岁深"的诗句（《咏舞曲应令》）。

　　孟家西边，溪旁有古寺，叫静林寺，是沈约舍故宅为寺。据说梁武帝萧衍在没有坐龙椅做皇帝时曾到沈约家里住过，唐朝的灵一和尚写过这样的诗句："无数烟霞色，空闻昔卧龙。"孟家东边，即后来武康城的西门外，有永安寺，原来叫齐昌寺，也是官员舍故宅为寺，那位官员是沈约的本家，南齐秘书郎沈密。唐朝天宝年间才改称永安寺，宋朝时改名证道寺，一直沿用到现在。寺院的晨钟暮鼓，一定抚慰了武康许多善男信女的心，也给了孟郊的童年和少年无限的遐思。

有先辈前贤的榜样，又有美丽的家乡风光作伴，孟郊自不敢稍有懈怠于读书学习。他读经书，读古诗，相比较他更爱诗歌，在古人今人的诗歌中汲取养分，增加自身的修为，锤炼诗歌写作的技巧。

在家乡的山水间，孟郊不仅享受了无穷的田园之乐，也陶冶了文学的情操，他胸中的诗绪不时涌动，诗歌一定成了他表达内心情感的最佳载体。遗憾的是，孟郊早年的诗歌竟然没有留存一首，今天我们已经难以追寻到少年诗人在故乡的诗歌履迹。

4

地处江南的武康，并没有一直太平无事，在孟郊青少年时期曾遭受过两次战乱：一次是在上元元年（760）的刘展之乱；一次是宝应二年（763）的袁晁起义。

刘展是淮西节度副使，"素有威名，御军严整"，确实是个难得的将才。但他恃才傲物，碰到的又是一个气量狭小的上司。他的上司节度使王仲升，竟然怂恿监军宦官上奏，说刘展有谋逆之心，想除之而后快。没有想到，这酿成了一场大变乱。

上元元年（760），刘展率兵叛乱，他的部将孙待封占据湖州，并短时间统治湖州。武康隶属湖州，自然大受影响。虽有平卢兵马使田神功最终平定了叛乱，但原本安宁的江南遭受了战乱的荼毒，有叛军的烧杀，也有平乱军的掳掠。

而袁晁原本是台州衙门里的一个小吏，他反对朝廷追征租调，于宝应二年（763）率领百姓奋起反抗。各地民众纷纷响应，德清百姓沈皓，武康百姓朱潭、朱沘也率众起义，与袁晁呼应。武康，历来为兵家必争之地，义军率先攻克武康县城，经过一番烧杀，城内房屋几乎化为灰烬，随即挺进杭州。第二年，义军被唐朝名将李光弼部击败。

武康县城已经被毁，成了一片焦土，无法修复。到了广德二年（764），右卫兵曹参军庆澄兼领武康、德清两地事务，索性把武康县治搬回余英溪北岸的故城旧址，重修了县城。重修的县城设有四个城门，东门"抚耘"，南门"朝恩"，西门"怀安"，北门"平远"。所以，此后的地方志说，孟郊的老家孟宅保在西门怀安门外一里的地方。

从小饱读诗书，但痛失父爱，又经历了兵荒马乱，童年孟郊更为懂事。当他远远看到武康城里城外战乱弥漫的烟火，看到人们匆匆逃难的身影，脸上一定会露出几分恐惧不安吧。不知道战火有没有烧到溪北的孟家，但愿没有。这样，孟郊还有可以立足的家。孟郊和他的弟弟有母亲的呵护，或许到附近的山上躲避了战乱，总之一家平安。

战火刚刚平复，湖州诗僧皎然来到武康永安寺。永安寺同样遭受了战火的摧残，被乱军焚毁大半。皎然所见，自是一片狼藉，有感写下了《七言兵后经永安法空寺寄悟禅师》，其中有"微踪旧是香林下，余烬今成火宅中"，以及"春天树色起悲风"的诗句。尽管是春暖花开的时节，大地披上了嫩绿的新装，诗人皎然和永安寺的悟禅师一样，悲从中来，再也看不到旧游时的大殿禅堂，但除了无奈还是无奈，连世外之地也逃不过这场人间劫难。

史书和诗文没有透露少年孟郊与皎然这一次是否见面的信息，但作为诗歌爱好者，如果得知江南诗坛领袖到访，又下榻在他家近旁残破的永安寺，他一定会跑去拜谒求教。后来的资料显示，湖州诗僧皎然是孟郊诗歌和人生的引路人，可以说，皎然是孟郊重要的精神导师。当然，孟郊在唐诗之路上比他的导师走得更远。

5

皎然（约720—793或798），俗姓谢，字清昼，湖州长城人（今浙江长兴），唐代著名诗僧、茶僧。他自称诗人谢灵运的后代，实际上是谢安的后人。他追求仕途失败后遁入空门，但没有放弃文学，一如既往地作诗为文。他行万里路，访遍名山，以诗结交公卿大夫。在一个诗的国度里，诗人所到之处，都很受尊崇，尤其定居湖州之后，与当地行政长官和名流交游唱和，诗名盛极一时。皎然虽不是八世纪后期最优秀的诗人，但肯定是当时引人注目的诗人之一，以至他在世的时候，皇帝唐德宗就下令编他的文集并藏入秘阁。一个人的文学作品，能够被皇家收藏，在唐朝可谓至高的荣誉。他著有诗集《皎然集》（又名《杼山集》）十卷。他也是一位批评家，写过诗歌理论著作《诗式》，甚至对茶道深有研究，写有《茶诀》，只是都已散佚。皎然还是一位联句诗作家，倡导了一种新的诗歌形式——联句，相当于集体创作。联句一般先定一个主题，然后参加雅集的诗人共同参与，你一句诗我一句诗，接龙赋诗，要求合同一个韵，算是一种诗歌的游戏吧。

孟子曾说：人之患在好为人师。但也不尽然，诗僧皎然虽"好为人师"，但并没有被人诟病，关键是你放正心态，不要老是以老师自居。作为江南诗坛领袖，在皎然的周围汇聚了一批诗人名流，经常一起游乐吟诗，还吸引了一些年轻学子，跟随他学习诗艺。刘禹锡小时候随父避居江南，九岁的时候就跑到湖州，跟着皎然学诗。

孟郊应该很早学诗于皎然。前文所述广德二年（764），皎然来到武康，他们有可能相识。大历六年（771），皎然频繁地来到武康，与武康县令韩章、诗人顾况等人聚会，进行诗歌联唱。作为武康青年才俊的孟郊，应该在场，不会失去这种良好的学习机会。这些联唱以及皎然赠韩章的诗歌保存在《皎然集》里，遗憾的是孟郊没有名列其中，或许年轻人，还在学习阶段，未能入列吧。

但有一点我们可以明确：孟郊跟随皎然学习，并且作为青年诗人参加了皎然在湖州发起的诗会。

多年之后，孟郊在洛阳送湖州青年陆畅回乡，写下了《送陆畅归湖州，因凭题故人皎然塔、陆羽坟》的诗：

> 渺渺雪寺前，白蘋多清风。
> 昔游诗会满，今游诗会空。
> 孤吟玉凄恻，远思景蒙笼。
> 杼山砖塔禅，竟陵广宵翁。
> 饶彼草木声，仿佛闻余聪。
> 因君寄数句，遍为书其丛。
> 追吟当时说，来者实不穷。
> 江调难再得，京尘徒满躬。
> ……

无论在渺渺雪溪（苕溪流经湖州段）前的妙喜寺，还是在清风徐来的白蘋洲，皎然举办的诗会都留下了孟郊的身影，参加诗会的还有被后人誉为"茶圣"的陆羽。但孟郊写此诗时，两位故人都魂归道山，"江调难再得"，再也不能和他们用江南特有的诗风，一起吟诗唱和了，徒留自己在东都洛阳的世俗烟尘里。诗人写下这些追忆的诗句，希望陆畅回到江南后能题写到皎然生活过的寺庙墙壁上，算是对两位师友的凭吊。

"安史之乱"后，北方的文人墨客纷纷避乱江南，那些到北方应举交游的南方读书人也被迫回归故里，江南开始形成新的文学活动中心。皎然自然成为江南文学活动的核心人物。皎然与各地诗人的酬唱从广德年间已经开始，到大历年间，浙西诗歌群体逐渐形成，并且阵容强大。与皎然有过交集的名家有崔国辅、陆羽、李舒、包佶、吕渭、郑方回、刘长卿等。

而颜真卿的到来，无疑给这个诗歌群体结集了新的力量。皎然毕竟是僧人，是化外之人，而颜真卿是地方长官，有领导带头，诗歌的凝聚力大增。

颜真卿是在大历七年（772）九月被任命为湖州刺史，第二年正月到达湖州，正式走马上任。湖州能够有颜真卿这样的长官，真是有幸。一方面，颜真卿是气节高尚之人，朝廷内外，有口皆碑；另一方面，他也是敢于担当之士，为官为事，一丝不苟。看到湖州政事安定，颜真卿把目光开始投向一个地方的文化事业。颜真卿到湖州的首项文化事业就是编定《韵海镜源》，也就是编一部文字训诂的词典。词典的编撰虽不到一年，但汇集了30多位能诗会赋的文化精英。他们修订辞书之余，时常举办文学雅集，频繁地游赏玩乐、欢宴酬唱。

在湖州，颜真卿和皎然一起导演了一场场诗歌的盛会，吸引了不少《韵海镜源》编者之外的文人参与诗会，正式形成了一个独特的浙西诗人群。他们寄情山水，挥墨赋诗，登临岘山，相聚西亭，徜徉雪溪之上。他们经常一起诗歌联句，一种诗歌接力的游戏。高兴的时候，他们作《乐语联句》；想到吃的时候，他们吟《馋语联句》；喝酒多了，他们还唱《醉语联句》……

颜真卿于大历十二年（777）四月应诏离任，到京城长安做刑部尚书去了。但有皎然在，诗会始终是进行时。不知道年轻的诗人孟郊有没有与颜真卿有过交集，但不少皎然的友人、参与诗会的诗人，后来成了孟郊可以投奔的"知己"，给他前途莫测的人生带来或多或少的教益和帮助。

第二章　战乱年代的逐梦

上嵩山去

1

年轻人，往往满怀梦想，憧憬着诗与远方，读万卷书之外，还期望行万里路。如果读书和远游能够兼得，那就是最佳的方案了。青年孟郊自不例外，他的嵩山之行，可以说践行了这个最佳方案。他远离故乡，算是远游；他徜徉山林，遍读圣贤书，做着那个时代年轻人理想的梦。

《旧唐书》《新唐书》都说孟郊"少隐嵩山"，有学者认为他没有这个可能。原因有二，一是孟郊的老朋友韩愈在叙述他生平的时候对这件事只字未提；二是孟郊应举应该过了"而立之年"，也就是30岁之后才第一次到京城赴考，并且孟郊是孝子，非常爱他的母亲，没有抛下母亲去嵩山隐居的理由。

儒家文化的礼仪，有所谓的"不孝有三，无后为大"。"不孝"有哪三种情况呢？即："阿意曲从，陷亲不义，一不孝也；家贫亲老，不为禄仕，二不孝也；不娶无子，绝先祖祀，三不孝也。三者之中，无后为大。"这句话的意思就是：一味顺从父母，即使他们有过错也不劝说，使他们陷入不义之中，是第一种不孝；家境贫穷，父母年老，自己却不去当官吃俸禄来供养父母，是第二种不孝；不娶妻生子，断绝祖先的祭祀，是第三种不孝。而没有传宗接代，是最大的不孝。所以，孟郊作为一个孝子，没有老守在母亲身边的理由，唯有求取功名、光宗耀祖，才是孝道。况且，孟郊和他的两个弟弟年龄相差不会很大，当他能够远游的时候，弟弟已经长大成人，能够侍奉父母。从他的两个弟弟都没有功名来看，或许这个贫寒之家倾一家之力要供养家中的长子，让他出人头地，获得功名，光耀孟家门庭。这种习惯，一直到20世纪六七十年代还存在，如果经济条件差的家庭，就首先让大儿子读书，其次才是二子、三子，至于女儿，反正是要出嫁，上学的机会相对要小得多。

可见，孟郊"少隐嵩山"是具备条件的。老朋友韩愈没有说到，但并不代表孟郊没有去嵩山。当然，他到嵩山不是做隐士，而是求学读书，学成之后要上京赶考，为家族利益求取功名。

2

孟郊为什么选择上嵩山？

因为在那里，有通往科举考试成功的阶梯。

早在武周时期，武则天信佛，她以佛教"弥勒佛转世"的神话为自己称帝找到了"天命所归"的合法理论。武则天推崇佛教，但不排斥儒家和道教。不排斥其实是不重视，就是听之任之，儒学的教育明显弱化，那些主持教育的官员，即"博士和助教"，大多不是儒雅之士。学校没有好老师，学校甚至有些荒废，读书人自然不想与不学无术之人为伍。到哪里去？到山林里去。读书山林寺院的风气开始形成。

而"安史之乱"以后，唐朝经济遭到摧毁，一塌糊涂，教育设施缺乏投入，连官办的太学也得不到修缮。孟郊的朋友李观，看到国家的最高教育机构太学一片荒芜，杂草丛生，就写了一篇《请修太学书》，希望得到朝廷的重视。可见，到了中唐，越来越多的读书人只有走进山林寺院，去埋首读书，备考科举。

到山林寺院读书，确实好处多多。首先，山间寺院环境清幽，没有人打扰，适合读书。其次，这里有许传道授业解惑的老师。许多僧人自身就是学者或诗人，如孟郊的老师皎然，就是一位著名诗人。有的学者还到寺院开坛授课，如开元年间有一个叫卢鸿的人到嵩山开学堂，学生多到500人。并且，读书人在一起，可以相互研讨，有利学业进取。第三，寺院往往拥有丰富的藏书。皇家图书馆经过战乱，几乎丧失殆尽，即使没有散失，一般的读书人是没有机会入内。而寺院的藏书，源源不绝，自古读书人有了好的著作就希望"藏之名山"，"藏之名山"自然是藏入名山的寺院里，传之后世。所以，寺院是那个时代的公共图书馆，但"不借外客，不出寺门"，只有被允许在寺院读书的人，才有机会展读那一卷卷的前人经典名作。

读书有山林寺院这样的好去处，不管你是富家子弟，还是寒门学子，纷纷涌向山林。于是，唐朝人养成了山林寺院读书的习惯。尤其是那些寒门学子，寄身寺院，跟着那些有学问的和尚洗洗僧钵，无疑是求取功名最好途径。可以说，在唐朝，特别是科举鼎盛的中唐时期，读书山寺，论学会友，是一件很时尚的美事。学成之后，可以应进士试，能够求闻达于朝廷；即使屡试不第，也可以结交许多有识之士。唐朝许多的宰相大臣、朝野名士，都是从寺院里走出来的。像李绅、李白、颜真卿、刘长卿、钱起等，包括孟郊，都有过读书寺院的经历。

虽然南方有庐山、衡山、九华山，江南无锡有惠山，湖州有莫干山、杼山，越州有会稽山、天姥山，但读书人最为向往的还是北方的嵩山、终南山，嵩山在东都洛阳的附近，而终南山在京城长安的边上。《新唐书》中就有"嵩少、终南为仕途捷径"的说法。在嵩山和终南山，读书人方便科举考试，也有更多接近达官贵人获得推荐的机会。所以，现在有了一个成语"终南捷径"，来指求得名利最便捷的门路。

孟郊早年跟随皎然老师学习，一定获得了很多的教益。虽然皎然老师是科举考试的落榜生，失意而遁入空门，大概在25岁的时候剃光了头做了和尚，但皎然的才华并不一般，尤其做了和尚之后，名声渐渐显著，成为东南一方具有影响力的化外名士。他游历了大江南北，访遍名山，到过大都会长安和洛阳，上过终南山，应该也上过嵩山，结交过寺院高僧，与许多朝廷官员成为诗友。或许有皎然老师的建议，孟郊迈开了北上嵩山的脚步。

3

嵩山，中岳。与东岳泰山、南岳衡山、西岳华山、北岳恒山并列为"五岳"。

嵩山最早走进我的视野，是1982年上映的电影《少林寺》和金庸的武侠小说。金庸的小说《笑傲江湖》《天龙八部》写到的少林掌门及其弟子一个个武功高强，小说家言吧。而电影《少林寺》有一点历史的影子，少林棍僧护卫李世民，李世民成为唐太宗之后立碑表彰和尚们的义勇之举。其中的主题曲《牧羊曲》更是描绘了嵩山美丽的景色："日出嵩山坳，晨钟惊飞鸟，林间小溪水潺潺，坡上青青草……"这些给了我最初对嵩山的认识。

嵩山北依黄河、洛水，南临颍水，东西横卧，东都洛阳在望。它由太室山与少室山组成，有大大小小72峰。太室山，"室"指妻子、老婆，太室山就是大老婆山。相传大禹的第一个老婆涂山氏在这里生了儿子启，山下建有启母庙，因而得名。少室山，顾名思义，就是小老婆山了。还是传说，禹王的第二个妻子，也就是涂山氏的妹妹生活在山下，人们后来建了少姨庙，来祭祀她，所以有了"少室"之名。

唐朝的嵩山山间，坐落着许多古庙名刹：有菩提达摩禅师曾驻锡的少林寺，有高僧一行曾经设坛的会善寺，有书法名家李邕撰写过碑记的嵩岳寺，有古柏森森的中岳庙，有后来发展为书院的嵩阳观……对于北上求学的青年孟郊，那些寺观的和尚和道士里有可以求教的老师，那些寄居寺院或者结庐山间的读书人是可以交流的朋友，还有寺院里的书卷为孟郊提供了源源不绝的精神食粮。

在嵩山，他结交的最为亲近的朋友之一是卢殷。卢殷是范阳（今河北涿州市）人，读书无数，写得一手好诗。他长孟郊5岁，像孟郊一样，把诗歌看作是生命里最为重要的东西。他们一见如故，在嵩山度过了许多难忘的时光。在寺庙中，梅花开了，他们一道去赏梅，还采摘几枝，养在僧钵里；闲暇时，一起到寺前寺后的院中，帮着修剪花枝。月明之夜，他们踏上铺满月光的石桥，看月上柳梢头，听月光下小溪潺潺的流水；还跑到寺院边上的小店里，叫上两壶酒，品尝香醇的米酒。那时，他们同学少年，挥斥方遒，吟诗作赋，他们唾弃那些陈年老调，有点标新立异，"争为新文章"。许多的夜晚，他们时常饮酒论诗，论诗饮酒，不知东方之既白。当孟郊回江南去了，卢殷思念友人，写下《仲夏寄江南》的诗："五月行将近，三年客未回。梦成千里去，酒醒百忧来……"可见，他们的友情至深。

后来，卢殷得到河南登封县尉的职务，但身体不好，不能任职，只得靠东都留守郑余庆的周济过日子，最后在饥寒交迫中去世。时任河南尹的韩愈为他买了棺木，还写了墓志。孟郊得知好友去世，一连写了《吊卢殷》十首，来凭吊这位诗友。

孟云卿是孟郊的忘年交，要比孟郊年长20多岁。天宝年间，他开始赴长安参加科举考试，到30岁之后才进士及第，唐肃宗时担任过校书郎。诗人杜甫、元结是孟云卿的好友，都非常推崇他的诗歌。元结编了一本诗选《箧中集》，选了七位诗人的作品，孟云卿就是其中之一。他的诗记录战乱中的民间疾苦，抒写自己报国无门的感慨以及与亲朋故旧的情谊，人称"高古"。他是平昌人，平昌就是孟郊的祖居地，孟云卿应该是孟郊远房族人。

孟云卿结庐嵩山，他的房子建在嵩阳观不远的地方。孟郊读书山间，曾多次拜访这位平昌族亲，或许有时还寄居在那里。有时，孟郊向孟家亲人问学诗书，心中长久的疑难一旦释然，欢笑声在屋宇间回响。有时，一起参加山间劳动，一起播种或收获，即使收成不好，也不会少他的一口。在山边，孟云卿还种植了一点称为檗（即黄柏）的中草药，这种苦口的草药清热解毒，可以预防身体不测之需，一般肠胃不好的小病，药到病除。多年后的一个秋日，孟郊回访嵩山，孟云卿已经过世，看到曾经留下欢笑声的山间屋子已经荒废，不禁悲从中来，写下《哀孟云卿嵩阳荒居》：

戚戚抱幽独，晏晏沉荒居。

不闻新欢笑，但睹旧诗书。

艺檗意弥苦，耕山食无余。

> 定交昔何在，至戚今或疏。
>
> 薄俗易销歇，淳风难久舒。
>
> 秋芜上空堂，寒槿落枯渠。
>
> 薙草恐伤蕙，摄衣自理锄。
>
> 残芳亦可饵，遗秀谁忍除。
>
> 徘徊未能去，为尔涕涟如。

故人你在哪里，那份亲情还在吗？他再也听不到朋友们的欢笑声了，只看到题写在墙头的诗句尚未褪色，看到空荡荡的堂上杂草丛生，寒风中木槿的枯枝在瑟缩着，园子里的兰花快要淹没在杂草丛中了。诗人忍不住提起衣裳，上前去把杂草除掉，好让来年的花长得好一些。他徘徊复徘徊，久久不忍离去。

在嵩山，孟郊还遇到了平昌孟家的从叔（堂房叔父）孟简，他们一起攻读诗书，其后又各自南北游历。孟简在贞元七年（792）先于孟郊登进士第，但他们交往一直延续到元和年间卢殷担任登封县尉的时候，孟郊、孟简和卢殷曾一起吟诗酬唱，孟郊的诗《同从叔简酬卢殷少府》记录了这段情谊，他用"深虚水在性，高洁云入情"来赞誉卢殷的品行高洁如白云。

4

嵩山，真是一个令人神往又流连的地方。年轻的诗人孟郊，时常登上高山，去欣赏春天里的花开，享受夏日里的阴凉，沉浸在秋季的空寂，肃穆于隆冬的风霜雨雪。他徜徉在崎岖的山道上，感受北方的山峦与江南秀色的迥异，那重峦叠嶂，那悬崖绝壁，那万丈深渊，还有在绝壁上顽强的松树，都让他注目与感慨。

他看到耸立在绝壁上的古松，诗兴勃发，即使是让他敬佩的谢灵运、孔子与颜回等大家圣人，也比不上视野里那棵郁郁伟岸的松树，写道：

　　追悲谢灵运，不得殊常封。
　　纵然孔与颜，亦莫及此松。
　　此松天格高，耸异千万重。
　　抓拏巨灵手，擘裂少室峰。
　　……

（《品松》）

　　在诗人的眼里，那松树犹如传说中强力无比的河神巨灵，一手劈开了挡住去路的山峰，造就了嵩山奇峰壁立，景色殊绝。

　　他跨入嵩阳观的门槛，去拜访观里的道士，想和博学多识的道士探讨文章诗歌，遗憾的是"日下鹤过时，人间空落影"（《访嵩阳道士不遇》），没有碰到高人。在观里，他一定拜谒过那参天的将军柏，汉武帝刘彻游嵩岳时册封的三棵古柏。其中大将军树，至今依然生机旺盛、虬枝挺拔，历几千年而不衰，当代赵朴初先生留有"嵩阳有周柏，阅世三千岁"的赞美。

　　年轻的诗人孟郊少小离家，难免有思乡的愁绪，有寂寞的情思，但嵩山的日子，他的内心充实，有青山作伴，有好友三两，有诗书可读，有浊酒可饮，甚至朋友中有懂音乐的，弹上几曲，闲情逸致油然而生。这种读书的生涯，诗人大有隐者的感觉，古人说"小隐隐陵薮，大隐隐朝市"，他把山林读书看着是"小隐"的一种，于是赋诗《小隐吟》：

　　我饮不在醉，我欢长寂然。
　　酌溪四五盏，听弹两三弦。
　　炼性静栖白，洗情深寄玄。
　　……

　　孟郊寄情山水之间，像晋朝的王羲之一样，"仰观宇宙之大，俯察品类之盛"，体察天地的玄妙，感悟生命的真谛，陶冶内心高洁的情怀，当看到那些追逐功名的竞奔者，他高高地昂起自己的头，望着远山绵延，云卷云舒。

亲历"建中之乱"

1

在嵩山之外的北方大地,"安史之乱"的余乱一直没有消停过,加上边疆吐蕃横、回纥骄,唐朝的内忧外患愈演愈烈。

诗人孟郊走出安宁的嵩山,直面的将是中唐最为动荡的乱局,史称"建中之乱"。

前文已经讲到,"安史之乱"留给中唐的沉重包袱是藩镇割据。藩镇的主帅为了维护既得利益,有时举兵对抗朝廷,有时归顺。藩镇内部,为了争权夺利,时常上演部将杀主帅、儿子杀父帅的闹剧。藩镇之间,为了争夺势力范围,有时兵戈相向,性命相搏;为了共同的利益,又盟约抱团,一致抗拒朝廷。

朝廷与藩镇经过多次的博弈,逐渐达成了某种默契:朝廷默许藩镇的自治;而藩镇承认朝廷名义上的最高权力,向皇帝称臣纳贡。

当然,皇帝们总想恢复大唐盛世,加强中央政府的集权统治,普天之下莫非王土,皇帝是天下之主,怎么能够让藩镇长期割据一方。但现实是骨感的,皇帝没有足够的军事力量,往往心有余而力不足,面对拥兵自重的藩镇节度使,常常束手无策,只能睁一只眼闭一只眼,隐忍过去。

大历十四年(779),唐德宗李适继位之后,心怀壮志,希望"中兴"大唐。他不是不知道,就在前一年,魏博节度使田承嗣死后,其侄子田悦继承节度使一职,先皇唐代宗认可了田悦的继承权。而德宗皇帝心有不甘,他生长在天宝盛世，又经历了战乱的流离之苦，甚至他的母亲，即唐代宗的皇后湖州人沈珍珠，也因此离散，从此失去音信，成为他心头永远的痛。他真的太想改变藩镇割据的格局了，还大唐一个安定团结的政治局面。他的理想自然与藩镇各位节度使的愿望相左。

藩镇力求保全自己的领地，维护手中的权力，保障自身的安全；而唐德宗，拒绝承认藩镇的世袭权，甚至要取消藩镇的自治权，从根本上铲除大唐身上藩镇这个负担很重的肉瘤。一场重大的军事冲突和政治危机即将来临。

正是这场重大危机到来的前夕，孟郊告别求学多年的嵩山，行走在北方的大地上。他到河阳（今河南省孟县）去，一个位于黄河北岸的州府级城市。他去河阳要拜访在那里工作的一名官员李芃，一位将军。唐德宗即位后，即任命李芃为检校太常少卿兼御史中丞、河阳三城镇遏使。"检校太常少卿兼御史中丞"其实是散官的名称，不是实职，不用到太常寺和御史台上班，相当于享受正四品的级别待遇。李芃真正做的是"镇遏使"的工作，即负责河阳三城的军镇防务工作。

孟郊为何要去拜访一位将军？他是去"干谒"，有所求而拜见，希望通过李芃的推荐获得科举考试的捷径。俗话说，酒香不怕巷子深，但现实呢，酒香也怕巷子深，完全凭个人的才华步入仕途是难上加难的。主考官录取进士，并不囿于考卷答得怎样，更看重的是关节、门第、声名等各种综合因素的考量，如果有人帮你在主考那里推荐一下，说几句好话，通一通关节，可以增加成功的概率。唐朝人把"干谒"说成是"求知己""求知音"，如果权要和名流成为你的知己、知音，何愁没有光明的前途，像王维、白居易都是通过干谒获得赞赏，得以扬名而取得科举登第。孟郊选择李芃作为干谒对象，或许有朋友推荐，但关键是李芃有才干、有担当，更是一位正直的官员，正如李将军自己所说的"贪权持禄，吾所不取也"。

孟郊到达一个叫峡陵的地方，路途寒风呼啸，天色已经入暮，鸟儿都忙着寻找栖息的树枝，他只得解下马鞍，在这里留宿一夜。他简单地吃一点包裹里的干粮，看到窗外一弯眉月静静地嵌在山那一边的夜幕上，如宝石般闪耀着微光，流泻着暗夜里唯一的生气。此时，远处林中的猫头鹰发出哀鸣般的叫声，店外的狗也狂吠起来。诗人明天就要去拜见李芃，希望他能够成为自己的前路知己。此情此景，他挥笔写下《往河阳宿峡陵寄李侍御》一诗：

> 暮天寒风悲屑屑，啼鸟绕树泉水喧。
> 行路解鞍投石陵，苍苍隔山见微月。
> 鸮鸣犬吠霜烟昏，开囊拂巾对盘飧。
> 人生穷达感知己，明日投君申片言。

诗人对前往拜见的李芃寄寓了人生的美好期望，但心怀忐忑，他看见的夜色充满了魅惑与恐慌，四周的旷野飘荡着悲凉之气。让人不解的是，诗人在诗题里称李芃为李侍御，而没有以时任官职称呼，一般官员都喜欢以最高职位称呼他，孟郊怎会不知？侍御史是李芃以前的官职，或许他们是李芃在侍御史任上相识的。

这是建中元年（780）的一个冬夜。这一年，孟郊30岁。《往河阳宿峡陵寄李侍御》一诗是大家公认的孟郊诗歌明确纪年的开始。

2

孟郊到达河阳的时候，朝廷和藩镇的战争已经不可避免，一触即发。

为了削藩，唐德宗早已有所准备，一方面派遣黜陟使，相当于钦差大臣，分巡天下，推行"两税法"，巩固财政，增加朝廷收入，同时促使藩镇裁军；另一方面注重军事建设，扩建汴州城，加强关东地区的军事布局，任命忠于唐朝的军事将领。这些，极大地刺激了河北藩镇的神经。

建中二年（781）正月，成德节度使李宝臣死了，他的儿子李惟岳请求皇帝任命他为成德节度使，继承父亲的职位。魏博节度使田悦也积极为李惟岳请命。一心想削藩的唐德宗怎么会同意，当然拒绝。李惟岳就伙同田悦、淄青节度使李正己联合起来，举兵对抗朝廷。

胸有成竹的唐德宗决定发兵讨伐。他任命李芃为河阳节度使路嗣恭的副手，随后再加官检校左庶子、河阳三城怀州节度使，并且节制东都洛阳近郊汜水等五个县。皇帝命令河东节度使马燧、昭义军节度使李抱真、神策军行营兵马使李晟以及李芃，协同作战平叛，适时发起攻击。

河阳正与叛军盘踞的藩镇接壤，属于战争前沿地带。但河阳有李芃将军守卫，地势险要，关河牢固，叛军不敢前来挑衅。

孟郊与李芃将军只见了几次面，看到李将军沙场点兵，忙于准备战事，他怎么忍心开口说请他帮忙举荐的事呢。现存的史料里找不到李芃为孟郊"说项"的蛛丝马迹，但有一点可以肯定，战争爆发了，李芃征战沙场之上，或许忙于战事无暇顾及孟郊的所托了。

李芃与河东节度使马燧等人发起联合攻势，率军出河阳，进入魏博军田悦的境内，先后攻克新乡、共城，包围卫州。建中三年（782），李芃与一代名将马燧等人率军与叛军决战于洹水之畔，智破田悦，取得著名的洹水大捷。李芃因攻破田悦的战功得到皇上嘉奖，擢升检校兵部尚书，相当于名誉兵部尚书，不久被封了开阳郡王。李芃进而进军魏州，围困田悦，迫使叛军大将符璘等人带领五百骑兵前来投降。

因战争的干扰，孟郊的第一次干谒肯定是无望了。但诗人听到唐朝大军得胜的消息传来，依然为之欢呼，为李芃将军驰骋沙场、智勇双全而感佩，他写道：

拟脍楼兰肉，蓄怒时未扬。

秋鼙无退声，夜剑不隐光。

虎队手驱出，豹篇心卷藏。

古今皆有言，猛将出北方。

（《猛将吟》）

李芃将军正是北方赵郡人，此次出征心怀"不斩楼兰誓不还"的壮志。他率领勇猛如虎的军队，又擅用兵法谋略，要直捣敌人的老巢。

而夜里，孟郊漫步在月光下，回顾这30年来的读书生涯，内心不禁涌起无尽的落寞：

> 三十年来命，唯藏一卦中。
> 题诗还问易，问易蒙复蒙。
> 本望文字达，今因文字穷。
> 影孤别离月，衣破道路风。
> 归去不自息，耕耘成楚农。
>
> （《叹命》）

古人说"三十而立"，诗人虽已过而立之年，但命运似乎隐藏在《易经》64卦的一卦之中，那就是"蒙"卦。命运迷蒙，将如"蒙"卦预示的那么晦暗，本来期望以自己的一手诗文闻达于朝廷，但希望成失望。游子孤独的身影印在河阳月夜的道路上，晚风吹拂，吹起他破旧的衣衫。此时，诗人并没有因此悲哀，归去又如何，可以像古代楚国的长沮、桀溺一样，自耕自足，自食其力，劳作并快乐着。

建中三年（782）初，效忠中央政府的军队绝对处于上风。幽州节度使朱滔挥师南下，配合马燧、李芃的平叛联军，形成合击之势。魏博节度使田悦已经自身难保；淄青节度使李正己举反旗不久病死了，他的儿子李纳续领淄青军，但被围困起来，不得动弹；成德节度使李惟岳被他的部将王武俊杀死，他的头颅被送到京城，王武俊投诚。在南边，山南东道节度使梁崇义举兵谋反，被淮西节度使李希烈击败而自杀。一时，大唐形势一片大好。

孟郊收拾行旅，准备南归江南，但战争的形势发生了急剧反转。他陷于河南，有家难归。

3

平乱取得了一定战果，得胜的战将希望凭着战功获取更高的职位和更多的利益，但一碗水端平本身很难，更何况唐德宗深知藩镇尾大不掉的道理，藩镇的势力已经太大，不能没有节制。节制就不能给藩镇更大的权利，于是先前的承诺没有兑现。

朱滔、王武俊、李希烈都没有吃到想吃的果实，对朝廷的封赏心怀不满。魏博节度使田悦把握时机，成功说服朱滔、王武俊两人倒戈反唐。有了外援，受困的田悦，一下子恢复了元气。而朝廷的平叛联军难以协同作战，开始败退。

建中三年（782）秋，幽州朱滔、魏博田悦、成德王武俊、淄青李纳四人再次结盟，分别称王，分封百官。朱韬称冀王，王武俊称赵王，田悦称魏王，李纳称齐王。这四位，称王的目的主要是保存自己的势力范围，没有向外扩张的更大野心。与四王相比，最大的祸害是李希烈。

因平乱有功，朝廷任命李希烈为检校司空，兼淄青节度使，新罗、渤海两蕃使。检校司空是一个空头的散官职位，淄青还在李纳的手里，李希烈只有出兵消灭李纳，淄青节度使的名号才算名副其实。李希烈的怨恨是不言而喻的，他假言讨伐，与叛军暗通款曲，然后也称王谋反，后来甚至自称皇帝。黄河下游的藩镇之乱变本加厉。

目睹烽烟纷乱的黄河两岸，孟郊以一个诗人的眼光观照战争中的风云变幻，用诗句记录这一段纷乱的历史。他痛心国难，他愤慨呼号，他叹息伤感，一个悲时忧国的诗人站立在北国的寒风里。

他写下了《杀气不在边》：

杀气不在边，凛然中国秋。

道险不在山，平地有摧辀。

河中又起兵，清浊俱锁流。

岂唯私客艰，拥滞官行舟。

况余隔晨昏，去家成阻修。

忽然两鬓雪，固是一日愁。

独寝夜难晓，起视星汉浮。

凉风荡天地，日夕声飕飗。

万物无少色，兆人皆老忧。

> 长策苟未立，丈夫诚可羞。
>
> 灵响复何事，剑鸣思戮雠。

　　战争的杀伐之气没有出现在边境，秋天的中原大地却杀气凛然，全都是藩镇争权酿成的祸害。此时，叛将李希烈谋划夺取汴州（今河南开封），陈兵三万于许州（今河南许昌），与李纳唇齿相依，大有黑云压城之势。李纳应约派兵渡过汴河，引导李希烈的部队阻断汴州的粮道。一时，汴州交通堵塞，不要说羁旅之客行路难，连政府的漕运船队也拥堵在汴河里。

　　诗人离家几年，如今道路阻隔，有家难回，思乡的愁绪袭上心头，一日之间忽然已是两鬓堆雪。夜晚，他难以入睡，独自起床，遥看星汉灿烂，牛郎星和织女星站在银河的两边，永远相聚不到一块。北风吹起，日夜不息，大地冰冷；世间的万物都褪去了颜色，百姓们忧心忡忡。身为堂堂男子汉，未能为国家效力，孟郊感到深深的羞愧。他是多么想做一名战士，拔剑杀敌，去平复战乱呀！

　　诗人在《感怀》诗里描述了那年冬天的战争情势：

> 孟冬阴气交，两河正屯兵。
>
> 烟尘相驰突，烽火日夜惊。
>
> 太行险阻高，挽粟输连营。
>
> 奈何操弧者，不使枭巢倾。
>
> 犹闻汉北儿，怙乱谋纵横。
>
> 擅摇干戈柄，呼叫豺狼声。
>
> 白日临尔躯，胡为丧丹诚。
>
> 岂无感激士，以致天下平。
>
> 登高望寒原，黄云郁峥嵘。
>
> 坐驰悲风暮，叹息空沾缨。

　　在河南河北，敌我双方都在结集部队，烽火四起，每天都传来让人心惊的消息。巍巍太行山，山高路险，运粮的车队相连，为前方战士保障口粮。但那些手握重兵的将领，并不能倾覆敌巢，讨平叛乱。更糟糕的是，汉北儿李希烈谋划合纵连横，形成南北战时联盟。诗人对李希烈是深恶痛绝了，这个手持干戈擅自作乱的家伙，如豺狼一般在狂叫，简直丧尽天良。他依然期望有良将出马来荡平乱军，还天下太平。他登上高处眺望，是光秃秃的冷冷的连绵山原，天空中的黄云也是一副峥嵘的面孔。即使坐下来，但内心怎么静得下来？他只有叹息，泪水已经沾湿了帽缨。

诗人期望的局面并没有出现，形势变得更加恶劣。建中四年（783）正月，政府的平叛军并没有显示应有的战斗力，反而被李希烈的叛军击溃。叛军乘势发动攻势，先后占领汝州、汴州等战略要地，东都洛阳震动。在汝州沦陷的时候，宰相卢杞向皇帝建议派时任太子太师的颜真卿前往李希烈军中，传达朝廷旨意，说服他归顺朝廷。颜真卿毅然前往宣旨，但被叛军扣押，第二年被李希烈缢杀。一代名臣、一代书家的生命在76岁那年休止。

圣旨在李希烈的眼里等同废纸，朝廷只有继续派兵剿灭。但更大的麻烦随之而来。建中四年（783）十月，在泾原节度使姚令言率领下，一支五千人的勤王军队途经长安前往平叛。因为朝廷没有给部队赏赐，士兵哗变，冲进京城大肆掳掠府库财物，拥立闲居长安的原太尉朱泚为帝。这就是历史上的"泾原兵变"。唐德宗仓皇出逃到奉天（今陕西乾县），并被叛军包围达一个多月，史称"奉天之难"。

孟郊身在洛阳，也感受到了那个秋天的不安与寒意。他在《感怀八首》中写道："秋气悲万物，惊风振长道。登高有所思，寒雨伤百草。"他还讲述了在洛阳的另一次漫步所见所感：

晨登洛阳坂，目极天茫茫。

群物归大化，六龙颓西荒。

豺狼日已多，草木日已霜。

饥年无遗粟，众鸟去空场。

路傍谁家子，白首离故乡。

含酸望松柏，仰面诉穹苍。

去去勿复道，苦饥形貌伤。

（《感怀八首》之二）

　　一个清晨，他登上了洛阳的一处山坡，极目远望，天色苍茫，深感万物顺应自然变化，太阳东升了，也会慢慢西下。让他痛感的是，世间如同豺狼的强人一拨又一拨，而百姓的生命被视如草芥，日子如同草木被霜打一样。注定又是一个饥荒之年，土地上不会有遗留的粟粒，连鸟儿都飞离了空空如也的晒场。路边来的那个是谁呀，白了头还要离开故乡，在这荒郊野外仰望那些松柏，你快快走吧，不要这样困于饥饿而黯然神伤。经历了战争的大唐首善之区洛阳，居然荒草遍地、豺狼成群，诗人只有"仰面诉穹苍"，可这不是天灾而是人祸呀。

　　诗人独自在异乡，游子的乡愁回荡在心头。他思念久别的亲人，故乡有抚育自己成长的母亲，有亲爱的妻子，还有兄弟，他们的身影如在面前，又无法触摸到，诗人深感魂不附体，形神分离。忽然，有几只小鸟飞来，从窗前掠过，还发出啾啾的鸣叫……诗人记下了那个时刻的心情：

亲爱久别散，形神各离迁。

未为生死诀，长在心目间。

有鸟东西来，哀鸣过我前。

愿飞浮云外，饮啄见青天。

（《感怀八首》之八）

　　在诗人的耳畔，连鸟鸣似乎都带着哀愁，其实是他自己心里的哀愁。他多么希望能够如鸟儿般自由地飞翔，冲破这战乱的浮云，远离这充满危险的是非之地，早日回归故乡。

　　此时，李芃退回到河阳，加入勤王的行列。只是因为身体健康的原因，李芃于兴元元年（784）年初辞官。但李芃仍然在反思这些年的战乱，认为要消除天下的弊害，只有推行德治，以此来感化天下，而不能一味地以强力去征服。不管怎样，在孟郊的心目中，李芄是"壮士"，是"智士"。他勇如壮士，拔剑卫君王，剑光直射北斗星、牵牛星；他又智者千虑，"朝思除国雠，暮思除国雠。计尽山河画，意穷草木筹"。面对国家的磨难，他怎能不忧心，一忧百忧，即使原上的忘忧草开得灿烂，也难以解除他忧国忧民的思绪。这是孟郊《百忧》诗的诗意吧。

孟郊写李芄之忧，也叙自己的愁。"愚夫唯四愁"，他把自己说成是愚夫，只是一个没有机会展露才华的草野之人，只能像东汉那个写《四愁诗》的张衡那样，忧心国事又没有用武之地，郁郁不得志。但时机总会到来，他在等待，等待那个一展宏图的时刻，走自己的路，让别人去说吧。

通过孟郊的诗，我们清晰地看到孟郊青年时代的剪影，在动乱的年代，他意气风发，充满报国的理想，他观照自己的人生，始终关注着国家的前途、百姓的苦难。孟郊的诗歌里闪耀着人性的光芒。

遗憾的是，孟郊在李芄身上寄寓的希望落空了。第二年，辞官不久的李芄不幸去世。

4

兴元元年（784），是中唐历史划时代的一年。

这一年的元旦，唐德宗在逃难地奉天发布了由宰相陆贽执笔的《奉天改元大赦制》。当时的纪年是按照农历，元旦就是农历的大年初一。发布改元大赦，是唐朝政府不得已的事，当然也是明智之举。

皇帝自然清楚当时局势，朝廷多年征战，负担沉重不堪，自己还逃难在外，弃宗庙于不顾，作为九五之尊，实在是没有面子。面子没有了，里子还是不能丢。

对于朝廷，最大的危险是那个盘踞在京城长安称帝的朱泚，叛乱的幽州节度使朱滔正是他的弟弟，他们正谋划会师洛阳。一旦会师，形成合力，朝廷的压力将更大。

其他藩镇的节度使，也不愿朱泚、朱滔一家坐大，向朱家称臣还不如向原先的主子李唐王朝称臣，况且朱滔之人疑心病特重，不好对付。

皇帝发布"兴元大赦"一系列的文件，文件的主要精神有：首先安抚那些对抗过朝廷的藩镇，承认藩镇的自治和世袭，老子当了领导儿子接着当吧，你们自己定；其次褒奖在战乱中效忠于朝廷的将士，为朝廷出过力，朝廷是不会忘记的，培育起新的势力，与藩镇的强势构成平衡；第三是免除有罪在身的官员，你参加过叛乱也一笔勾销，不会秋后算账；第四是平息百姓心中怨气，让老百姓也松一口气。

其实，河北几大藩镇只想保存势力范围，"兴元大赦"的条件很快被田悦、王武俊、李纳相继接受，纷纷去掉王号，用宰相陆贽的话是"望风款降，争驰表章，唯恐居后"。他们调转刀枪，站到朝廷的阵营，对朱泚、朱滔发动进攻。

朝廷被动挨打的局面逐渐得到扭转。朱滔被击溃，退回幽州，一蹶不振，随后被迫归顺朝廷，朝廷没有过分进逼，同意朱滔的请求。朱泚叛军在这一年六月被消灭，皇帝得以重返京城长安。"建中之乱"基本得到平复。

只有李希烈还想为非作歹，甚至号称楚帝。但他的叛军在周边朝廷军队的围剿下，最后只有退守蔡州，毫无还手之力。他本人已经成了秋天的蚂蚱，蹦跶不了几天，于贞元二年（786）被他的部将毒杀了。

天下重归太平的曙光已经照耀北方大地。唐德宗公开承认了河北藩镇的自治与世袭的合法性，一种新的格局与平衡达成。

离乱中的诗人孟郊又想家了，他太想家了，他想到了母亲盼儿归，想到了爱妻望夫回。回想离开江南武康的那个夜晚，他曾与爱妻相拥在一起，心中的千言万语，凝成短诗《结爱》：

> 心心复心心，结爱务在深。
> 一度欲离别，千回结衣襟。
> 结妾独守志，结君早归意。
> 始知结衣裳，不如结心肠。
> 坐结行亦结，结尽百年月。

　　孟郊模仿《古诗十九首》"行行复行行"的句式，创造了这一乐府诗的新篇章，来抒写他的爱情。孟郊什么时候结婚，第一任妻子姓甚名谁，史料没有提及，但他和妻子的爱铭刻在孟郊的诗句里，他们心心相爱，即使离别，也要把心结在一起，遥遥地相守。而今，临别的一幕又在诗人眼前，勾起他更长的情思。

　　到兴元元年（784）岁末，孟郊在河南的生活越来越艰难，时常饥肠辘辘，脸色日渐消瘦。就在那年的秋天，中原地区遭受了百年一遇的蝗灾。蝗虫把田间的苗木吃得精光，老百姓没有粮食，只得抓蝗虫充饥。《旧唐书》记载："秋，蟓蝗自山而东际于海，晦天蔽野，草木叶皆尽"。蝗虫铺天盖地而来，夺走了百姓口里的粮食，要命的是那个冬天大雪纷飞，特别寒冷，"路有冻死骨"的景象随处可见。这种寒冷一直蔓延到第二年的正月，老天真是无情，又连降几场大雪，更多饥饿的人群被冻死。

　　贞元元年（785），一个饥饿的春天已经来临。"河南、河北饥""无麦苗""东都、河南河北米斗千钱，死者相枕"。史书以简短的文字透露出那个春天的残忍与无奈。河南是难以立足了，诗人只能回江南去，回到那个梦里的故乡武康去。

　　战火正在逐一熄灭，南归的路已经通畅无阻。北方的大地，满目疮痍，战争夺走了无数百姓儿女的生命，还有寒冷与饥饿，一起上演了一出出的人间悲剧。孟郊所过之地，千里无人，一座座荒芜的城镇，似乎还带着战争的血腥，只有野草踏着春天的脚步披绿北方的土地，还有黄莺和燕子的叫声，给了这大地生的气息。路旁，一堆堆的坟墓上野花在绽放，但并不灿烂，显得有些昏暗，让人惆怅。诗人挥笔记写了这令人伤感的春景：

　　　　两河春草海水清，十年征战城郭腥。
　　　　乱兵杀儿将女去，二月三月花冥冥。
　　　　千里无人旋风起，莺啼燕语荒城里。

春色不拣墓傍株，红颜皓色逐春去。
春去春来那得知，今人看花古人墓，
令人惆怅山头路。

（《伤春》）

江南好

1

春夏之交的阳光灿烂而炽热，照耀在受尽磨难的江淮大地。归途漫漫，孟郊不幸途中染病，前不着村后不着店，找不到旅店休息，诗人内心如火烤一般。好不容易来到了一个集镇，他渴了，想喝水，可这里竟遭遇着旱情，路边的井水干涸了；想要就医治病，可囊中羞涩。他顿感失落失望，哪里还有什么凌云壮志，行路之难甚至走投无路，他连死的想法都有，但一想到故乡的母亲妻子，所有的病苦都让热烈的阳光蒸发了似的。他写下《路病》一诗，其中说道："人子不言苦，归书但云安。愁环在我肠，宛转终无端。"一个游子，愁思在心；一封家书，只报平安。

孟郊终于回到江南，回到武康，拜见了母亲，几年的离别，几年的牵挂，母亲的鬓际已经染上了几多霜雪；他望着妻子，几多的离愁，想要表达，竟无以言表，只有两个人深情的凝望。还有两个弟弟，多亏有他们，照顾好母亲，照顾好这个家，他才有机会读书嵩山，去追求一个家族的梦想。

如今，孟郊终于回家了，平安地回来了。对于母亲和妻子，还有什么比自己的儿子和丈夫，能够从战乱和灾荒中平安地归来更让人欣慰的呢？

孟家上下沉浸在团聚的欢快之中。母亲翻出儿子行箧里的衣裳，看看哪里需要缝补的，很快用手中线把破损的地方补好。妻子忙着上灶台，把家里的一只老母鸡杀了，准备给丈夫补补身体。两个兄弟也不闲着，到门前不远处的英溪边，碰碰运气，或许可以抓几条鱼，丰盛一下晚餐。

  过了几天平静的家居日子，孟郊前往湖州去拜会诗僧皎然老师。孟郊从青年时代认识皎然，是皎然给了他诗歌的指引，如今他已过而立之年，已经三十五岁了，而皎然有六十六岁，快近古稀，他们是真正的忘年之交。

  孟郊来到杼山脚下皎然老师所在的妙喜寺，皎然听到有人叫门，轻轻地走下长着青苔的石阶，看到门前是多年不见的学生孟郊突然来访，感到好像是一阵惬意的风，把一位"意中佳客"送上了门，顿感一种人间的温情洒满禅院，馨香沾满衣襟。皎然告诉孟郊，近来身体有点不适，似乎患上了感冒之类的小病，但精神状态不错。院子里的一棵香樟树郁郁葱葱，那树荫更让人有一种格外的清寂。看院内一尘不染，是有人刚刚清扫过地上的落叶吧。皎然把这次相会的情景与心情实录在他的《五言答孟秀才》一诗里：

> 羸疾依小院，空闲趣自深。
> 蹑苔怜静色，扫树共芳阴。
> 物外好风至，意中佳客寻。
> 虚名谁欲累，世事我无心。
> 投赠荷君芷，馨香满幽襟。

  宁静的禅院里，悠闲自在的生活，皎然老师的淡然心境，一种超凡脱俗的情景呈现在孟郊面前。老师是经历过风雨的化外之人，早已不为虚名和俗事所累，又是江南诗坛的翘楚，孟郊作为学生晚辈一直十分敬重他，彼此都很珍惜这份情谊。

  皎然，字清昼，所以孟郊时常称他为"昼上人"。当时，有流言诽谤皎然，但流言具体指什么内容，已经不得而知了，或许是质疑皎然作为僧人的品格，或许是攻击皎然诗歌写得不怎么样。孟郊听到，不干了，他站在老师的立场，坚决捍卫老师的尊严，写了一首诗《答昼上人止谗作》：

> 烈烈鸳鸯吟，铿铿琅玕音。

枭摧明月啸，鹤起清风心。

渭水不可浑，泾流徒相侵。

俗侣唱桃叶，隐仙鸣桂琴。

子野真遗却，浮浅藏渊深。

在诗歌里，孟郊称皎然的诗是"鸑鷟吟"。鸑鷟是什么？是凤，凤之吟唱自然是美声的。他说皎然的话是"琅玕音"。琅玕是什么？是如同玉的石头，掷地有声。皎然是有德的贤人，他的诗歌当然是高尚的凤之吟唱，是清朗的玉石之音。那些流言谗言，是夜枭阴暗的叫声，只会让明月蒙上阴影，但皎然老师如鹤一般，翩然起处，清风徐来，让人清心。自古以来，泾渭分明，任何胡言乱语是搅浑不了事实真相的，所谓清者自清。孟郊还说道，世俗之人在传唱王献之和桃叶的爱情故事，但像皎然老师那样的世外高人弹奏的是脱俗的桂木琴。他的言外之意似乎是有人在传言皎然的绯闻事件，但孟郊的意思是绝无可能。于是，诗人责问：那位目盲耳聪的音乐家师旷（字子野）失职了吗？只识得那些俗乐，致使肤浅的东西到处流行，而渊雅的音乐被埋没深藏。

事实上，皎然确实遇见过爱情。和尚怎么有爱情？女道士兼女诗人李冶（字季兰）与皎然志趣相投，仰慕他，爱恋他。

李冶把对皎然的爱情写进细腻柔婉的诗句，"尺素如残雪，结为双鲤鱼。欲知心里事，看取腹中书"（《结素鱼贻友人》），多么希望能够与皎然做鱼水相欢的双鲤鱼。但皎然早已皈依禅宗，心如止水，内心再也激不起半点爱的涟漪，婉拒了李冶的一片痴心。他写道："天女来相试，将花欲染衣。禅心竟不起，还捧旧花归。"（《答李季兰》）虽然皎然的处置十分理智，但民间难免会流传一些风言风语。不管怎样，李冶热情地追求爱情，皎然诗意地婉拒，不失为文学史的一段佳话。

在孟郊的心目中，皎然是一个值得崇敬的诗僧，因为曲高和寡，被人误解，被谗言中伤。他对皎然的敬仰始终如一。有一次，他同皎然一起送郭（一作邬）秀才到江南西道寻找兄弟，送别诗里就称道皎然，诗句说："池上春色生，眼前诗彩明。手携片宝月，言是高僧名。"（《同昼上人送郭秀才江南寻兄弟》）这里"池上春色生"一句，借用了谢灵运"池塘生春草"的诗意，用六朝名家谢灵运和皎然的诗来比拟，这是对皎然的极大的赞誉。更何况皎然自称，谢灵运是他的十世祖，这种诗歌艺术的家族传承，更显皎然老师的高贵。

2

孟郊离开河南之后，饥饿的北方被新一年的蝗灾再一次困扰。贞元元年（785）的五月，飞蝗从东海开始一直蔓延到陇坻，也就是现在六盘山南段一带，席卷了整个中原、关中地区。飞蝗遮天蔽日，所到之处草木殆尽，连牲畜身上的毛都不放过，也成了蝗虫口中的美食。

从兴元元年（784）开始，唐朝持续了三年自然灾害，前两年蝗灾与干旱，第三年，也即贞元二年（786）夏天，又有特大洪水袭击黄河流域，京城长安的街道水深好几尺，许多百姓遭受灭顶之灾。即使朝廷派官员向上天多次祈祷，希望老天开眼，但老天根本不管你，所有的祈祷无济于事。

而江南，平安无事，风调雨顺，百姓衣食无忧，社会生活的画卷依然在慢条斯理地展开。这里的稻米、丝绸布料源源不断地通过运河漕运到北方，满足朝廷生活之需，并以皇帝的名义赈灾到各个受灾州县。

在安宁的江南湖州，孟郊参加了皎然组织的多次诗会，结识了很多诗友。陆羽是老熟人了，新的诗友有郑方回、汤衡、陆长源等，尤其是陆长源，今后一段时间成为孟郊的依靠之人。

早在兴元元年（784）夏天，陆长源曾经权领湖州事，也就是代管湖州事务，但没有正式任命，那一年秋天就改授信州刺史，信州就是现在江西上饶一带。到了冬天，他又被浙西节度使、江淮转运使韩滉调走了。

韩滉既是封疆大吏，又是负责朝廷运输的长官，他还有一个身份，是唐朝著名画家。他善画人物，喜画农村风俗和牛、马等动物，尤其是他画的牛，精妙绝伦。现存的《五牛图》是他的代表作品，宋朝诗人陆游称他画的牛是有生难见的"尤物"，元朝艺术大家赵孟頫也大加赞誉，称为"稀世名笔"。

　　作为地方一把手领导，韩滉很有担当、极具强势，做过几件让皇帝非常满意的工作。一是安定江南地区。长安发生"泾原兵变"时，李希烈祸害河南，淮南节度使陈少游也蠢蠢欲动，韩滉起到了制约作用。当陈少游死后，他的手下大将王韶要自立作乱，韩滉出面制止，避免了一次兵灾。韩滉实际成了江南地区的定海神针。二是保障朝廷的供给。关中、中原地区经历了三年自然灾害，又是战乱未息，关中粮仓告急，粮食价格不断攀升，每斗米价涨到500钱。韩滉主政的浙西道带头向朝廷纳贡钱粮，还带动淮南陈少游一起上交粮食。江南的米粮运到关中，解决了人们的肚子问题，粮价也降下来，米价减少了五分之四。可以说，韩滉手里的财赋米粮是朝廷灾难时期的救命稻草。

　　陆长源就是给韩滉去做江淮转运使的副手，当然韩滉为他向朝廷上奏求得的职务还有"检校郎中，兼中丞"。前面讲过，"检校"算是散官，没有事职权，陆长源"检校郎中"是虚职，享受级别待遇罢了。这里的"兼中丞"也只是挂名的御史中丞，他的实职是转运副使，主要协助韩滉做好江淮地区的运输工作，把江南的粮食物资运送到北方的朝廷。从皎然在诗歌中称陆长源为"使君"看，陆长源还权领了苏州刺史的职权。

　　苏州和湖州，分别在太湖的东岸和南岸，走运河一日的航程。以皎然为核心的诗会在湖州和苏州两地举行。在湖州，他们游太湖、登杼山。在苏州，他们游武丘寺（武丘即虎丘，唐朝因为要避李氏先祖李虎的讳改称武丘。河阳的虎牢关，同样改称武牢关），游支硎寺，也游太湖里的东山、西山，相互酬唱，相互赠诗。皎然前往苏州，为陆长源写过不少诗，如《奉陪陆使君长源诸公游支硎寺》《奉陪陆使君长源、裴端公枢春游东西武丘寺》……可见他们的情谊至深，正如皎然在《白云歌寄陆中丞使君长源》所写"一见西山云，使人情意远"，皎然和陆长源一起西山看云，让人感到他们的情意如云一样洁白，如云一样绵延不绝。

　　孟郊自然随皎然老师参与了一些诗歌雅集，只是没有留下在湖州、苏州纪游的诗篇，我们能够看到的是他写给陆长源的《赠转运陆中丞》：

掌运职既大，摧邪名更雄。

鹏飞簸曲云，鹗怒生直风。

投彼霜雪令，翦除荆棘丛。

楚仓倾向西，吴米发自东。

帆影咽河口，车声聋关中。

尧知才策高，人喜道路通。

皆经内史力，继得酂侯功。

莱子贫为少，相如未免穷。

衣花野菡萏，书叶山梧桐。

不是宗匠心，谁怜久栖蓬。

作为一首酬赠诗，孟郊不可避免要絮叨一下陆长源的好处，甚至有夸大的成分，如同当今评论家为人所作书评、诗评，总要说说优点特点，也如记者的新闻特写，总要展示光明的一面，主旋律的一面。但孟郊有拍马嫌疑的酬赠诗，所写符合历史的基本事实。当时韩滉、陆长源所主持的运输事业关乎朝廷的命运，他们的责任不可谓不大，而陆长源做的运输工作实在是一个肥差，这一岗位充满着诱惑和陷阱，他的御史中丞的职位正是要做"摧邪"的工作，孟郊用"鹏飞""鹗怒"来比喻陆长源性格刚直，秉公执法，他执法的威严如同"霜雪令"，所谓的铁面无私，那些蝇营狗苟的邪恶即使如"荆棘丛"一般棘手，也照样剪除。在陆长源的调度下，吴地的大米沿江西上，以致片片帆影在河口一带相拥，等待转为陆路运输；楚地粮仓的库存都要慢慢转运到关中，再直达长安，以致路途车声隆隆，震耳欲聋。这是灾荒之年粮食从江南到京城的运输实况。陆长源的工作成效，可谓有目共睹。

陆长源转运有方，皇帝嘉许，百姓欢喜。这一切，当然因为有韩滉的推荐，陆长源才有汉朝名臣的酂侯萧何一样的功劳。但，正是陆长源的铁面无私和不通融，后来让他在一个混乱的时代里惨遭不测。

对陆长源的好话说完了，孟郊自然得说说自己，希望得到赏识才是他的心愿。他把自己比作老莱子、司马相如，就是说像他们一样身处穷困之境地，空有满肚子的学问。甚至他开玩笑地说，我没有衣服穿，快要裁剪荷叶做衣裳了；我没有纸和帛，快要摘些梧桐叶来写字了。陆先生，你是"宗匠"级人物，有机会推举擢拔贤才，一定会怜惜我这个久居蓬蒿之间的人吧。

陆长源在江淮转运副使的职位上时间并不长，只有短短几个月。贞元二年（786）正月，随着北方灾情的好转，宰相崔造奏请撤销江淮转运使，陆长源自然就被罢了转运副使的官职。随后，他被选入朝，担任都官郎中的职务，也即刑部都官司的五品官员，相当于现在国家部委的司长。

皎然得知消息，赶到当时浙西节度使的行在润州（今江苏镇江），参加了韩滉为陆长源主持的饯行宴，即席赋诗《奉送陆长源诏征入朝》，称颂陆长源"才当持汉典，道可致尧君"，有才能主持国家法典的执行，能够为皇上分忧。

这年十一月，韩滉正式以宰相身份入朝执掌朝政。第二年三月，韩滉就因病去世。陆长源也换岗，到京畿要地长安万年县担任县令。

孟郊没有参加那次饯行，他到江南西道的上饶去了。

3

孟郊去上饶，因为有陆羽的邀请。

之前，在皎然主持的湖州诗会上，孟郊与陆羽已经熟识，对这个其貌不扬的诗人和茶人敬佩不已。

陆羽（733—804），字鸿渐，复州竟陵（今湖北天门）人，一名疾，字季疵，他的号有不少，知晓率较高的是竟陵子。他一出生就因相貌丑陋而成为弃儿，所幸被龙盖寺住持智积禅师收养。他29岁时写的《陆文学自传》称，"有仲宣、孟阳之貌陋；相如、子云之口吃"。仲宣就是"建安七子"之一的王粲，是个矮子；孟阳就是西晋文学家张载，相貌奇丑，出门常被顽童扔石头。西汉的司马相如、扬雄（子云）都有口吃的毛病。可见，陆羽是个矮子，相貌难看，说话疙里疙瘩，但他没有因此自卑。

他不喜欢寺院里晨钟暮鼓的生活，跑出寺院到戏班里演过丑角。但不幸的陆羽幸遇了生命中的贵人，他的人生发生了转折。陆羽遇到了河南府尹李齐物，赏识他，让他有了读书学习的机会；他又碰上前礼部员外郎崔国辅出守竟陵，两人一见如故，为他后来外出考察茶叶茶事提供很多方便。当然，结交皎然是陆羽最大的幸运，也是中国茶的幸运。陆羽和很多知识分子一样，在"安史之乱"时避乱江南，在湖州与皎然相遇并成为忘年之交。皎然给了陆羽相对安定的生活，他住持的杼山妙喜寺成了陆羽的安身之处，陆羽有条件潜心茶文化研究，诞生了世界上第一部茶学专著《茶经》。由此，陆羽被后人誉为"茶圣"。

陆羽是一个身心自由的人，不喜欢同世俗之人交往，不愿受世间杂务的干扰，他成天同那些和尚、高雅之士在一起，饮茶喝酒赋诗。他是茶的专家，煮得一手好茶，名声在外，皇帝唐代宗先后诏他做太子文学、太常寺太祝的官，都没有前往就职，依然徜徉在山水之间。正如他在《六羡歌》里所唱："不羡黄金罍，不羡白玉杯。不羡朝入省，不羡暮入台，千羡万羡西江水，曾向竟陵城下来。"他不羡慕金钱与地位，只想如江水一般的自在畅快。

在陆羽的心目中，孟郊自然是高雅之士，尤其是写得一手好诗，是年轻一代中佼佼者。两个相互认可的人在一起，他们行走山林，饮茶喝酒，相互酬唱，自然还有说不完的话。他们在湖州已经结下了深厚的友谊，当陆羽在上饶有了落脚之地，就邀请诗友孟郊到新居看看。

陆羽到上饶是应当地官员的邀请而去的。如今，人们看重的是经济利益，各级政府都有招商引资的考核指标，商人都是领导的座上宾，所以，按照现代的效益观，我们很难理解，一个文人、一个茶人在唐朝竟如此受欢迎，又不会产生多少效益。这，因为有唐朝开明包容的文化背景，饮茶已经成为官僚、贵族阶层的雅好，而地方军政长官大多还有培育幕僚的习惯。有实权有实力的军政长官把一些文化人吸纳在自己周围，既可以帮助出谋划策，也可以尽显风华儒雅，何乐而不为？何况陆羽还是皇帝看重过的茶人。同时代的诗人权德舆就说，陆羽"所至之邦，必千骑郊劳，五浆先馈"，意思就是说陆羽每到一个地方，当地领导一定是骑马到郊外迎接，并争相设宴款待，非常地尊敬他。

上饶属于江南西道的信州，陆羽和孟郊的诗友陆长源于兴元元年（784）

在信州担任过短暂的刺史，陆长源离开信州后，新任的江西观察使李兼上奏朝廷，请侍御史萧瑜权领信州刺史事务。萧瑜肯定是陆羽的崇拜者，邀请陆羽到上饶安居。贞元元年（785），52岁的陆羽来到上饶，在萧瑜的帮助下，在城北买地筑屋，开始了在上饶诗与茶的生活。陆羽从不追逐华贵的生活，他的房子盖得非常简陋，但生活设施，应有尽有，并别有雅趣，有泉有亭，有竹有山景，在房前山边还开垦了一片茶山。萧侍御确实是个风雅之士，时常与陆羽唱和，相得甚欢。

孟郊沐浴着贞元二年（786）春天的气息来到上饶。陆羽的山居，给了孟郊一个惊喜，这里简直就是陶渊明笔下的桃花源。如此美景，如此宁静的生活，可以看云卷云舒，可以品山泉茗茶，可以感翠竹清幽，可以和朋友们把酒言欢……这不就是人间仙境？孟郊的到来，给山居增添了许多的欢笑声，两个诗友徜徉在竹林间，沉浸在上饶的春天里，要把这里的春景春花都吟唱成美丽的诗篇。

可惜的是，陆羽当时写的诗早已遗失在历史的尘埃里了，孟郊只留下了一首《题陆鸿渐上饶新开山舍诗》：

> 惊彼武陵状，移归此岩边。
> 开亭拟贮云，凿石先得泉。
> 啸竹引清吹，吟花成新篇。
> 乃知高洁情，摆落区中缘。

这真是一首好诗，真实地记述了陆羽在江西上饶的山居生活，陆羽俨然如一位摆脱尘世俗缘的隐者，让人仰慕。人间俗世，"天下攘攘，皆为利来；天下熙熙，皆为利往"，而陆羽的生活，只为求得生活的本真与自然。孟郊看到陆羽身上那种高洁的情操，用诗句向友人致敬，也用诗结下一片深厚的人间情义。

陆羽的上饶生活是历史的真实。上饶的地方志都有记载，因为茶圣陆羽曾在那里种茶，那片山地称为茶山，那里的寺庙称为茶山寺。

后来，李兼上京城去觐见皇帝，萧瑜又权领洪州（今江西南昌）按察使，陆羽也去了洪州的玉芝观，继续那种诗歌与茶的生活。洪州就是"初唐四杰"之一王勃写《滕王阁序》的地方，所谓的"豫章故郡，洪都新府"。不知道孟郊有没有随陆羽去洪州，登滕王阁，怀思古之幽情。或许去了，只是没有明确的诗歌和史料可以佐证。

贞元三年（787）之后，陆羽先后去湖南、岭南，往来于地方军政长官的幕府，传播他的茶文化去了。

孟郊的一生与茶结缘，唐朝的几位最著名的茶人都与他有过交集。孟郊的老师皎然是茶和尚，写过《茶诀》，遗憾的是已经失传。孟郊的诗友陆羽，完成了《茶经》专著。因为有陆羽的倡导，茶盛于唐，饮茶之风普及大江南北，"茶圣"之名实至名归。孟郊另一位年轻的诗友卢仝，热衷茶艺，写过《七碗茶歌》，被誉为茶的"亚圣"。孟郊自己写过多首关于茶的诗：

菱湖有余翠，茗园无荒畴。

（《越中山水》）

雪檐晴滴滴，茗碗乳华举。

（《宿空侹院寄澹公》）

茗啜绿净花，经诵清柔音。

（《送玄亮师》）

可见，茶是孟郊生命中非常重要的饮品。后来在洛阳，有一段时间，他没有茶喝了，写有"蒙茗玉花尽，越瓯荷叶空"（《凭周况先辈于朝贤乞茶》）的诗句。"蒙茗玉花"，大概就是四川蒙顶茶的极品，"越瓯荷叶"则是江南茶的一种。为了茶，诗人可以放下架子，向及第进士、韩愈的侄女婿周况求助，从朝中贵人那里讨得茶喝，周况还真的很快给他寄来"蒙茗玉花"。"幸为乞寄来，救此病劣躬"（同上），他晚年的老病之躯似乎因茶而得救了。

4

贞元三年（787），大病一场的唐朝终于回过神来。参与"建中之乱"的叛军首领之一李希烈不得善终，在上一年被他的部下毒杀，唐朝成功完成了对叛乱的征讨；这一年，又风调雨顺，农业生产喜获丰收，三年自然灾害带来的危机彻底翻篇。除了西部吐蕃的威胁，大唐山河一片红。

从上饶归来，孟郊该怎么办？该干什么？该到哪里去？他是否在考虑自己的人生前程？

从历史的眼光看去，唐朝的读书人，该如何去实现人生的价值呢？除了货与帝王家，还有更好的路吗？无数潇洒的前辈，李白、王维……尽管诗歌写得狂放、自由、超然，现实中不也拼命往庙堂里挤？

是否能够像陆羽一样，超脱自在，往来于各地的幕府讨得生活？显然，孟郊的知名度远远不够。

既然朝廷内外的危机解除，北方的灾难已经过去，孟郊最好的选择还是科举的路。既然要走这一条独木桥，就得直面现实，尽管你德才皆备、才高八斗，也需要有名望的官员推荐，才会得到考官的重视。他想到了一个人，这个人就是包佶。

包佶（？—792）是润州延陵（今江苏丹阳）人，出身世家。他的父亲包融，官至集贤院学士，负责朝廷编撰史书事务，与贺知章、张旭、张若虚有名当时，号称"吴中四士"。包佶先后担任过谏议大夫、江州（今江西九江）刺史、财赋盐铁使、江淮和汴东的水陆运使、左庶子、刑部侍郎等职务。贞元元年（785）六月，包佶调任国子祭酒，掌管国家教育；第二年又以国子祭酒知礼部贡举，也就是主持国家人才选拔的科举考试。

包佶是江南人士，回乡省亲或南下避乱时或许参加过皎然等人的诗会，孟郊才有缘与包佶相识。此时，孟郊认定了包佶，希望得到他的提携。确实，后来担任岳州刺史的李俊就是得到了包佶的关照，才顺利进士登第。孟郊给包佶写了《上包祭酒》的干谒诗。其中有"愿将黄鹤翅，一借飞云空"的诗句，他写得非常明白，他把包佶比作黄鹤，希望借助包的力量，也能够飞上云空，登上进士第，做得人上人。

从孟郊到包佶那里投石问路，可见他是一个非常自信的人。在他看来，凭着满腹经纶、一手好诗，取得进士考试的资格是轻而易举的事。但他太过轻敌，他到湖州参加资格考试，竟然没有成功。

唐朝规定，获取参加科举考试资格有两个途径，一是成为生徒，二是成为乡贡。国子监、弘文馆、崇文馆等国立学校的学生，每年参加考核，考试合格的学生就是生徒，有资格被选送到尚书省参加全国统一的科举考试。而那些不在官立学校学习的人，比如许多习业山林的读书人，或自学成才的人，就要到各自的籍贯地，即所在的县府州府，以书面形式提出申请，再经过层层考试淘汰，合格者就获得参加尚书省科举考试的资格。这些学子，随着各州进贡物品一同解送，所以称为乡贡。孟郊没有进入官立学校学习，只能到武康、湖州参加乡贡的选拔考试。

或许那一年湖州的乡贡考试竞争太过激烈，孟郊的大名被筛下了。他没有得到湖州府的文解，自然没有资格去尚书省礼部参加考试。事后孟郊写了有名的《湖州取解述情》：

> 雪水徒清深，照影不照心。
> 白鹤未轻举，众鸟争浮沉。
> 因兹挂帆去，遂作归山吟。

他内心的怨气是明显的，说湖州那雪溪的水又清又深，但只是映出了诗人的身影，并没有照见他的内心；说自己与众不同，是白鹤，却未能轻身起飞，而那些取解的考生如同群鸟，为争取进士考试的资格沉浮相争。虽然有点酸葡萄的感觉，但孟郊随后就豁达起来，他要挂帆而去，到山里去，该读书就读书，该作诗就作诗，以待来年吧。

孟郊没有取得进京科举的资格，包佶大人自然帮不上什么忙，助不上什么力，但他对包佶始终心怀感激之情。贞元八年（792）五月，已经调任秘书监的包佶因病去世，孟郊还写了令人动容的《哭秘书包大监》，在包佶卧病在床的时候，他还上门探望，在诗中引包佶为知音，说"始知知音稀，千载一绝弦"，知音千年一遇呀。从孟郊的诗意，可知包佶在世时是真心对待孟郊的。包佶是诗人，这是诗人之间的心心相惜吧。

不管你生活顺境还是身处逆境，故乡的天依旧晨昏交替地变幻，前溪的水照样淙淙东流。孟郊回到故乡武康，落寞的心情已经在秋风中散去。在家乡，有时和兄弟们一起下地劳作，汗滴禾下土；有时读书温习诗书，怕三天不读书就会多了几分俗气；有时静静地看着妻子在织机旁忙碌的样子，或陪母亲说说话，听母亲唠叨家乡的陈年往事。家乡的日子真是心情舒畅，即使是粗茶淡饭，也让他内心充满了盈盈的暖意。

日子在不经意间流逝，诗人在诗书声里体悟生活的真谛。某夜，天微微地雨，随后雨停息了，几阵秋风把橡树叶翻动得哗哗作响。诗人推开西窗，但见月亮西沉，快要坠落到绵延的乱峰山影里了，三四颗星星寥落在天际，原来雨停天也开了。忽然，前溪边传来声声古琴，琴声玲玲，从树林那一边流过来，如溪流潺潺，如珠玉轻坠。是谁在弹奏？这是那边寺里的老僧，还是浪迹江湖的游子？那琴声，声声击中诗人内心的柔软处，他哪里还有睡意，索性在烛光前把头发束起簪好，走到屋前的庭院里。雨后的庭院泥土是湿润的，孟郊停下脚步，目光投向远方，借着夜光，只能看到远处山峦错乱的轮廓，他听着琴声，沉醉其中，似乎陷入了冥想，如僧徒入禅一般。微风徐来，吹动诗人的衣襟，风好像也听得懂那些宫调徵声。三十多年的读书生涯，三十多年的生命积淀，此时随着琴声一起发酵，诗人对生命的思考、对生死的认知被这琴声唤起。一切顺其自然吧，这是天地自然的本真。

他回到屋内，磨墨展纸，记写了这夜雨后的遐思：

飒飒微雨收，翻翻橡叶鸣。

月沉乱峰西，寥落三四星。

前溪忽调琴，隔林寒玲玲。

闻弹正弄声，不敢枕上听。

回烛整头簪，漱泉立中庭。

定步屐齿深，貌禅目冥冥。

微风吹衣襟，亦认宫徵声。

学道三十年，未免忧死生。

闻弹一夜中，会尽天地情。

（《听琴》）

顺其自然，并非得过且过，孟郊只是意识到没有理由消沉，一次取解失利只是初试锋芒，今年失利还有明年，只要你足够优秀、足够努力，做好更充分的准备，幸运总会降临。是金子，难道还不会发光吗？

冬天快到了，春天还会远吗？江南的春天，依然会有桃红柳绿；遥远的京城长安，芍药、牡丹也会含笑人间。

第三章　长安道上的科举

唐朝的科举

1

湖州取解失利，没有动摇孟郊对科举考试的追求与决心。他一如既往地埋首诗书，积聚着应对科考的能量，时刻准备着，迈向读书人翘首以待的长安道。

科举的长安道，长路漫漫。对于孟郊这样缺乏政治资源的读书人，迎接他的将是难以言表的坎坷与挫折。那么，长安道上的规则究竟如何？

唐朝建立之初，唐高祖李渊为稳定时局，一度实行过九品中正制，以笼络各方豪强势力。但这种选官制度，豪门士族把持中正官的职位，选官只重家世，不论才德，只要你出身豪门世家，就有加官晋爵的机会，像孟郊这种寒门子弟只能望之兴叹。唐朝皇帝很快发现其中弊端，一是选不到优质人才，二是豪门权势过盛，不利于中央的统一领导，随后把它废止，参照改用了隋朝的科举选官制。

唐朝的科举，分为常科和制科两种。

常科开设的科目多达12种，有秀才、明经、进士、明法、明字、明算等，根据各自专业不同，考试的侧重也不同，如明法就是考法律学，明字即考文字学和书法，明算考数学和天文学等。而秀才科，选拔标准太高、太严，凡是被举荐应秀才科如果没有中选的，考生所在的治州长官要受到处分，导致地方官懒得推荐，参加考试的人越来越少，这个科目后来自然取消了。当然，在唐朝，秀才是常科考试科目的一种；但开元、天宝以后，秀才一般成了进士举子或普通读书人的一个雅称。孟郊作为读书人，在湖州，他的老师皎然就称他孟秀才。

常科科目虽多，但大多数科目不为读书人重视，他们重视的科目只有两种，即进士和明经。

唐朝进士科的考试内容并不是一成不变，也是因时势而加以改革。一开始，进士考试只试策文，即时务策问，考生要面对各种经济社会问题，可能是一个案件的审理，可能是一个国计民生的难题，需要考生拿出独特可行的解决办法。到了唐高宗后期，即武则天实际掌握了朝政，为网罗人才，进士考试进行了重大改革。朝廷需要的人才，不仅要有经史功底，也要具备文学风采，于是增加了帖经和杂文的考试内容。帖经，即默写、填空古代的经书内容，以儒家经典著作为主；杂文，指箴、铭、表一类古代散文。这样，进士考试由试策文一场变为考帖经、杂文、策文三场，三场考试的形式成了唐朝进士考试的定制。

而唐诗的光彩夺目，照耀了唐朝人的社会生活，也辐射到进士科考的领域。到8世纪初，进士科杂文试开始采用考试诗赋，到天宝年间逐步形成以诗赋取士的人才录用格局。到中唐时，考试的次序也改变了，第一场诗赋，第二场帖经，第三场策文。诗赋列于首位，诗赋的水平成了决定考生去留的关键。所以，孟郊去长安参加进士考试，就需要考三场，而首场的诗赋考至关重要。

明经科的考试也考三场：与进士科相同的地方是，也考帖经和试策文，这两类的要求差别不大，只在考题的数量上有差异；不同的是，进士考诗赋，明经口试经义，即考生现场答题，阐释自己对经书的理解，也可以与考官展开辩论。

可见，明经只要求考生熟读并背诵儒家经典，考的是记忆功夫，死记硬背也能对付；进士需要有文化修养和文学才华，非才思敏捷不可。明经考试标准比进士低得多，碌碌无为之辈，容易混迹其中；进士考试，只有真才实学，才能够别出心裁，获得主考的青睐。

　　再说，进士的录取率很低，每年通常只有30人左右，想要进士及第，真可谓千军万马争过独木桥，难度可想而知。明经的录取人数比进士多得多，一般是进士的三倍以上，那些急于求禄谋生的读书人，会选择明经科。当时，流传着"三十老明经，五十少进士"的说法，也就是说，30岁明经及第已经算老同志了，而50岁进士及第还算年轻，可以轻狂一番呢。

　　进士及第虽然难，但获取选官之后，因其文学功底更能适应朝廷的各种工作，更有机会得到提拔，朝野上下越来越重视进士及第的身份。唐朝的读书人，但凡有一点雄心壮志的，即使是寒门子弟，也必定勤学苦读，自强不息，义无反顾地挤向进士那一条独木桥，屡败屡试也英雄。而有的读书人，即使跻身朝堂，如不是进士及第，常引以为终身憾事。贵为唐朝宰相的薛元超，曾对他的亲信说："吾不才，富贵过分，然平生有三恨：始不以进士擢第，不得娶五姓女，不得修国史。"薛宰相把没能参加科举以进士及第、未能娶山东五姓的士族女子为妻、不能参与编修国史三件事并列，作为遗恨终生之事，说明他对进士的倾倒，对贵族门阀的向往，还有，他非常喜欢做一名历史学家。从他身上，可见唐朝官员的人生理想和价值趋向，靠自己的才华获取职位，最为荣耀。

　　身处中唐的孟郊，虽父亲早逝，沦为寒门，但他没有选择相对容易的明经科，而是一心一意奔向进士科的考场。他是那个时代读书人的一个典型吧。

　　而制科，是皇帝亲自主持的选拔"非常之才"的一种考试制度，官员百姓中的"异能之士"都可以应选，可以自举，也可以由官员直接举荐。当然，这里的"异能"不是如今所说的特异功能，而是指某一方面的超常才华。如果应制举人有真才实学，得皇帝欣赏，举荐人就有功，可以得到奖励；反之，如若考试时答非所问，或交纳白卷，举荐人也要受到惩罚。

　　制科考试一般由皇帝亲临亲试，有时还亲自制定考题，亲自阅卷批改。因为皇帝亲自主持，应制举人的待遇高，考试前皇帝有赐食，也就是皇帝请客让考生吃大餐，这是那些被视为登龙门的进士科考生望尘莫及的。制科的考试内容，主要是策问，由皇帝或以皇帝的名义提问一些时政问题，考生根据策问回答，即具体问题具体分析，给出自己的观点和解决方案。制科的名目繁多，根据朝廷的人才需求确定考试名目，《新唐书·选举志》列了四种，有贤良方正直言极谏、博通坟典达于教化、军谋宏达堪任将帅、详明政术可以理人，认为这四种最为有名。

制科由皇帝下诏临时举行，规格高，难度也大，一般读书人望而生畏。制科有一个好处，考试过关者，可以立即获得相应官职，不像进士、明经考试，及第之后还要接受吏部的考选才能获得官职。

只是制科的随机性很强，往往与皇帝颁布的恩典、德音联系在一起，如封禅祭天、即位改元等重大政治活动。所以，制科每年举行与否，考什么，什么时候考，并不固定。那些进士及第者，适时幸遇制科考试，届时双科登第，是科举考试的最高境界了。

进士及第者，一般要守选三年之后才有资格到吏部接受考选获取官职，明经的守选期更长。你想不等守选期满就做官，除了参加制科考试，还有一条路，就是参加吏部的科目选试。开元年间，为让学有专长的人才早日脱颖而出，唐朝设立科目选试，破格选拔人才的制度。科目选最为读书人看重的科目是，博学宏词科和书判拔萃科。孟郊的从叔孟简和他的朋友李观，都是博学宏词科及第，得到了破格选拔。

2

唐朝的科举考试和现在高考不同，试卷不糊名，用的又是卷轴，当然不用装订成册，所以主考官知道每份考卷的考生是谁，完全公开。如何引起考官对答卷的关注，是每一个走进考场的读书人不得不思考的事。

所有主考官都有自身的价值取向，他喜欢什么样的文章诗赋，考生能够投其所好，就会得到好评，及第的概率就会上升。所以，考生们希望在进试场之前就让主考官多了解一点自己，让自己的文采、诗才得到考官的认可。那怎么办？就去"投卷"，应试的秀才举子把自己的文学作品加以编辑，用心地写成卷轴，在考试之前直接投献给礼部，或者投献给达官贵人。

向礼部投献的称"公卷"或"省卷"，实际上只是一种形式，对于能否录取不起作用。向达官贵人投献的称"行卷",请求他们向主司即主持考试的礼部侍郎或其他官员推荐,可以增加及第的希望。行卷,让考官提前了解考生,可以拉近考生与考官的距离。于是,考生们纷纷行卷,趋之若鹜,在唐高宗的时候已经成为一种文化风尚了。

行卷的考生,都是参加进士科考试的,考明经科一般不用行卷。因为明经及第的关键在于熟读经书,没有必要劳心劳力地去准备行卷的诗文,至少在历史文献中没有找到应明经科举的考生有过行卷的事例。

对于进士考生,那些政坛上、文坛上有名望的官员的推荐至关重要,往往是起决定作用的。在考试之前,考生们都会奔走于名门望第,叩拜那些达官贵人,投献上自己的精品力作,有的还赠送礼物。唐朝人称为"求知己"。唐朝很多诗人给所求的"知己"写过诗,孟郊也写过《投所知》。有的考生在长安没有关系,投献无门,只好跑到那些贵人的车马前跪着献上自己的佳作,或者想办法弄出点动静,让自己的诗作流传出去获得良好的声誉,让主考官知道有这一号人才。

唐朝诗人的行卷故事还是挺有意味的。王维年纪轻轻就诗文俱佳,同时精通音乐,弹得一手好琵琶。当时岐王李范是一位音乐爱好者,杜甫在江南遇见音乐家李龟年时写过"岐王宅里寻常见"的诗。岐王很看重王维的才华,就把他带入公主府邸。王维一曲琵琶独奏,满座动容,加上岐王在一边夸赞,由此得到公主青睐。他把预先准备好的诗卷呈献公主,公主大吃一惊,原来平时所读诗歌的作者就在眼前,竟如此年轻。王维满腹经纶,又有公主出面推荐,参加进士考试自然顺风顺水,得偿所愿,夺得了开元十九年(731)的状元。

白居易初到长安,只有十五六岁,就拿着自己的诗文去拜见著名诗人顾况。顾况一看,一个毛头孩子就来行卷,自然有些傲气。顾诗人翻开卷轴,见到卷首"白居易"名字,就毫不客气地说,长安的米很贵,要在长安"居"是不太"易"的。当他读到"野火烧不尽,春风吹又生"两句诗,不禁大为赞赏,马上改变了态度说,能作如此好诗,不但在长安,就是在天下任何地方要"居"也很容易,刚才我是与你开玩笑的,不要介意。之后,顾诗人就到处宣扬白居易的才华如何了得，少年白居易在长安声名远扬。只是顾诗人的官太小，没能影响主考大人，白居易十多年后才考中进士。

托不到关系行卷怎么办？陈子昂是梓州射洪（今四川省射洪市）人，在长安举目无亲，为无处行卷而烦恼，已经两次落第。当时，没有纸媒体和自媒体，无法宣传一下自己的才华。某日，他在长安街头看到一个卖胡琴的人，要价百万钱，那些豪族贵人都来围观，要看个究竟，但没有人识货。他灵机一动，看到机会就在眼前，就挤进人群，如价买下这张胡琴。他请大家第二天到一个叫宣扬里的地方，他做东请客，并亲自为大家演奏这一名贵的乐器。那天，在宴席之上，陈子昂捧起琴，先自我介绍，说他是蜀地人，写有诗文上百卷；继而感慨，说自己奔走在长安道上，四处求爷爷告奶奶，但无人愿意欣赏一下这些精美的诗文；最后说到那种胡琴，说这只是低贱的乐工所用的东西，哪是我这种身份的人应该留心的。说完，他把胡琴摔碎在地，把自己的诗文分发给前来的客人。他的诗文确实好，才华声誉传遍了京城，24岁就进士及第。陈子昂字伯玉，"伯玉毁琴"成了科举史上有名的故事。

可见，行卷找对人很重要。找得对，一举成功；找得不对，难免曲折。无人可托，肯定要真才实学，才有机会登上龙门。经济上有条件最好，如陈子昂这样潇洒一把，也达到了行卷同样的功效。

那时的读书人为了科考拼命向上，即使进士难考，也不怕屡试屡下第，即使屡次下第，也不会被人嘲笑奚落，更多的是惺惺惜惺惺。或许有人会说，他们不就是想削尖脑袋当官？如果做官算一种职业的话，就看你要做一个什么样的官，是勤政为民，还是为名为利，能够为百姓谋幸福何尝不是人生价值的实现？

不少官员的内心还是有一杆秤的，他们身居高位，或者享誉文坛，但没有忘记年轻时的心，依然爱才惜才，愿意做新生力量的推手。他们一旦发现优秀的行卷作品，赞赏之余，也会不遗余力地加以推荐。

作为诗人，项斯不算有名，但他进士考试前的行卷得到两位官员的赞许，江西观察使杨敬之"到处逢人说项斯"，还有孟郊的朋友、水部郎中张籍也十分关心，有诗"项斯逢水部，谁道不关情"。由此，后世的词汇中多了"说项"，专指替人说好话或说情。

张籍真是一个热心有趣的好领导。朱庆馀行卷给张籍，不知意下如何，就写了一首《闺意》的诗呈上，说"妆罢低声问夫婿，画眉深浅入时无"，把自己比作洞房花烛夜的小媳妇。她问夫婿，今天的眉画得够不够时尚，其实是探问一下，我的文章写得怎么样。张籍顺着朱的诗意也回复了一首诗，把朱比作是新妆的越女，因为朱是越州（今浙江绍兴）人，说越女"一曲菱歌敌万金"，诗文俱佳。张籍索性把朱的新作都要来，还帮着提出修改意见，最后留了26篇，时常带在自己的手头，到处宣传推赏。最后，朱庆馀荣登进士科第。

杜牧算是唐朝诗人的"后浪"，他出身贵族，生活优裕，又才华出众，但从来不拘小节，生性自由，时常在脂粉堆里进出。太学博士吴武陵发现太学生们争相传阅《阿房宫赋》，也拿来一读，叹为奇文，原来作者正是曾经耳闻过的杜牧，吴博士不在乎小节，认定杜牧是一个了不起的人才。《阿房宫赋》，入选了现行高中语文课本，高中生都能够背诵，其语言磅礴洒脱，气势一泻千里，思维切中肯綮，我对此印象至深。杜牧写这篇赋，正是为参加科考准备的行卷。吴博士激赏之后，就亲自拿了那篇奇文，赶到礼部侍郎崔郾那里，主动推荐杜牧，并请求崔主考在这次考试中录取他为状元。崔主考读后，深有同感，也非常欣赏，但状元的人选已经排定，最后答应录取在第五名。当时，有官员提出反对意见，像杜牧这样生活太风流浪漫的人，是不该被录取的。崔主考还是说话算数，杜牧这一年考取了进士第五名。

据说，那年读到杜牧行卷而愿意为杜牧出面帮忙的官员有20多人，吴博士还是属于那种自告奋勇的人。赏才爱才荐才，在唐朝成为一种风尚，即使到了走向衰落的杜牧年代，即使考试制度还不是那么的完善。

确实，唐朝的科举考试并不算完善。主考的喜好与水平会影响评分的标准，考前达官贵人的推荐会左右录取的人选，甚至考前主考官已经按照行卷的情况排定了考试的名次，而不看实际考试成绩的优劣。这显然有失公允，为营私舞弊大开了方便之门。

天下从来没有绝对的公平。唐朝有不少诗人在功名之路上功败垂成。最著名是杜甫的遭遇，多次科考都落第了，其中最接近成功的一次，被李林甫以一句"野无遗贤"断送了希望，最后靠给唐玄宗进献了几篇歌功颂德的赋，博得同情，才被任命为一个管兵甲器仗的小官。唐朝末年的罗隐显得潇洒一些，十多次科考失利之后，索性把本来的大名罗横改为罗隐，绝意科考，后来投奔了吴越王钱镠。

3

唐朝的进士考试一般在正月或二月，二月放榜。而投献行卷的事，多数要在上一年的秋天开始进行。

进京赶考的秀才，往往要事先准备好一些诗文卷轴，随身携带，以备行卷之用。而春天科考落第的举子，有的因为路途遥远，有的因为囊中羞涩，干脆留在京城"过夏"，借住附近的寺院、书院，或熟人知音的闲宅，创作新篇，为秋日的行卷做好"夏课"。如果选择暂时回乡，来年继续参加科考的，当年秋天必须赶回京城。凡是要参加进士考试的秀才，每年槐花飘落的夏季就要忙着创作，拿出自己最为精辟的诗文新作，以求得达贵公卿们的青睐。所以，当时流传着"槐花落，举子忙"的说法。

不要小看这每年一次的"夏课"，因为行卷的作品需要每年更新，就逼迫应试的秀才要创作出优秀的作品。于是，全国参加科考的优秀人才都极尽才华，任意挥洒，或绞尽脑汁，用自己的笔记录生活，抒写性情，阐明观点，时常还会带一点讨好的技巧，以博眼球。

唐朝是一个开放的时代，虽然科考有明确的要求，但行卷相对自由，没有规定你一定要写诗作赋，只要能显露你才华的作品都不成问题。当然，诗、赋是首要的，你写散文、写传奇小说也可以。罗隐就是向达官献了《谗书》，谈的是抗争与激愤，这自然让当权者头疼，就没有录取的希望了。但牛僧孺用传奇小说《玄怪录》行卷，得以及第，后来贵为宰相。而我们的诗人孟郊，从现存作品来看，他的行卷肯定是诗卷了。

在这个开放包容的时代，进士科举以诗赋为主要内容，但不是一卷定终身，还要参考可以发挥个人文学特长的行卷作品。无可否定，行卷的特殊风尚给唐朝的文学注入了无限的活力。由此，唐诗攀上了中国诗歌的巅峰，古文运动踏出了散文的新路，传奇故事也逐渐显出了小说的身段。

孟郊和所有的举子一样，兢兢业业、恭恭敬敬地书写好诗卷，做好行卷的准备。他换上白色的粗麻布衣，穿白麻衣是唐朝举子的礼仪，然后走向科举的长安道。

落第，再落第……

1

长安是一座伟大的城市，是当时世界上最为繁华的国际化大都市。长安城的北边是宫城、皇城，宫城是皇家住宅生活区，皇城是朝廷衙门的办公区；宫城、皇城以外是外郭城，是官员和百姓的生活区和商业区，是波斯、新罗等国的商人、学者、艺术家集聚之所。全城周长36.7公里，面积约84平方公里，比明清时期的北京城大1.4倍，是古代罗马城的7倍。城内以皇城外的朱雀门大街为中轴线，东西14条街，南北11条街，分设108个坊，加上东市、西市两个超级商业中心，实际是110个区域。这是一个布局规整、气魄宏达的城市。宋朝的宋敏求在《长安志》里感叹"自古帝京，未之有也"。

长安城是天子的居所，也是天下举子科举考试的考场所在地。贞元五年（789）秋，孟郊在湖州顺利取解，终于获得进士科考的资格。他随湖州府的押解送行官员一起，兴冲冲地赶往京城长安，准备参加来年春天的全国统一考试。

孟郊到达长安的时候已经入冬，北方的天气有点冷。他在城里安顿好居所之后，就随押送官去尚书省礼部办理报到手续。

尚书省各部都设在皇城之内，一条承天门大街把皇城分成东西两半，尚书省位于大街的东边。长安所有的大街都笔直，孟郊一行不费周折就找到了考试报到之处。

办理报到手续先要上交"文解"，即由湖州府发给举子的证明材料，相当于进士考试的资格证书；然后填写"家状"，像现在报考公务员填写申报表一样，写清楚籍贯、三代名讳和本人体貌特征。孟郊的籍贯当然是湖州武康县；三代名讳是本人、父亲、祖父的大名，当时不像现在那样填家庭主要成员，包括父母兄弟之类，而只需要填写直系男性，可见男权社会的一角；本人的体貌相当于身长、重量、相貌之类。为了防止冒名顶替、弄虚作假，还要求住在一起的考生三人结为一组，相互担保，要填清在长安城暂住的街坊住址，如有舞弊者，一同取消考试资格，并且三年不得报考。这虽然避免了科举考试可能出现的乱象，但职能部门把责任甩到本不相干的考生头上，何尝不是懒政之一种？孟郊第一次到京城，所住什么坊已经无考，与哪些举子相互担保也没有记载。

这次来京城，他结识了江南青年诗人李观。他们或许是住在同一家旅舍，或许还相互担了保，总之，两个诗人一见如故，虽然有年龄差异，孟郊已是不惑之年，而李观二十出头，但这丝毫不影响他们的友谊。李观早已读过孟郊的诗，正因为诗，他们从此引以为知己。

诗人孟郊走在皇城外宽阔的朱雀门大街上，一定对这座城市油然而生一种亲近之感。朱雀门大街西边是长安县，东边是万年县。万年县的县令陆长源是孟郊的朋友，虽说是县令，但京城里的县令非同小可，是正五品的官员；还有包佶，曾经的国子祭酒，现任的秘书监，掌管国家经籍图书的从三品官员，他们都是熟识之人。一个有朋友的地方，孟郊自然没有感到一丝的陌生感。

孟郊在京城第一个要拜会的朋友自然是陆长源。陆县令办公的万年县衙在东城的宣阳坊，孟郊事先写了《赠万年陆郎中》一诗：

> 天子忧剧县，寄深华省郎。
> 纷纷风响佩，蛰蛰剑开霜。
> 旧事笑堆案，新声唯雅章。
> 谁言百里才，终作横天梁。
> 江鸿耻承眷，云津未能翔。

徘徊尘俗中，短翮无辉光。

陆长源是从都官郎中改任万年县令的，所以孟郊依然称他"陆郎中"。虽为知己，但孟郊未能免俗，在诗的开头还是要把陆长源恭维一番。万年县在天子脚下，是"剧县"，政务繁重。皇上把这个重任交托到你这个清贵的都官郎中，也就是"华省郎"手上，这是对你莫大的信任。你也不负重托，谈笑之间就把繁杂的事务处理干净，还不废吟咏，好诗不断。你哪里是治理一个县的百里之才，一定会成为国家的栋梁。

他没有明说自己有所求，只以江鸿自喻，徘徊在尘俗之中，还未能飞上云端，连羽毛也没有一点光泽。其实，这是不言而喻的事。他是非常希望成为一只翱翔在天空的鸿鹄，老朋友是否可以借一点力呢？

孟郊还呈上编好的诗卷，请老友多多指教，请他向礼部侍郎张濛推荐，渴望在张侍郎那里能够排得上号。

他第二个要拜会的当然是包佶包秘监了。包秘监虽然只是掌管图书的官员，但资历深，想必人脉也广，或许在张侍郎那里是说得上话的。孟郊曾给包佶写过《上包祭酒》的诗，希望包佶给予关照，只是那一年孟郊连入京考试的资格都没有获得。这一次，包佶面对孟郊期盼的眼神，一定说了许多嘉许鼓励的话，或许承诺要好好推荐孟郊，或许确确实实那样做了。

为增加科举考试的成功率，孟郊该做的行卷做了，京城里拉得上关系的官员都上门拜访了。但他依然没有放松，埋首诗书，温习功课，心无旁骛，作临考前最后的冲刺。他虽身在长安这个国际大都市，但繁华是属于那些达贵、富商以及追逐热闹的人，与他无关，他只有一个目标，拿下进士考试，脱下身上的白麻衣。

长安城有严格的夜禁制度，所有居民区夜间实行封闭式管理。冬天凌晨五更三点，孟郊听到报晓的鼓声次第响起，长安城在睡梦中苏醒，他开始一天的勤读。日午时分，他隐隐地听见东市的开门鼓，知道那里的店铺开始营业了。当时，市场的开市和闭市也有时间规定，所以孟郊需要采购生活物品必须在规定的时间段。《唐六典》称："凡市，以日午击鼓三百声，而众以会；

日入前七刻，击钲三百声，而众以散。"快日落的时候，清脆的钲声响起，市场歇业。随后，城门与坊门在暮鼓声里关闭。唐朝的夜禁时间到了，一般百姓不能出坊在大街上行走，违反就要受到惩罚。孟郊只能在旅舍所在的坊内做有限的活动，然后一直读书到深夜。

孟郊的京城生活有点单调，但充实着，有浑身的闯劲和无限的信心。剩下的，就看命运是否眷顾他了。

贞元六年（790）元日，也就是阴历正月初一，唐朝还没有阳历，孟郊和所有进士考生一起参加德宗皇帝接见的仪式，这是每年考试前都要举行的一项规定动作。考生们向皇帝行礼，皇帝当然发表重要讲话，鼓励一番。

考试前孟郊还有一项必须参加的集体活动，就是到国子监拜谒先师孔子的像，并听学官们讲经问难。有关部门先选定考试的具体日期，然后再择吉日，连夜张榜公布拜谒先师的时间。孟郊就和大家一起去拜拜孔子，沾一沾孔圣人的文气，再听听讲经，理一理自己的思路。

终于到了正式考试的那一天，当年的进士考试在皇城礼部南院拉开帷幕。整个考场周围，兵卫森严，严防科场弄虚作假，营私舞弊。孟郊和所有的考生一样，自己准备了一天的水、食品和取暖的炭火，在验明正身之后，鱼贯而入进考场，对号入座，席地而坐在几案前。

随着鼓声响起，一场纸上的较量开始。虽说考前的行卷很重要，是决定成败的关键，但考试成绩也是重要参考，如果文不对题，肯定没戏。每一个考生都严阵以待，做好了充分的准备。

孟郊已经是成名的诗人，尽管北方初春的天气依然十分寒冷，冻得他手指快要僵了，但他胸有成竹，科举考试自然是驾轻就熟、顺风顺水。他早早完成试题，出了考场，不像有的考生绞尽脑汁还文思不通，甚至要熬个通宵才勉强答完诗卷。他自我的感觉一定美美哒。

然后，等待，漫长的等待，等待礼部阅卷之后张榜公布进士录取的结果。

发榜那日，长安皇城内外人头攒动，热闹非凡，如同节日。成千上万的人们赶来看榜，那些焦急的考生，那些想在及第进士里招一个好女婿的公卿贵戚，更多的是那些看热闹的长安市民，似乎全长安的人都倾城而出，想看看那些新及第进士长得怎么样。

在礼部南院的东墙外，孟郊的眼光注视着放榜墙头上那黄色的帛质榜文，他把榜上的名字从头读到尾，没有找到自己的大名。他落榜了。

落榜的心情可想而知，糟糕透了。看看长安城内巍巍高楼，矗立在青天下，有苍山为背景依靠，而自己呢？靠墙墙倒，靠屋屋塌，自己所有的努力都付之东流。他托付的陆长源和包佶都没有起到助推的作用。他满眼失望，满腹牢骚，他或许想到了前辈李白，处境也是糟糕，只能像李前辈一样长叹"行路难"，"天道如青天，我独不得出"。他把内心的苦闷留在诗句里，只是少了李前辈的豪气：

> 尽说青云路，有足皆可至。
> 我马亦四蹄，出门似无地。
> 玉京十二楼，峨峨倚青翠。
> 下有千朱门，何门荐孤士。
>
> （《长安旅情》）

仕进的青云之路，似乎没有他落脚之地。偌大的长安城，纵有豪门无数，还有谁乐意用力推一把他这样的寒门子弟呢？

2

本来是满满的希望，结果留在长安道上的却是落寞的身影，孟郊决定回江南去。途经洛阳，他拜会了在那里任侍御史的刘复，写了《失意归吴因寄东台刘复侍御》的诗，既倾泻内心的失落，也寄意刘侍御，请君今后多多关照：

> 自念西上身，忽随东归风。
> 长安日下影，又落江湖中。

离娄岂不明，子野岂不聪。

至宝非眼别，至音非耳通。

因缄俗外词，仰寄高天鸿。

刘复（生卒年不详）是大历年间的进士，曾任水部员外郎，这时正以侍御史分司东都洛阳。不知孟郊与刘复什么时候结交，但孟郊非常看重两个人的交情。诗人曾经留影都城长安，而今落拓江湖，他发出了质疑的声音，古代的明目之人离娄难道变得不再目明？听力非凡的乐师师旷难道不再耳聪？他内心充满了不满和疑惑，但没有悲悲戚戚，那种自负与洒脱隐约在诗意间。

洛阳是他的旧游之地，这次孟郊逗留了几天就南归了。他的目的地是苏州。苏州和湖州，唐朝时属江南东道、浙西道，由浙西节度使（观察使）管辖，但治所在润州（今镇江）。"安史之乱"之后，这里相对安定与繁华，是唐王朝的重要粮食产区，由此苏湖所在的太湖流域逐渐成为唐朝经济的重要支撑。

贞元六年（789），苏州的父母官是著名诗人韦应物。他是贞元四年（788）从左司郎中的职位上出任苏州刺史，大约第二年春天到任。自从韦应物来到苏州，有他在诗歌界的感召力，苏州自然成为江南诗歌活动的中心。他常与江南的隐士僧人唱和，顾况、刘长卿、李观、丘丹、秦系，还有孟郊的老师皎然，都是他的座上宾。

孟郊的老师皎然，年纪要比韦应物大十多岁，但韦应物的诗名要大皎然许多。皎然对韦应物的诗十分倾慕，称韦应物是诗道沦丧时代的拯救者和诗人，特地从湖州赶到苏州拜谒韦诗人，参加韦诗人组织的诗会。韦应物也敬重皎然，以为皎然"诗名徒自振，道心长晏如"（《寄皎然上人》），说皎然的诗名流播人间，但始终保持世外之人平静无波的心境。他们互寄诗情，交流诗歌写作心得，认为诗歌的生命力在于个性的张扬。

孟郊到苏州，倒不是因为有清德之称的韦应物在那里，主要是孟姓族人有一支生活在苏州西南的灵岩山下。他的从叔孟述、孟简生活在灵岩山中，尤其是孟简，正在发愤读书，以求进士及第。

　　灵岩山，是著名的名胜之地，现在属苏州木渎镇。据现代考古发现，吴王故城，也就是吴王阖闾命伍子胥所建的吴国都城，就位于灵岩山及周边地区。这里有太多的故事，伍子胥的头颅被悬挂在城门之上，死不瞑目；西施思念越国故乡的歌声，缭绕在馆娃宫里；越王勾践卧薪尝胆，然后一把怒火焚烧了吴王宫；春申君黄歇重修城池，遗憾的是后来惨遭灭门；秦始皇统一中国后，吴王故城同许多诸侯国的郡县城一样，城墙被强制摧毁。唐朝时的苏州城，位置已经迁移，基本和如今的苏州古城区域重合。

　　唐朝时的吴王故城，已经慢慢被岁月销蚀，渐渐与自然相融，那些残垣断壁上草木丛生，这里已经成为苏州城郊乡村的一部分。幽静的乡间，加上草木葱茏的灵岩山，正是读书的好地方。

　　孟郊从长安南归，寄居在从叔家里，准备重整旗鼓，为下一次科举考试注满能量。邻居有一位叫韦承总的年轻人，说是相门子弟，写得一手好诗。而从叔孟简也在山中，正读书备考，可以相互商讨问题。孔圣人说：三人行，必有我师。山中读书的生涯，本是寂寞的，但孟郊在灵岩山中，有良师益友，可谓如鱼得水，可以切磋，可以酬唱，可以饮酒，可以品茗……

　　他漫步在从叔家附近灵岩山的山间小路，人好像换去了凡心一样，无忧无虑，只对山中的风景情有独钟。初夏的早晨，草木上的露水沾在他的衣衫，晨风轻拂，略显凉意，但大自然的鲜香沁人心脾；他扶着手杖登山，轻松如履平地。他太喜欢这夏天的清晨了，山上的松林里清凉清心。听到松涛声一阵一阵，此去彼来，人感到无比逍遥，一切世间的烦恼都随风飘去。这些年，为了摘得进士及第的桂枝，奔波如飘萍，行踪不定，真是劳心伤神透了。什么功名，什么利禄，都见鬼去吧，何必去孜孜苦求呢？领略了山中美景归来，从叔孟述又弹拨起清雅的琴声，面对此情此景，孟郊感恩上苍的造化，也感谢从叔的热情相待。

　　他见到孟述居所边的一处石壁，拿出随身携带的毛笔，挥毫写下了《题从叔述灵岩山壁》一诗：

　　　　换却世上心，独起山中情。

露衣凉且鲜，云策高复轻。

喜见夏日来，变为松景清。

每将逍遥听，不厌飕飗声。

远念尘末宗，未疏俗间名。

桂枝妄举手，萍路空劳生。

仰谢开净弦，相招时一鸣。

　　读书之余，孟郊总会跑到邻居韦承总那里串串门。韦承总结庐在吴王故城下，白天，孟郊过去一起煮茶，直到把新煮的茶喝白；夜晚，也去听韦承总弹琴，孟郊有时亲手弹奏一曲，琴语切切，动人遐思。已经入秋了，窗外的霜枝上喜鹊翘动着尾羽，欢快地叫唤伴侣；起风了，风竹摇曳，似乎要扫除大地的蒙尘。诗人把优美的诗歌吟唱，让人如沐春风，江南的秋花灿烂，呈现出片片小阳春的意蕴。孟郊与韦承总，君子之交淡如水，但如水的交情让他们彼此感到友谊的珍贵。有这样可以真情相交的邻居真好，孟郊把这份情感写到《题韦承总吴王故城下幽居》的诗里：

才饱身自贵，巷荒门岂贫。

韦生堪继相，孟子愿依邻。

夜思琴语切，昼情茶味新。

霜枝留过鹊，风竹扫蒙尘。

郢唱一声发，吴花千片春。

对君何所得，归去觉情真。

　　那年秋天，从叔孟简启程赴长安参加科举考试，孟郊送他。两人走在山间小路，行至一处山口，但见几棵杉树参天耸立，山边一眼泉水汩汩而出。他们停下脚步，掬一捧泉水饮。送君千里终须一别，叔侄俩互道珍重，孟郊即景赋诗一首《山中送从叔简赴举》：

085

石根百尺杉，山眼一片泉。

倚之道气高，饮之诗思鲜。

于此逍遥场，忽奏别离弦。

却笑薛萝子，不同鸣跃年。

孟郊以高耸的杉树和清冽的泉水起兴，赞誉从叔孟简超凡脱俗的气质和清新灵动的诗情，他们一起在山中的日子如此的逍遥，忽然就要奏响离别的琴弦，内心有些不舍。他似乎习惯了山里隐士一般的生活，与自然为伴，如屈原所说的"披薜荔兮带女萝"，这次他没有和从叔一起去赶考，但真心祝愿从叔，能够鸟鸣一鸣惊人，鱼跃一跃龙门。

韦应物是诗人，也是前辈，孟郊一直心怀敬佩，很乐意进城参加刺史府里的诗歌雅集。走动得多了，彼此多了一份了解，对于诗歌也更增了一份认同。有时，天色晚了，孟郊索性住在刺史府里，第二天再回城郊山居。在刺史府，孟郊还认识了有点考神样的邹儒立。邹君曾一登进士第，两举吏部科目选的博学宏词，已经接受了吏部的任命，在京畿附近的云阳县担任县尉。孟郊没有想到的是，多年后他也会担任县尉一职，担负起一个县的治安、税赋等工作。

在刺史府清静的西堂，韦应物设宴款待，为北上赴任的邹儒立饯行。孟郊和一帮诗友忝列陪同，让孟郊感怀的是，这次邹儒立回乡，要接父母到他任职的云阳县，让他们颐养天年。诗人们觥筹交错，纷纷敬酒，以表敬意。韦应物早年担任过宫廷侍卫，音乐修养很高，席间还请来音乐家鼓瑟，以助酒兴，一时窗外春景美好，室内酒酣兴尽。有人提议大家乘着酒兴赋诗一首，孟郊击节叫好。

孟郊佩服邹儒立，不仅才华横溢，"三振词策雄"，科举考试连续创造佳绩，榜上有名，而且敬老爱老，孝敬父母。孟郊想到了古代的孝子，楚国的老莱子，70岁了，为了让父母开心，还穿了五颜六色的孩童服；他想到了齐国的江革，少年时失去了父亲，与母亲相依为命，在面临盗贼威胁的时候，毅然背起母亲一起逃难，赢得了"江巨孝"的美誉。邹县尉不就是当代的孝子？

他敬重韦应物，以自身的简政爱民服务一方百姓，又以其人格魅力、文学修为带动了一个地方的文风诗风，"太守不韵俗，诸生皆变风"。

唯独感到遗憾的是，孟郊自己是科举考场上的"病鹤"一只，未能像邹君一样振翅高飞。他把自己的这些感受全部扫进了一首题为《春日同韦郎中使君送邹儒立少府扶侍赴云阳》的送别诗里。因韦应物曾任左司郎中，现任苏州刺史，而人们尊称刺史为使君，孟郊尊称韦为"韦郎中使君"。

在另一次韦应物召集的诗会上，孟郊写下《赠苏州韦郎中使君》：

> 谢客吟一声，霜落群听清。
> 文含元气柔，鼓动万物轻。
> 嘉木依性植，曲枝亦不生。
> 尘埃徐庾词，金玉曹刘名。
> 章句作雅正，江山益鲜明。
> 蘋萍一浪草，菰蒲片池荣。
> 曾是康乐咏，如今搴其英。
> 顾惟菲薄质，亦愿将此并。

孟郊是真心喜爱韦应物的诗歌。他崇敬诗人谢灵运，谢诗人小名"客儿"，所以用"谢客"谢灵运来作比韦应物。

孟郊赞美韦诗人造诣高深，工侔造化，追求自然，韦诗人崇尚曹植、刘桢这些建安诗人的风骨，珍之如金玉，而鄙弃徐陵、庾信那样的六朝绮妍诗风，视之如尘埃。韦诗人的诗，清奇雅正，与谢灵运一样歌咏自然，是吸取了谢灵运的精华。孟郊赞美韦诗人，其实透露了自己的艺术渊源和诗歌主张，他要追求的正是谢灵运以及建安诗人的风骨，像建安诗人一样笔力刚劲，像谢灵运一样锤炼诗语并创辟求新。这首诗，不啻是他最早的诗歌宣言。

孟郊有韦应物这位前辈诗友，给他的苏州岁月增添了许多诗意和雅趣。韦应物，是一个优秀的诗人，也是一位勤政的官员。韦应物晚年任苏州刺史时，写给朋友的诗《寄李儋元锡》有一联："身多疾病思田里，邑有流亡愧俸钱。"他身体不好，希望归田，时时反躬自责，为自己没有尽到责任而空费俸禄自愧。这是一个仁者忧时爱民的心肠。

孟郊的朋友诗人李观，是古道热肠的读书人。他科考失利后回到江南，曾多次热心为苏州市民向韦诗人代写诉状，其中为名字叫"彝"的犯人写过《代彝上苏州韦使君》，"彝"家贫无依、举家断粮，李观为之"以言罪之"叫屈。史料上没有韦应物审理此事的记载，这或许是韦使君的手下做了出格的事，但凭着韦应物的为人为官，可以推断"彝"一定得到了宽恕。

苏州刺史届满之后，韦应物没有寻求新的任命，他一贫如洗，只能寄居于苏州城外的永定寺，并打算"聊租二顷田，方课子弟耕"（《寓居永定精舍》），过着种种田、教教孩子读书的生活。这，可见一位诗人官员的清白操守。遗憾的是，韦应物大概于贞元八年（792），就客死他乡，享年56岁。苏州永定寺，就是他坦然告别人世的地方。

在苏州，孟郊做了一次短途旅行，到昆山寻访旧迹。昆山是孟郊的出生之地，在那里，他度过了童年生活，可谓第二故乡。走在昆山的老街上，诗人还有一些孩童时的印象，但已物非人非。他走过儿时的故家，会不会心生盛唐诗人贺知章《回乡偶书》里的感受，"儿童相见不相识，笑问客从何处来"。他徘徊在昆山县衙前，这是父亲曾经工作过的地方，他抬头注目了一会县衙的大门，算是对父亲的怀念。

那天，他造访了昆山城西北三里的马鞍山慧聚寺。寺里和尚身着袈裟，拄着锡杖，陪同他游览了寺庙。在这里，诗人的思维触角敏锐地感悟到人与自然的谐和，和尚的锡杖点在布满青青莓苔砖石上，发出轻轻的"笃笃"声，那些茂盛的松树柏树，散发着幽幽的清香；大殿上，和尚们在做功课，口中念念有词，有节奏地击磬，磬声回荡在殿内，溢出门去，而那盏佛灯，静静地燃着，如佛光般长明。

那夜，他借宿慧聚寺僧房。随着晚钟的响起，寺院归以静谧，只有室外的古树在风中发出天籁之声。他对自己的前程充满信心，相信终有一天能够一飞冲天，进士及第，期望那时再来回访这慧聚寺。

第二天，他赋诗《苏州昆山慧聚寺僧房》：

> 昨日到上方，片云挂石床。
>
> 锡杖莓苔青，袈裟松柏香。
>
> 晴磬无短韵，古灯舍永光。
>
> 有时乞鹤归，还访逍遥场。

人有所求，才能够达成理想的目标；人无所求，才可以进入自由逍遥的境界。孟郊有所追求，向着他的理想奔跑。

孟郊没有想到，他随意地挥笔成了昆山马鞍山"山中四绝"之一。后有诗人张祜来游，作了《马鞍山慧聚寺》；到了宋朝，王安石又来游，读到前人的诗，有感而和了两首。一座江南小山，有孟、张、王三位著名诗人为之倾情歌唱，诗有四首，就有了"四绝"之称。

3

贞元七年（791）秋，孟郊又赶到湖州，顺利取解，然后迈开了长安应试的脚步。这一次，孟郊的交通工具是一头驴，朋友韩愈的诗里说他"骑驴到京国，欲和熏风琴"（《孟生诗》）。

临行前，他回武康老家小住，与亲人相聚了几天。话别时，纵有千言万语也难以言表，母子依依不舍，夫妇恋恋难分。但，为了母亲的嘱托，为了家族的荣耀，分别总是难免的，每次都是母亲决绝地把诗人推向艰难异常而充溢希望之光的长安道。

在长江边渡口的船上，孟郊遇见从叔孟简，真是喜出望外。那天，孟郊刚走上渡船的甲板，孟简正从渡船的船舱走出，叔侄不期而遇。从叔已经进士及第，这次回江南可算衣锦回乡。而进士及第、衣锦还乡，正是孟郊此去长安的追求目标。短暂的巧遇，渡船快要离岸，转眼就是分别，他与从叔如今正如两片暂时重合的云。从叔是那一片南回的云，祥和喜庆，他自己是那一片北飘之云，此去长安道，不知道又会与谁相遇。看着从叔踌躇满志的笑脸，孟郊与之告别，互道珍重，而孟郊的眼神有些凝重，流露着对从叔的羡慕，也有对未来的迷惘。

为了前程和理想，孟郊只有向前，必须到京城长安城做一个"京漂"。该做的"行卷"功课还得做，担任过河阳节度使的李芃将军已经过世，他想到现任的河阳三城怀州都团练使兼御史大夫李元淳，准备投书一封。李元淳，曾是唐朝名将李光弼的得力干将，很长一段时间往来江南，参与了平定袁晁起义等军事行动；作战英勇的李元淳还很得皇帝唐德宗的赏识，连李元淳的名字也是皇帝赐名，他原本叫李长荣。这位李将军与江南各界肯定有较多的交集，孟郊有江南师友的介绍，自然可以投书问路。于是，作《上河阳李大夫》：

上将秉神略，至兵无猛威？
三军当严冬，一抚胜重衣。
霜剑夺众景，夜星失长辉。
苍鹰独立时，恶鸟不敢飞。
武牢锁天关，河桥纽地机。
大军奚以安，守此称者稀。
贫士少颜色，贵门多轻肥。
试登山岳高，方见草木微。
山岳恩既广，草木心皆归。

在孟郊笔下，李将军谋略神异，带领一支优秀的部队，纪律严明，怎会没有威猛？即使在严寒的冬天，三军将士有将军的抚慰，如同身披厚厚的棉衣。将军拔剑，寒光到处，让夜空里的星星黯然失色。将军守护河阳，如苍鹰独立山崖，那些有谋反之心的藩镇，如恶鸟样心虚，是没有胆量飞过的。凭借武牢关天险，还有黄河上的河桥这一交通枢纽，河阳可谓固若金汤。

在将军面前，一介文士孟郊有些自谦，或者自卑，他看李将军有山岳之高，而自己只是微小的草木，希望有山岳高的将军能够给他这样的草木施予恩泽，其实说穿了就是请予推荐，可以增加科举的成功指数。

这一次，孟郊的运气真不错，在长安又碰上同样赶考的"京漂"朋友李观。李观连续三年参加考试，结识了朝中官员梁肃梁补阙，并且他的诗文得到了梁补阙的青睐。补阙是掌管谏讽和举荐的官员。古道热肠的李观就自告奋勇向梁补阙推荐孟郊，孟郊能与考官那边牵上线，保险系数大增，心头的那份忐忑舒缓不少。

来年科考的主考官员与往常不同，并非由礼部侍郎担任，将由兵部侍郎陆贽知贡举。而梁肃补阙，正好要辅助陆侍郎主持的进士科考。李观就兴冲冲为孟郊和另一位朋友崔宏礼写了《上梁补阙荐孟郊崔宏礼书》，说孟郊的五言诗"高处，在古无上；其有平处，下顾二谢"，意思就是孟郊的五言诗十分了得，高雅之处前无古人，平淡之处可俯视谢灵运和谢朓两位前代大家，也就是说孟郊诗的境界在二谢之上，并且"文奇行贞"，"非苟取是之人也"。在李观眼里，孟郊不仅五言诗写得奇绝，而且为人正直，讲原则，并非苟且之人。

按照唐朝的规矩，考官与其所选中的进士之间，那是座主与门生的关系。李观文章以雄迈见长，已经入了梁补阙的法眼，可能是打在算盘珠上的进士人选。有这一层关系，彼此自然好说话，李观就想把自己的朋友引荐给梁补阙。

梁肃就是能够决定孟郊科考命运的人，孟郊当然不敢怠慢，随即恭恭敬敬地写了干谒诗《古意赠梁肃补阙》：

曲木忌日影，谗人畏贤明。
自然照烛间，不受邪佞轻。
不有百炼火，孰知寸金精。
金铅正同炉，愿分精与粗。

梁肃生于天宝十二年（753），几乎是孟郊的同龄人，乐于奖掖后进。孟郊自然要说他贤明，如大自然的日月光照万物，公正地对待所有参加科考的读书人，不会受奸佞之人的左右。每一次考试如同炼金炉。但真金不怕火炼，百炼才知这金是精还是粗。其实，孟郊是说，我就是那"金精"呢。

孟郊单刀直入地介绍自己，所凭的，不仅是人情，而是实力。你梁补阙认为确实如此，就把我推荐了上去，否则就算我白说。孟郊的诗干干脆脆，显得不卑不亢，但太自负了。事实上，孟郊是白说了。

孟郊是一个单纯的诗人。完成了考试的报名审核，有李观帮着推荐，又给辅佐考官的梁补阙写了干谒诗，该做的都做了，他感到自己的半只脚已经跨进了及第进士的行列。考试之前，他希望放松一下，准备去京城南面的终南山一游，如果能够在山里寺院多耽几天，可以减轻长安生活支出昂贵的压力。

终南山是一座奇崛的山，属于秦岭山脉中段，地形险阻，道路崎岖，山谷纵横，连绵数百里。《左传》称终南山为"九州之险"。山有险绝，才引人入胜。终南山还是一座文化之山，道观、佛寺星散在山麓或峰巅，文人墨客行走山间，留下过许多精美的诗句。王维说它"太乙近天都，连山接海隅"，太乙就是指终南山，雄伟高大，几乎与天相接了，绵延不绝，似乎要东连大海。李白说它"秀色难为名，苍翠日在眼"，连李白都不知道如何形容的地方，可见真的非同一般。

孟郊去终南山，途经华严寺，顺道拜会了在寺里休假的林校书兄弟俩。他们一起登楼观景，南眺终南山，相互赋诗赠诗。虽然还没有上终南山，孟郊已经被它的气象震撼了，说终南山"势吞万象高，秀夺五岳雄"（《登华岩寺楼望终南山赠林校书兄弟》），望一望它，人就能摆脱世俗的念头，如果登山住上几天，那就是神仙的享受了。他迫不及待地要到终南山上做神仙去了。

在终南山，他寄居在龙池寺，僧房位于一处山顶，山边碧溪淙淙长流。那天，忽然下了一场雨，雨过天晴，整个山林好似清洗了一番，苍翠欲滴。夕阳西下，他走出禅房，远望落日，人好像行走在太阳之上。他来到清溪边，坐下来看看水流，发发呆。望处几棵低矮的松树桂树，或在山崖上，或在山坳里，山路崎岖，消失在险峻的石山间。这时，寺院里的晚钟声响起，清脆的声响宛如从天际散落下来。该回去了，诗人慢慢走回寺里。

终南山的日子果真有点神仙的感觉，孟郊有时山中漫游，有时寺中读书，甚至什么也不做，望望蓝蓝的天，听听大自然的声音，可以暂时忘却长安道上功利的烦恼。这是与故乡江南迥然不同的风景，那种天地间蕴涵的雄浑气

魄，让人感到自身的微不足道，他被这自然的力量感化着，以诗的名义深深
地忏悔：

> 南山塞天地，日月石上生。
> 高峰夜留景，深谷昼未明。
> 山中人自正，路险心亦平。
> 长风驱松柏，声拂万壑清。
> 即此悔读书，朝朝近浮名。
>
> （《游终南山》）

诗人的每一句都坚挺有力，险中求胜，正如后来成为好友的韩愈评价孟
郊的诗"横空盘硬语"。这个"硬"，不是梆梆硬，是力的表现，是掷地有声。

诗人身在深山，仰望，山与天连；环顾，视线为千岩万壑所遮，看不见
山外的世界。终南山太高大了，似乎塞满了整个天地。他身在终南深处，清
晨看日出，傍晚望月起，它们从南山高处山岩上初露半轮，然后冉冉升起，
就像从岩石上"生"出来一样。不知他有没有想到前辈诗人张九龄的"海上
生明月"，杜甫的"四更山吐月"？看来诗人的心是相通的。

夜色笼罩，高高的山峰上却勾留着落日的余晖；山峰披满朝阳时，深深
的幽谷中还是一片昏暗。山矗立在眼前，不偏不斜，人站在山间，自然而然
地要挺直站稳。此时，山也是人，人何尝不是山？不管山路多么的陡峭险峻，
我心自坦荡。诗人站在高山上，听长风吹动着松柏的声音。清风过处，枝枝
叶叶都在舞动，呼呼作响，千柏万松在风的旋律里起伏，松涛阵阵，这大自
然的交响声回荡在千山万壑之间，清爽激越，涤荡着尘世的一切。

诗人留恋这山中险绝壮美的景色，这里的山与石，这里的日与月，这
里的白天与黑夜，这里的清风与松柏，还有这里超凡脱俗的僧人，给了他太
多的感悟。他有点厌恶长安城里的红尘万丈，也有点后悔，为什么要刻苦读
书？何必去天天去追求那些虚名浮利呢？

但天下哪里有后悔药呢？度过了几天悠然的隐士生活，孟郊从终南山回

到长安城，依然为准备考试而忙碌起来。

转眼到了贞元八年（792）正月，孟郊按照礼部的要求做了考生必需的功课。到了考试那一天，孟郊和所有举子一样，进入礼部南院的贡院考场参加进士考试。那年的赋题是《明水》，诗题为《御沟新柳》。

孟郊参加科考的诗和赋都没有流传下来，不知道他的试题答得如何。写诗，是孟郊的拿手好戏，写《御沟新柳》诗，自然不在话下。那一篇《明水赋》有点难度，今天一般都不懂"明水"为何物。一同参加考试的韩愈留下了那场考试的《明水赋》，他说，明水"出自方诸，乍似鲛人之泪"。什么是方诸？方诸是一种大蚌的名字。明水，也称方诸水，自然就是大蚌中清明干净的水。韩愈发挥自己的想象力，把它比作美人鱼的眼泪。明水实为一种传统中药，有明目、安神的功能。古人在明月之夜，捕得大蚌，取出蚌壳里洁净的水，用于治疗眼病或给小孩子退热。考官出"明水"的赋题，考生不仅要有广阔的知识面，还要能够投考官所好。

协助李侍郎的梁肃是著名古文家，反对骈文，提倡古文，热衷复兴儒学。他自然对于古文功力深厚的考生高看一眼，而孟郊的强项是古体诗，自然很难入梁补阙的法眼了。当时，梁肃荐举了八个人，没有透露具体名单，后人的推测是：欧阳詹、韩愈、李观、李绛、崔群、王涯、冯宿、庾承宣，反正没有孟郊。当然，这八个人都是出色的人才，所以那一年的科举考试有"龙虎榜"之称。

孟郊又一次落榜，他的朋友李观榜上有名，新结识的朋友韩愈也幸运登第。看榜归来的那一个晚上，孟郊辗转反侧，坐起身，叹息，叹息……他想到家了，想到家里的母亲了，而自己两次赴京赶考，都没有收获，真是辜负了母亲的期望，不禁双眼噙满了泪水：

> 一夕九起嗟，梦短不到家。
> 两度长安陌，空将泪见花。

（《再下第》）

第二天，李观见孟郊情绪低落，就安慰他，来日方长，你孟郊是金子，还怕不会发光？希望他重整旗鼓，明年再试。孟郊写了《赠李观》的诗回赠：

> 谁言形影亲，灯灭影去身。
> 谁言鱼水欢，水竭鱼枯鳞。
> 昔为同恨客，今为独笑人。
> 舍予在泥辙，飘迹上云津。
> 卧木易成蠹，弃花难再春。
> 何言对芳景，愁望极萧晨。
> 埋剑谁识气，匣弦日生尘。
> 愿君语高风，为余问苍旻。

李观从贞元六年（790）开始连考三次，终于得偿所愿；孟郊贞元七年（791）停了一年，第二次赴考依然败北。李观年纪轻轻，27岁就进士及第；孟郊已过不惑之年，前路一片迷茫。两个在长安道上相遇的江南人，结下了深厚的情谊，但此时，孟郊感到一个在天河，一个在泥辙，高下悬隔。两人"昔为同恨客"，李观"今为独笑人"。孟郊陷入了深深的悲哀之中，自己不就是一棵倒卧的树，一株被弃的花？谁说眼前春光美好，在他这个失意人的眼里，有如寒秋早晨的萧瑟。但读书人的那份自负依然存于心底，所以孟郊认为，自己是那被埋没的剑，只是无人赏识罢了，自己是那匣中的琴，没有弹出美妙的音乐罢了。

他要请李观帮着叩问苍天，其实是期望李观和朋友们多多关照，能在梁肃这样的官员面前多多推荐。在科举考试方面，李观确实是棋高一着，他和韩愈、李绛、崔群结为四君子之交，共游于梁肃门下，梁补阙早就见识了他们的文学才华。梁肃算是识才之人，这四君子，韩愈后来是文学大家，李绛、崔群都贵为宰相，只有李观薄命，英年早逝，否则也一定前程无限。

那一年的科考还闹出了一个插曲：时任宰相窦参与主考陆贽关系交恶，暗中让人诽谤陆贽招纳贿赂，幸好德宗皇帝没有被蒙蔽，窦宰相吃不了兜着走，相关人等遭贬官处置。当然，绝对的权力导致绝对的腐败。当时考官的权力太大，考官和举荐人的好恶就是标准，可以决定考生的前途命运。这就完全靠主持科考官员的道德和从政水平，官德好水平高的考官就不徇私，善于选拔优秀的人才，而官德差水平低的考官会徇私，考虑的是关系问题，或许还借手中权力敛财。至于当年科考内幕情况如何，现已经无法考证。孟郊没有得到梁肃的推荐，可能他的写作没有对上"古文家"的胃口。

4

人生失意是常有的事，得意只是生命中灿然的点缀。关键是人在失意时不要分不清南北，该走的路还得走，该吃的饭还得吃，该喝的酒当然还得喝，要知道明天的太阳照常会升起。

孟郊一时沉溺在失意的迷惘里不能自拔，他踯躅在长安街头，感到自己是一个在风中偷偷哭泣无路可行的"贱子"。"胡风激秦树，贱子风中泣。家家朱门开，得见不可人……"（《长安道》）他站在寒冷的北风里，看风中飘零的秦地老树，感到自己如同这些无人关照的树；又看见几只寒鸟，叽叽喳喳飞过，急着寻找可以栖居的树枝。而达官贵人的朱门高阁内，此时已经燃起灯火，传出笙歌燕舞的欢乐。而他，是一个被遗忘的落第举子，一个贫寒失意人，有谁会请他共享这欢欣的时刻呢。

他失落，他寂寞，他烦忧。何以解忧，唯有杜康。

酒，真是好东西。尽管囊中羞涩，勉强吃饭过日子，但诗人怎么能没有酒呢？人家朱门大户，可以天天有酒有肉，而孟郊，省下一点钱，买几颗花生、一把豆子，自己动手去挖一些野菜，照样围炉痛饮。他是穷人吃穷酒，浊酒一杯，来浇灌内心失意的块垒。这种失意后的心情流露在《长安羁旅行》的诗里：

> 十日一理发，每梳飞旅尘。
> 三旬九过饮，每食唯旧贫。
> 万物皆及时，独余不觉春。

失名谁肯访，得意争相亲。

直木有恬翼，静流无躁鳞。

始知喧竞场，莫处君子身。

野策藤竹轻，山蔬薇蕨新。

潜歌归去来，事外风景真。

　　他要梳理一下自己的内心，梳去羁旅的尘土。诗人心有不平，有点厌倦势利的名利场了。他想到了那个潇洒的陶渊明，能够不为五斗米折腰，悠然见南山，他不禁吟诵起陶渊明的《归去来兮辞》。那时，他多么想如陶渊明一样，做一名山林里的隐士，可以随意地饮酒，但不是为了买醉，是在寂寥的天空中寻得一片快乐的云彩，再拿一把琴来，弹奏两三曲，而人的性情平静如水，内心放空。还要追求什么呢？这不就是人生的真谛？何必把那些为名为利竞奔的世俗中人放在眼里？只想大声地呵斥：走一边去。

　　这种感觉，孟郊在《小隐吟》的诗里透露过，在终南山的行踪里留痕过，在长安道上的吟唱里也常常流露。但生活是铁一般硬的现实，孟郊无处可逃，只有面对。那野菜下酒的生活怎么改变？故乡母亲、妻子的期盼怎么忘却？满腹诗书的才华怎能付之流水？他的内心充满了纠结，出世还是入世？其实，答案不言而喻。出世是心灵的慰藉，入世是生活的王道。

　　孟郊似乎给自己画了一个圆，沿着圆走了一圈，还是回到了原点。他烦闷难舒，读书，徜徉在文学的世界；苦吟，倾诉内心的诗绪。东方欲晓时，他踏着晨曦，漫步江边，本想遣怀，却又写出这样苦味的诗句：

夜学晓未休，苦吟神鬼愁。

如何不自闲，心与身为仇。

死辱片时痛，生辱长年羞。

清桂无直枝，碧江思旧游。

（《夜感自遣》）

人真是一个无解的矛盾体。明明一时想通了，到头来又是自己愁。

还好，有老朋友，可以饮酒，可以唱和，可以聊天。加新朋友更好，多一个朋友多一条路。

这一次，孟郊结识了韩愈，此后成为终身至交，用他自己的话是"逢着韩退之，结交放殷勤"（《吊房十五次卿少府》）。韩愈小孟郊17岁，但年龄的差距不是他们友情的障碍，文学史上两颗巨星碰撞在中唐的时空里，在中唐文学黯然的天空中一起燃放了灿烂的礼花。

孟郊虽是一个落拓贫寒的落第才子，但韩愈清楚，孟郊确实与众不同，他的诗不同凡响，是当下的诗坛的一股清风。韩愈建议孟郊到徐州去，依傍那里的地方长官张建封，写了《孟生诗》作为推荐。韩愈说孟郊古貌古心，说他的诗充满古意，"作诗三百首，窅默《咸池》音"，孟诗深远，有如古代尧帝时代的乐曲《咸池》一般古朴雅正。诗中还写到孟郊应举失意、仕途艰难，以及他们之间的友谊，希望孟郊去徐州张建封那里碰碰运气，并以"卞和试三献，期子在秋砧"鼓励孟郊，不必介意这一次失利，古人卞和献玉三次而成，期望孟郊秋天顺利通过秋贡，再回京城参加来年的科举考试。

科举虽是唐朝读书人入仕的首选，然而真正能够以此踏上仕途的毕竟是少数。"安史之乱"以后，随着各地藩镇的建立，幕府辟署制度兴盛起来。那些节度使们都知道人才的价值，为壮大势力，竞相招纳人才，唯才是举，对入幕的读书人礼遇有加。所以，进入地方长官的幕府不失为一个读书人仕进的重要途径。

徐泗濠节度使、徐州刺史张建封，就是一位喜欢接纳文人雅士的地方长官。韩愈向孟郊称颂张建封，让孟郊去拜谒张，或许可以在张的麾下讨得生活，或许还可以谋个一官半职。李观自然也说好。当时，张建封正好在京城长安公干，孟郊写了《答韩愈李观别因献张徐州》的诗，诗中把韩愈、李观比作"逸翰"，即驰骋的白马，把张建封也赞美一番，"元戎天下杰"，并表达到徐州归依之意，但明示自己绝非吃干饭的人。

在长安，孟郊还参加了两次送行，分别是为卢虔和从叔孟简送行。

卢虔时任侍御史，相当于现在的纪检官员，有举荐和弹劾官员的权力。

因为唐朝的侍御史位居御史台之首，号为台端，所以人们常称侍御史为端公。很显然，这一位卢虔端公是孟郊的铁粉，非常喜欢他的诗歌。这不奇怪，在唐朝，官员喜欢诗歌是一种风尚，何况卢虔自己就是诗人一枚。孟郊曾自创乐府诗题《湘弦怨》，卢虔就写过和诗，只是这和诗没有流传。孟郊又自创了一乐府诗题"楚竹吟"，作《楚竹吟酬卢虔端公见和湘弦怨》，诗中"一掬灵均泪，千年湘水文"，诗人从湘江水的涟漪中寄托对诗人屈原深深的怀念，透露了内心壮志未酬的无尽哀怨。

这一年，卢虔受命出守山南东道的复州（今湖北钟祥市）。孟郊就前去送行，写有《送卢虔端公守复州》的诗，说"知音不韵俗，独立占古风"。诗句叙说知音难觅，更为难得的是，孟郊表达了诗歌创作自己特立独行的一面，他崇尚古风，鄙弃大历年间以来流行诗坛那些过分讲究声律、主张娱乐的风气。这是韩愈等友人如此看重孟郊诗歌的一个重要原因吧。

从叔孟简自去年进士及第之后，又荣登博学宏词科，并获得了校书的职位，参与国家典籍的校理工作。孟简这一次回江南苏州，是锦上添花之后的荣归故里。孟郊前去送行。长安城里，车马川流不息，在高大的槐树下，叔侄依依相别，孟郊有羡慕也有伤感，这不仅仅是"黯然销魂者，唯别离而已"的感伤，更多的是人生失意的惆怅，所以他说"独恨鱼鸟别，一飞将一沉"（《感别送从叔校书简再登科东归》），一鸟一鱼，一飞一沉，一高一下，这是从叔孟简和他自己不同的生命现状。

不久，孟郊也从长安启程回江南故乡。这次，韩愈、李观、李翱等友人送他。孟郊作《下第东归留别长安知己》：

> 共照日月影，独为愁思人。
> 岂知鹪鹩鸣，瑶草不得春。
> 一片两片云，千里万里身。
> 云归嵩之阳，身寄江之滨。
> 弃置复何道，楚情吟白蘋。

　　鹈鴂（杜鹃鸟）声声，是告诉人们春天即将逝去，百草不会再有春光的沐浴，百花也将谢幕。诗人孟郊在那杜鹃啼血的叫声里告别友人，愁思的萦绕，别离的感伤，一齐在血液里翻动。他多想如天际的那片白云，或许会栖息到嵩山幽美的山间。一个漂泊的游子，东归的前路漫漫，江南的故乡在等待他回去。那些被弃置的往事不再说了，他有些想念在湖州的白蘋洲，那里有他的老师皎然。

　　到了徐州，孟郊就去拜谒先他归来的张建封，看看是否能讨得生活。他又写了《上张徐州》，诗中自比水与木，把张建封比作海与山，希望能够归流，托根。但孟郊太诗人气了，说"一不改方圆，破质为琢磨"，这也太傲岸了些，在想要倚靠的人面前说什么始终不会改变做人的准则，不会为了名利而把自己的个性磨圆。"一不改方圆，破质为琢磨"自然是孟郊的人生原则，也是一个文人的风骨。但你求人的时候还放在嘴上，太不照顾人家的颜面了。

　　当然，张建封是在官场上混的人，还是给足诗人面子，也要维护自身礼贤下士的形象，依然非常礼遇诗人。在徐州，张建封为孟郊举行春宴，邀请孟郊同赏胜景。孟郊沉醉在樱花烂漫的时节里，暂时抛弃了落第失意的愁苦。他作了不少诗，记录了徐州的春日风光，那樱花飞雨，那戏马盛会，给了他许久难得的欢愉。张建封为岑秀才送别宴，孟郊参加饯行，在送别诗里还是流露了几许落第而"京尘染衣裳"的惆怅。

　　人家张徐州需要的是干练的吏才，能出谋划策，能实干作为，能鞍前马后，并不需要给你饭吃又牛哄哄的诗人。孟郊应该感觉到，那种客气的礼遇何尝不是一种婉言的谢绝？徐州绝非久留之地，他告别张建封回故乡去了。

楚湘行

1

尽管夏日来临，又是黄梅时节家家雨，天气潮湿闷热，但故乡的日子还是温馨惬意的。在武康，孟郊有母亲的热饭菜，有妻子的热被头，还有兄弟的笑脸，这是在长安常常思念而不可得的一份亲情，只有故乡才会给予的温暖。

幸福的日子总是过得飞快，转眼又是上京赶考的秋天。孟郊去湖州取解，拜会结识了湖州刺史于頔，又到白蘋洲探望老师皎然。

于頔是一名很有才干的官员，虽在湖州时间不长，但兴修水利，造福一方百姓，并在长兴县顾渚山监制贡茶，水口西顾山最高堂至今留有摩崖石刻，记录了他于贞元八年（792）春天汲泉试茶的美事。于刺史曾到孟郊的家乡武康考察，在余英溪上的龙潭边留下了摩崖石刻。之后，他担任过苏州刺史、襄州刺史，充山南东道节度观察，在平定叛乱的战斗中表现出卓越的军事才能。这个老于很干练，也很霸道，属于狮子型领导，凭着手中权力，时常恣意横暴，凌上威下，连德宗皇帝也让他三分，在史书上恶评不少。贞元十四年（798）在他担任襄州刺史的时候，孟郊还给他写过献诗，把他比作谢朓或谢玄，说"谢公领此郡，山水无尘泥"，"还耕竟原野，归老相扶携"（《献襄阳于大夫》），于頔治下一片清明、和谐。孟郊未能免俗，向有实权的官员投赠，颂扬政绩，恭维一番，有点遵命文学的味道，或许是为求得一官半职做一点铺垫。

孟郊告别亲人，前往京城长安参加第二年的科举考试。那年秋天，他悉心准备应考的暇余，朋友介绍他去长安城郊蓝田的元居士草堂小住。这，一方面京城"居大不易"，可以节省部分开支，一方面享受一下山居生活的清静，暂避长安的世俗之气。确实，长安的生活成本很高，这里人口众多，粮食需要依靠漕运从江南等地供给，米贵；住宿也不便宜，不要说条件好的旅店，即使那些寺院、道观房舍或城市居民的自租房，也要花钱。现有免费的"午餐"，何乐而不往？

元居士的大名没有记载，他在灞水的上游蓝溪边过着隐居的生活。前辈诗人王维在蓝田山间筑有辋川庄园，辋川与蓝溪一样最后归入灞水，元居士的草堂与王前辈的别业应该在同一地域。辋川的美景是"明月松间照，清泉石上流"（王维《山居秋暝》），蓝溪的美景是"清溪宛转水，修竹徘徊风"（孟郊《蓝溪元居士草堂》），一样的让人流连。当然，王维是大地主，他的辋川庄园专掌扫地的童仆就有十多人，需要两个童子专门扎扫帚，还时常供不应求，可见其规模之大；元居士的草堂远没有辋川庄园的规模与豪华，但作为读书人，幽雅清静的环境就是一个好去处。

在蓝溪草堂，孟郊有时随主人去打柴，有时帮着翻翻地，当然更多的时候是读书。他深深体会到，不管是读书，还是务农，生活本质是一样的，都希望在世间获得生存之道，用他的话叫"敦本志亦同"。最为惬意的是傍晚，浊酒一杯，与主人对饮，可以看看眼前淙淙流向远处的蓝溪水，抬头望望高高的蓝田山，听蕙兰丛中传来的蟋蟀的秋声。在这样的意境里，孟郊似乎可以把功利的科举都丢到爪哇国去了。他一直住到了那个冬天，和元居士一起听和尚讲解维摩经，一部古印度人维摩诘为佛教徒写的在家修行佛法的典籍。他们仿效佛祖菩提树下顿悟的场景，一起坐在一棵大树下，忽然飘起雪花，也不为天气变幻所动，佛法似乎有灵异之光，天空转瞬雪霁天晴，只是"雪花犹在衣"（《听蓝溪僧为元居士说维摩经》）。

贞元九年（793）正月，进士考试前夕，孟郊参加了登慈恩寺塔的诗友活动。登塔留题，是中唐文人的时尚，尤其那些新科进士，把雁塔题名作为一种无上的荣耀。但雁塔题名并非新科进士的专利，尚未及第的读书人，也常常和友人一同前往，在雁塔上题个名，何尝不是图一个好的彩头。

慈恩寺位于长安城南，寺内有塔，叫慈恩寺塔，大家喜欢称它大雁塔，为西天取经的著名僧人三藏法师玄奘奏请唐高宗李治所建。玄奘，就是著名的唐僧，后来被吴承恩在《西游记》里演绎成了家喻户晓的僧人。唐中宗神龙年间，及第进士张莒游慈恩寺，一时兴起，在大雁塔上题了名字，此后文人纷纷仿效。这种"到此一游"式的题名，放在如今是破坏旅游景区的行为，但在唐朝，诗人在墙壁上题诗最为正常不过，没有人会反对诗人留题，更多的是投来艳羡的目光。那些诗人，本身书法都不俗，雁塔题名就是风格各异的书法作品展示，可以供人欣赏。

孟郊和他的朋友们，有官员朋友，有及第进士，有白衣举子，但不影响大家一起登塔游乐。韩愈的《长安慈恩寺塔题名》留有记载："韩愈退之，李翱习之，孟郊东野，柳宗元子厚……同登。"到了宋朝时，一个叫张礼的人游长安城南，写了《游城南记》的笔记，说："东南至慈恩寺，登塔，观唐人留题。"他注释道："塔既经焚，涂坊皆剥，而砖始露焉。唐人墨迹于是毕见，今孟郊之类尚存。"慈恩塔经历了一次火灾，外面的涂层都剥落了，张礼看到了唐人的题名，其中就有孟郊的墨迹。张礼没有提到孟郊题写了什么，但同为宋朝人的柳瑊是一个有心人，把看到唐人墨迹临摹刻在石头上，原石虽已遗失，但中国社会科学院考古所还保存着雁塔题名的残拓本，其中就有孟郊等人的留题："秘省校书孟简，进士孟郊，进士崔元亮，进士崔寅亮，进士崔纯亮，贞元九年正月五日。"当时，孟郊进士还没有及第，所以不称"前进士"。可见，孟郊应该不止一次参加过雁塔题名的活动。

很快进入考试时间。这一次，主考官是顾少连，刚从户部侍郎改任礼部侍郎。前来参加进士考试的可谓人才济济，有柳宗元、刘禹锡、李翱等，后来都成为著名的文学家或诗人，是进入唐代文学史的人物。考试的赋题是《平权衡赋》，诗题是《风光草际浮诗》。结果出来，柳宗元、刘禹锡等32人登第，孟郊和李翱落第。

一个男人多次落第，多次失意，内心已有太多的伤痛。看到他人成功的笑脸，孟郊的内心似乎落满了霜。长安的初春，非常寒冷，拂晓时分更是寒意难耐。诗人只有把这份伤痛和压抑流露在诗句里：

> 晓月难为光，愁人难为肠。
> 谁言春物荣，独见叶上霜。
> 雕鹗失势病，鹪鹩假翼翔。
> 弃置复弃置，情如刀剑伤。

（《落第》）

诗人不是第一次落第了，弃置复弃置，孟郊的心如同早晨的月，难以闪耀皎洁的光亮，又似乎遭受了刀剑一次又一次的砍伤。诗人的笔下有些夸张，可以理解。疗治心灵的伤痛，时间是最好的良药，出游何尝不是一种好的纾解途径？

他到长安著名的景区灞上看看，或许是碰到孟姓的本门族人，应该是很有身份的人，出乎他意料的一幕是"相逢灞浐间，亲戚不相顾"（《灞上轻薄行》）。一个依然身着白衣的落榜举子，连亲戚都不认你，诗人的心被刺痛了一下，感到人间的势利和人情的薄冷。在长安道上马车的扬尘里，他昂起头颅疾步走去，鬓际的几缕白发随风飘起。本想透透气，舒舒心，没想到……诗人《感兴》一诗是他此时的心理写照：

> 拔心草不死，去根柳亦荣。
> 独有失意人，恍然无力行。
> 昔为连理枝，今为断弦声。
> 连理时所重，断弦今所轻。
> 吾欲进孤舟，三峡水不平。
> 吾欲载车马，太行路峥嵘。
> 万物根一气，如何互相倾。

虽然昔日是孟家的"连理枝"，断了就断了吧。孟郊感到一个失意之人的孤寂。他似乎是行进在三峡里的孤舟，爬行在太行山上的车马，行路难，行路难呀。

那年四月，长安地震。史书记载：

夏四月辛酉，地震，有声如雷，河中、关辅尤甚，坏城壁庐舍，地裂水涌。

（《旧唐书·本纪十三唐德宗》）

关辅，就是指以长安为中心的关中及周围地区。这次地震级别应该不低，有声如雷，许多房屋被毁。孟郊在长安一定感受到了地震带来的惊恐，只是诗人的诗文里没有提及。但他的生活陷入了很大的困境，心情抑郁，借送友人崔纯亮时倾吐愁肠："食荠肠亦苦，强歌声无欢。出门即有碍，谁谓天地宽。"（《赠崔纯亮》）这，可以说是孟郊嗟悲叹苦的名句。他经常食用野菜，感到肠子也苦了，写的诗歌哪里还有欢快的声息。但即使生活如此困苦，他的内心不改，初衷不易，"镜破不改光，兰死不改香"（同上）。对于孟郊的困境，北宋苏东坡的弟弟苏辙不仅没有给予同情，反而讥讽他"虽天地之大，无以容其身"，是"陋于闻道"（《诗人玉屑》）。真是站着说话不腰疼，你一个富家子弟，衣食无忧，怎么能够理解贫寒人家的苦？

孟郊是真的感到了生活的难。

2

最难的生活，诗人孟郊也得直面。你能逃避吗？或许你可以暂避，但最后还得面对。总之，每一个呼吸空气、吃饭穿衣的人，都无处遁逃。

在朋友们的参谋下，孟郊做了一个远游的规划：先去朔方，然后去楚湘。远游，是唐朝诗人们常做的功课，从功利的角度看，乘远游拜见各地地方长官，或许可以找到生活的依靠，得到进士科考的推荐，从非功利的视角看呢，行万里路，何尝不是开阔眼界提升修养的好途径？

105

　　孟郊要去的朔方，其实指地处黄土高原的邠州、宁州等地（今陕西彬县一带）。泾水从西北穿境流向东南，汇入渭河，诞生了"泾渭分明"的奇观，也诞生了这个流传千年的成语。那是一个盛产诗歌的地方，《诗经·豳风》就是当地古代诗人的杰作，其中《七月》诗里的"七月流火……"，耳熟能详。当然，孟郊去邠州，那里有他的亲戚朋友，族叔孟二十二、孟十五都在邠宁节度使张献甫幕府任职，只是如今他们的大名无法考查了；还有诗人李益和柳缜，一个是好友李观的同宗盟兄，一个是同登雁塔的诗人柳宗元的叔叔，都在那里担任要职。所以，孟郊在邠州，可以说如鱼得水，写了不少诗，心情也大为改善。

　　在西北地区，花是稀罕的东西，"边地春不足，十里见一花"（《邀花伴》）。他得知邠州一个地方花开暮春，就让朋友带他一起赏花去。他得知石淙是一个好去处，算是风景名胜区吧，当时不收门票，就多次前往游赏，前后写了《石淙十首》，顺便发发感慨。说什么"虚获我何饱，实归彼非迷。斯文浪云洁，此旨谁得齐"，文人雅士空自高洁，可是吃不饱肚子，那些追逐利益的人，却实惠多多，生活富足，这道理谁说得明白？这是从古到今难以解决的矛盾。说什么"始知随事静，何必当夕斋"，他懂得道家处世原则，要顺其自然、随遇而安、平静不争，他明白儒家倡导的那些道理，要成大事者每到晚上要反躬自省，要有敬畏心，要不断激励，也要有如履薄冰的谨慎……入世与出世，一直是孟郊内心挣扎，他想做一个徜徉自然的隐士，但俗世无形的手紧紧地把他攥在手心。

　　西北的景致与江南故乡截然不同，诗人看到浑浊的泾水（现在景观与唐时不同，泾清渭浊），低矮的边柳，高高的烽火台，深邃的碧云天，还有驰骋在山坡上的牧马人……这些，给他留下了难以磨灭的印象，化为诗绪，融汇到他的诗句里了。

　　他身在朔方，梦中开始设想楚湘的行程了。《石淙十首》里说"去矣朔之隅，倏然楚之甸"，要离开这边远的朔方，潇洒地行走在楚湘的大地上。《抒情因上郎中孟二十二叔、监察孟十五叔，兼呈李益端公、柳缜评事》里说"游边风沙意，梦楚波涛魂"，在边地茫茫的风沙里，孟郊梦游楚湘，那种马上成行的冲动如波涛般涌上心头。

孟郊喝过监察御史孟十五叔设的饯行酒，与李益等人告别，匆匆回长安为楚湘东南行做好必要的准备。

在长安，孟郊的朋友们相聚一起，又是一场饯行宴。韩愈、李观、李翱等人都到场了，他们觥筹交错，祝愿孟郊一路顺风，但诗人在一起总会做一些诗歌游戏。孟郊提议，边饮酒边诗歌联句，联句这种游戏孟郊在湖州皎然老师那里得到过熏染，已经非常熟练。以皎然为核心的浙西诗人，时常做诗歌联句的高雅游戏，在场诗人你一句我一句，或者你两句我两句，或者更为自由，只要合韵，不管你吟几句，如果你一时无语，可以让他人接着联。

既然是远行送别，就以"远游"为诗歌主旨，要求压"游"字韵，孟郊率先吟道："别肠车轮转，一日一万周。"

大家自然叫好，韩愈随即联上："离思春冰泮，烂漫不可收。"

其他人还没有接上，孟郊口中已经吟出："驰光忽以迫，飞辔谁能留。"

年轻的李翱不甘落后，也接了一句："取之讵灼灼，此去信悠悠。"

或许大家对这一诗歌游戏不太熟练，接下来的联句成了孟郊和韩愈两个人的对垒，由此也见识了韩孟两人诗才的了得，并且旗鼓相当。这种联句的诗歌游戏，成为日后韩孟诗派经常的功课。

随后，孟郊迈出了东南行的步伐。一上路，他就展开了未来旅程的想象：

> 越风东南清，楚日潇湘明。
> 试逐伯鸾去，还作灵均行。
> 江蓠伴我泣，海月投人惊。
> 失意容貌改，畏途性命轻。
> 时闻丧侣猿，一叫千愁并。

（《下第东南行》）

孟郊希望这次远游能够追随东汉隐士梁鸿（字伯鸾），洒脱一些，逍遥一些，去走一次屈原（字灵均）走过的路，"路漫漫其修远兮，吾将上下而求索"。但一个失意落第的人，总有点凄凄切切，想到屈原笔下的那些香草美人，快要流出泪水，想到海边的那些被称为"海月"的窗贝，搁浅在沙滩上任人捡拾，心头猛然颤动。他似乎听到了长江两岸的孤猿凄厉的啼声，千愁万绪上心头。

3

孟郊出蓝田关，跨越秦岭，不日就到达商州。

商州历史悠久，人杰地灵。秦朝时，这里是著名改革家丞相商鞅的封地，后来"商山四皓"曾隐居的地方。四皓，字面上看是指四位白发老人，但这四位不一般，都是德高望重的高尚之士，即东园公、夏黄公、甪里先生和绮里季，他们都是秦国的官员，因逃避焚书坑儒而避居商州深山。商州是古时秦国和楚国的接壤之处，关中地区南下或楚湘商旅北上的重要通道，有"秦头楚尾"之称。

千年之后，当代作家贾平凹对这里的地理环境有过精到的描述："商州西部、北部有亘绵的秦岭，东是伏牛山，南是大巴山，四面三山……""山是青石，水是湍急，屋檐沟傍河而筑，地分挂山坡，耕犁牛不能打转……土里长树，石上也长树，山有多高，水就有多高。"（贾平凹《商州初录》）

孟郊行走在商州的时候，天竟下起雪来，风雪交加，所有的道路都被大雪覆盖，他看到的商州是一个白茫茫的雪国。这一场突如其来的暮春之雪，是出诗人意料之外，他只是身着春天的单衣，一时寒意难耐，只得蜷缩在旅舍里。漫漫长夜，寒冷刺骨，他辗转反侧，寂寞寂寥，又思接千载，视通万里，人在旅舍床榻，心已驰骋在历史与现实的时空里。他似乎听到了湘水之上流淌着湘妃的鼓瑟声，那是带着泪水的哀哭，他想到了屈原、宋玉楚辞里反复吟唱的忧愁幽思，那是来自心灵深处的咏叹。这不正是他自己诗歌奏响的旋律？

而现实呢？人们处处传唱着那些声律优美的诗句，而孟郊偏要特立独行，走自己的路，让他的诗歌重返魏晋，重返屈原的时代。他那些古意古风的诗，那些奇崛寒峻的句，一直不被世人看重，知音难觅，有谁能够明察呢？他太有感触了，于是写下《商州客舍》，记录旅途见闻与感悟：

> 商山风雪壮，游子衣裳单。
> 四望失道路，百忧攒肺肝。
> 日短觉易老，夜长知至寒。
> 泪流潇湘弦，调苦屈宋弹。
> 识声今所易，识意古所难。
> 声意今讵辨，高明鉴其端。

雪霁天晴之后，孟郊才离开商州，出武关，先赶往襄阳，然后打算到复州去。临行的那天，他早早起了床，独自坐在旅舍窗前，望着窗外依然昏黑的天色，浮想联翩，想到三国时的诗人王粲，为了躲避西京之乱，也是走这一条路前往荆州，去投靠刘表，王粲在那里写下著名的《登楼赋》，"登兹楼以四望兮，聊暇日以销忧"，流露的是无尽的游子之愁绪。如今他前往复州，去作客竟陵，虽不是避乱，但和王粲是殊途同归，是要去依托朋友卢虔。此去前路铺满了希望，不会再有像商山那样崎岖的道路，路上不会有湿滑的苍苔，有的是江汉之畔洁净的沙地，还有灿烂的阳光。但他，一个诗人，事业功名一事无成，如今骑着马远游他乡，生活只能去依靠他人的接济，孟郊不禁潸然泪下。此时，东方的天际渐渐放白，孟诗人不禁吟起诗来："一身绕千山，远作行路人。未遂东吴归，暂出西京尘……"（《自商行谒复州卢使君虔》）

到襄阳，孟郊投奔到襄州刺史、山南东道节度使樊泽。樊泽，堪称唐代文武双全的名将，他没有参加过进士考试，但这并不影响他出相拜将。他出身名门，父亲死后被赠兵部尚书的头衔，也算省部级领导的后代，当时的相卫节度使薛嵩一上奏就把他提拔为磁州司仓、尧山县令。这是孟郊这样的贫寒子弟想都不敢想的好事。当然，樊泽没有因此骄逸，他不忘学习，并参加制科考试，顺利通关，也算弥补了没有参加进士考试的遗憾。建中年间，他曾任充和番使，随凤翔节度使张镒与吐蕃在清水会盟。作为武将，樊泽最大的战功是参与平定李希烈叛乱，多次与叛军交战，擒获其手下大将，收复失地，为唐朝的平乱立下汗马功劳。他先后两次出任襄州刺史、山南东道节度使。

孟郊为何投奔樊泽？大概是李绛的推荐。李绛是韩愈、李观的好友，自然与孟郊交好。而李绛的先人是樊将军的世交，曾为部下。李绛能够顺利进士登第，也离不开樊的推送。

在襄阳，孟郊得到樊泽的礼遇，诗人无以回报，但诗歌是诗人的地上货，他脑子里有的是诗，于是献诗一首《献汉南樊尚书》。樊泽以检校礼部尚书坐镇汉南，所以孟郊称樊泽为樊尚书。

对于这些礼仪性的献诗，孟郊从不免俗，大大咧咧地把樊将军的光辉业绩、英勇事迹表彰一番，或许他是从内心里佩服将军。他从商州的风雪中走来，感到樊泽治下的襄阳春光融融，真是"自公理斯郡，寒谷皆变春"。

从春尾一直住到了入秋，孟郊才离开襄阳，赶往复州，前去拜会他的好友卢虔。在襄阳城，孟郊没有留下什么诗句，或许他写了，早已佚散在时光里了。

襄阳往南，不远处即是岘首山。岘首山，东临汉江，山与水相得益彰，可谓襄阳城外好山水，是文人墨客来到襄阳的必赏之地。在晋朝，将军羊祜镇守襄阳，勤于治世，屯田兴学，军队得到给养，百姓得到教化，工作之余常到岘首山游乐，饮酒赋诗，终日不倦。后人在他常游憩的岘首山上为他立庙建碑，来纪念他的功德。

孟郊登岘首山，借宿在山上的庙里。那是一个秋夜，明月当空，山间没有任何阻挡物，可以一览无余。诗人站在山间，看到汉江缓缓地南流，月光在水波上明灭闪烁，远处的襄阳城灯火隐约可见，近处的沙村民居三三两两点缀在江边，好像听得到人家的说话声。诗人独自站在岘亭上，秋风轻拂，感到有些寒意，不禁想起远在长安的友人，遗憾他们没有一起来欣赏这襄阳胜景。如果友人同游该有多好，可以把酒赏月，可以赋诗联句，现在只能希望在梦中与他们相遇了。此情此景，付之诗情：

月迥无隐物，况复大江秋。

江城与沙村，人语风飕飕。

岘亭当此时，故人不同游。

故人在长安，亦可将梦求。

（《独宿岘首忆长安故人》）

道路是曲折的，前途是光明的。当人们向着一个目标前行的时候，内心总是这样思量。孟郊要去复州会友人卢虔，要领略三峡的奇景，要往汨罗江凭吊屈原，最后要回归江南故乡……他向着远游的目标一步步迈进，道路再曲折，也阻挡不了他的脚步。

行至京山县山间的时候，他还真的遇到了惊魂一幕：他的马病了，那些飞虻成群地聚叮在马身上，似乎要吸干它的血，马的身体在流血，是飞虻们叮咬所致，还是在山崖上擦破了皮？此地前不着村，后不着店，此时山间已经暮霭沉沉，夜幕即将拉开，而前面山上传来阵阵虎啸声。唐朝时，华南虎并不罕见，即使到了民国时代，孟郊故乡的莫干山还有华南虎的踪迹，作家木心旅居山里的时候记载过。老虎可能伤人伤畜，甚至致人性命，孟郊的神色有些紧张，胆战心惊的。他说："此时游子心，百尺风中旌。"（《京山行》）他的内心如风中的旌旗不停地翻动着。或许是得到了路上商队的相帮，或者有山民的相助，孟郊得以脱困，终于看到了旅途客栈的酒旗。

京山以南，就是著名的云梦泽。秦汉以前，云梦泽指长江边上连绵不断的湖泊和沼泽，江水流到这里呈漫流状态，江湖不分，水域广阔。到唐朝时，因江水泥沙的沉积，云梦泽逐渐分解为星罗棋布的大小湖群。

孟郊走出楚地的山区，迂回在云梦泽大大小小的湖泊间，似乎要迷失路途，他的内心多了些迷惑。那是一个游子的迷惑，"骐骥思北首，鹧鸪愿南飞"（《梦泽行》），良马一匹，应该驰骋在北方辽阔的草原上，而鹧鸪鸟，喜欢飞行在南方的草木间。良马不正是那些有抱负的人，心怀家国，获取功名，做朝廷的有用之人，为了那片可以驰骋的疆场，为了那个可以施展才华的舞台，即使那袭白衣蒙上了灰尘也不后悔；而鹧鸪鸟，那"行不得也哥哥"的鸣叫，蕴含了多少的离愁别绪，那种见不到亲人的伤感惆怅，还有对故乡的思念。

走，还是归，这是所有游子面临的困惑。孟郊的后浪辛弃疾说得好："江晚正愁余，山深闻鹧鸪。"

4

云梦泽的不少湖泊就在复州地界。复州，唐朝时属山南东道，孟郊去的时候州治已经迁移到竟陵（今湖北天门市）。

对于诗人孟郊，竟陵是一个既陌生又亲切的地方。说它陌生，是因为他平生第一次到此一游，对这里的山水街巷完全没有概念；说它亲切，是因为这里是他的好友陆羽的故乡，肯定多次听老友说起，并且现在的地方长官是他的朋友。

复州刺史卢虔是孟郊很铁的粉丝，是可以酬唱的诗友。偶像孟郊的到来，着实让粉丝兴奋。卢虔希望孟偶像在复州多耽一段时间，乘此游览这里的大好河山，品尝与江南不同的鱼鲜。

孟郊在竟陵度过了漫长的冬天，守了43岁那年的除夕夜，转眼迎来的是贞元十年（794）的明媚春光。

三峡是古今文人雅士都梦想一览的胜景，是诗人孟郊神往已久的地方。如今到了近旁，怎能不一睹她的"芳容"？

北魏时期的地理学家郦道元在《水经注》里对三峡有过精到的描述："两岸连山，略无阙处；重岩叠嶂，隐天蔽日，自非亭午夜分，不见曦月"，寥寥数笔勾勒了三峡雄伟峭拔的风貌。而三峡的冬春换季时节简直美不胜收："春冬之时，则素湍绿潭，回清倒影。绝巘多生怪柏，悬泉瀑布，飞漱其间。清荣峻茂，良多趣味。"那白色的急流，碧绿的深水，回旋的清波，梦幻的倒影，高高的山峰，姿态怪异的柏树，还有悬挂的瀑布，给每一个游客无穷的趣味。三峡，前辈李白来过。当年他因为永王李璘的牵连，流放夜郎（今贵州一带），走到白帝城的时候获得赦免，惊喜交集，坐船东下，匆匆过三峡，来不及细细地品味这天下绝景，"两岸猿声啼不住，轻舟已过万重山"（《早发白帝城》）。现在，孟郊来了。

孟郊踏着春色，到达三峡西端的奉节白帝城，或许就在李白曾上船的地方买舟东下，开始了特别的三峡之旅。他没有像李白一样急着赶路，孟郊是漫游三峡，该停船的地方就停船，想作诗的时候就作诗，从西到东，尽享了瞿塘峡、巫峡、西陵峡的奇观。最让诗人诗意勃发的，是巫峡十二峰，为此他一连写了好几首诗，不仅为壮美风光陶醉，更为那美丽传说感动。

他看到万仞高峰之巅，有一细石耸立，很像一个人对江而望，那就是神奇缥缈的巫山神女峰。据说，一个渔人在江中打鱼，突遇狂风暴雨，遭遇了灭顶之灾，他的妻子从峰顶眺望，盼他归来，一天过去了，一月过去了，一年过去了……他始终没有归来，而她，依然站在那儿等候着，不顾晨昏日月，不顾风霜雨雪……终于站成了一座天然的雕塑。诗人吟道：

> 望夫石，夫不来兮江水碧。
> 行人悠悠朝与暮，千年万年色如故。
>
> （《望夫石》）

望着这片越来越清晰的石头，那女子般的身姿显得婀娜，诗人又想起巫山云雨的传说：楚怀王在游云梦泽的高唐时，曾梦与巫山神女相遇，神女自称"且为朝云，暮为行雨"。孟郊又写道：

> 巴江上峡重复重，阳台碧峭十二峰。
> 荆王猎时逢暮雨，夜卧高丘梦神女。
> 轻红流烟湿艳姿，行云飞去明星稀。
> 目极魂断望不见，猿啼三声泪滴衣。
>
> （《巫山曲》）

孟郊沉浸在巫峡两岸变幻莫测的景致里，也为神女峰的美丽传说而感慨。李白明显不喜欢巫山云雨的传说，更喜欢那块平民化的望夫石。他也写过孟郊的同题诗《望夫石》，"寂然芳霭内，犹若待夫归"。但每一个传说都是美丽的梦留下美丽的忧伤，流的是猿啼声里游子的泪。当代诗人舒婷现实一些："与其在悬崖上展览千年/不如在爱人肩头痛哭一晚"。

诗人行舟在三峡汹涌波涛间，峡中风急浪高，船一会儿被颠上浪尖，一会儿被抛入浪谷，"上天下天水，出地入地舟"（《峡哀十首之二》）。那些巉岩礁石激起层层剑一般的浪，向着诗人的船劈来，途经的险滩激流，如怒气冲冲的蛟龙，"石剑相劈斫，石波怒蛟虬"（同上）。巨浪翻滚，发出震耳欲聋的声响，有如春雷阵阵，随时会掀翻诗人的船，闪念之间或许把船在礁石上撞得粉碎，"齑粉一闪间，春涛百丈雷"（《峡哀十首之一》）。

诗人攀行在三峡的古栈道上，抬望眼，但见两岸高山遮蔽了天日，太阳好像被割碎撕裂，而崖壁上，水流下垂直抵水波，如同万条绳索，牵拉着三峡的滔滔巨浪，"三峡一线天，三峡万绳泉。上仄碎日月，下掣狂漪涟"（《峡哀十首之三》）。峡中光线幽暗，"破魄一两点，凝幽数百年"（同上）；江水险恶，是"饥涎"——毒蛇的馋涎，"峡晖不停午，峡险多饥涎"（同上）；树间有鸟禽的号哭，"哀韵杳杳鲜"（同上）；山壁间有悬棺，被树根缠锁着，这是古代巴蜀地区人死后行葬的风俗。

三峡的水，三峡的峰，三峡的岩，三峡的草与木，三峡的风和雨，给了孟郊太多的感触，井喷一般让他一气书写了《峡哀十首》。三峡的春天，竟然没有让他感受到春暖花开的气息，而是无尽的哀痛。他的诗句里充满了许多晦暗、冷硬的意象，石剑（如剑之浪）、石波（激流险滩）、峡螭（无角之龙）、虺蜴（毒蛇蜥蜴）、腥雨（腥气的水沫）、黑井（黑色的漩涡）、毒波（毒化的江水）、饥涎（饥饿的馋涎）……这个敏感的诗人，笔下一派阴凄可怕、枯索险怪的景象，是对三峡自然山川的印象？是他人生失意的表露？还是唐朝社会生活的刻意影射？似乎都有，但又难以分解。于是，他的三峡成了魑魅魍魉的世界，蛇虺毒龙的家园，也是沉冤莫雪的冤魂和"窜官""逐客"饱受煎熬的空间。

这是一种奇特的感觉，亘古未有。诗人对山川险恶的感受，已经超出思维的极限而发生畸变，变成了他内心世界的纯主观想象。三峡不再是山水，而是一条永远喂不饱、露着狰狞牙齿的千年毒蛇。他把山川之可怖、人世之凶险和诗人的悲悯完全融合在一起。他的三峡，是哀痛之峡，是魔幻之峡；他的内心，有三峡之哀，有人间之痛。他在组诗的第一首里说得好："昔多相与笑，今谁相与哀。峡哀哭幽魂，嗷嗷风吹来。"（《峡哀十首之一》）

诗人在风中听三峡的声音，听那些峡中幽灵的哭泣。他能怎么样呢？他有力改变这世道人心？无可奈何，无可奈何！他只能感叹"峡哀不可听，峡怨其奈何"（《峡哀十首之十》），听凭一江春水向东流。

千年之后，当我品读这些哀怨的诗句，诘屈的语言，真感到有些艰涩，十分难懂。但这些阴郁冷峭的诗歌，正是孟郊在中唐诗坛树立的旗帜。孟郊就是喜欢这样冷冷地写诗，我诗写我心，他不会歌颂大自然的伟力，不会为讨好世人而一味写遵命的美诗美文，也不会高声呼喊皇上圣明。

这是一个诗人的真，让后人很难理解的真。

5

从三峡回到竟陵，孟郊在那里一直住到夏天。

竟陵的夏天竟与江南的夏天一样的炎热，赤日千里，火一般炙烤着大地。俗话说，好汉不赚六月钱。孟郊南游不是去赚钱，只是一次旅行，他真希望等过这一段难挨的六月天再启程。但时光不等人，等天凉了，转眼就入秋，南游后北归就不一定赶得及来年长安科考的登记截止时间。他决定尽快南行，去领略一番"气蒸云梦泽，波撼岳阳城"的洞庭湖，还要去凭吊心中敬仰的诗人屈原……

于是，他与复州刺史卢虔告别南行。他非常感谢卢虔的盛情，让他在楚地有了一个暂时寄身之处，尤为难得的是，卢虔还是优秀的诗人，诗风磊落，有曹魏时期建安风骨之余韵，他们时常一起赋诗对唱。如今，他们将要分别，孟郊的前路依然崎岖，路途上的夏日依然如火，此后不知何时才能相聚，卢虔在路旁摘了一朵楚地的野花，别在孟郊的衣襟上。这里没有灞桥柳，自然不能折柳赠别，但野花一样可以寄寓一片友情。孟郊看一眼衣襟上的那朵野花，在南风中微微摇曳，诗情因友情而洋溢：

> 赤日千里火，火中行子心。
> 孰不苦焦灼，所行为贫侵。
> 山木岂无凉，猛兽蹲清阴。
> 归人忆平坦，别路多岖嵚。
> 赖得竟陵守，时闻建安吟。
> 赠别折楚芳，楚芳摇衣襟。

（《赠竟陵卢使君虔别》）

冒着酷暑，孟郊首先来到岳州（今岳阳县境）。唐朝的岳州属于江南西道，与复州仅一江之隔。在天宝年间，岳州曾改称巴陵郡，所以后人有把岳州称为巴陵郡的习惯，如宋朝范仲淹的《岳阳楼记》称"滕子京谪守巴陵郡"，就是以古地名代今名，算是文人雅士卖弄一点修辞格的雅癖。

岳州的名胜当首推岳阳楼。前辈李白曾与友人同登岳阳楼，写下了"楼观岳阳尽，川迥洞庭开"（《与夏十二登岳阳楼》）的诗句，还撰写了"水天一色，风月无边"的名联，可谓气势恢宏。这是大唐盛世里一个浪漫诗人的胸怀。孟郊到岳州，乐于步李白的后尘，登岳阳楼，但放眼看到的是洞庭湖里君山上的湘妃祠。

洞庭湖浩渺的烟波让诗人的内心放松，那迎面而来的风拂去了诗人衣上的尘土，也吹散了炎炎夏日带来的烦躁。但湘妃的故事把孟郊的神经又牵回到愁怨的纠结里。

湘妃祠只是君山上的几间朴素的院落，粉墙黛瓦，镶嵌在君山一片青青里，白墙、蓝天、绿树，相映成趣，构成了洞庭湖上一幅浑然天成的图画。湘妃的故事，其实是怨女的故事。湘妃娥皇和女英，是尧帝的两个女儿，尧帝将她们一同许配给了舜帝。但舜帝南游时，驾崩于苍梧之野，两位妃子听到噩耗，追至洞庭湖的君山，抚竹痛哭，泪洒竹林，悲极投水而亡，化作湘水之神。她们的泪水洒在竹节之上，化作斑斑泪痕，那些"斑竹"有了一个凄美的名字"湘妃竹"。

孟郊登上君山时，天色已近傍晚，君山有些荒凉，但满目翠色，那些乔木自由地生长着，山间到处盛开着各种不知名的野花，恍如还是春天的样子。诗人采撷了一把野花，走进祠内，供奉在两位湘妃的灵前，恭恭敬敬地叩拜行礼。但诗人感到，两位湘妃姐姐还是沉浸在自身的悲痛愁怨里，一点不关照面前的游子，这个游子呢，也有无尽的愤懑在心头，那种英雄无用武之地的悲愤，即使洞庭湖的长风也只是带来一时的舒缓。

他走出湘妃祠，夕阳西下，万道霞光映照在洞庭湖的碧波间，波光粼粼，暮霭升腾，那种梦幻的诗意涌上心头：

南巡竟不返，二妃怨逾积。

万里丧蛾眉，潇湘水空碧。

冥冥荒山下，古庙收贞魄。

乔木深青春，清光满瑶席。

搴芳徒有荐，灵意殊脉脉。

玉珮不可亲，徘徊烟波夕。

（《湘妃怨》）

在洞庭湖，孟郊并不做一个形单影只的独行客，他以诗人的热情融入当地的文化圈，即使烈日如火，也不能阻挡诗人的脚步。

任载、齐古，是当地两位秀才，准备到宣城游学，他参与了送行，希望他们保持纯正的心气，凭着自身的才华能够琢玉成器，赋诗《送任齐二秀才自洞庭游宣城》相赠，寄寓了老诗人对年轻人的期望。难得的是，孟郊还作了诗序：

文章者，贤人之心气也。心气乐则文章正，心气非则文章不正，当正而不正者，心气之伪也。贤与伪见于文章。一直之词，衰代多祸。贤无曲词。

　　这正人君子样的诗序，是孟郊诗歌实践的体悟，表明了他的诗歌主张，唯有去伪存真，抒写真性情的诗才是真正的好诗。这里的"文章"自然指诗歌，"心气"是诗人的情与志，诗歌是贤达之人情与志的表达。情感愉悦时，诗歌的情感表达顺畅平正；情感抑郁时，诗歌的情感表述就会激怨难平。一个诗人装腔作势掩饰真情，他所吐露的就是虚伪的情志。所以，你一读诗歌，就可以了解作者是否贤达与虚伪。但在黑暗腐朽、文网森严的时代，说真话、抒真情要付出代价，甚至招致夺命的祸害。只有那些贤达的诗人，刚正不阿，"富贵不能淫，贫贱不能移，威武不能屈"，敢于抒发自己的真情感。孟郊言为心声，诗为心语，决不阿谀献媚。他蔑视虚伪的行径，用诗歌书写生命之真。

　　韦七在洞庭湖畔建有别业，孟郊就前去一游，看到别业环境幽美，远处山峦叠翠，湖水碧波荡漾，近处古松参天，绿树成荫。在这里，青山与白云为侣，山水清幽，即使炎炎夏日，也为之退避三舍，奈何不了这里的主人和他的朋友。好一处修身养性的宝地。韦七希望诗人能够多住几日，一起饮酒赋诗，但诗人要赶路，告别离去。"难随洞庭酌，且醉横塘席"（《游韦七洞庭别业》），老酒只得回故乡去喝了。

　　出乎意外的是，孟郊在洞庭湖畔巧遇堂弟孟楚客，正要买舟东下，于是赋诗赠别。此去江水迢迢，希望堂弟回归江南之后，发愤努力，能够获取功名，只要你是一把好琴，一定弹奏出动人的音乐，"玉匣五弦在，请君时一鸣"（《吴安西馆赠从弟楚客》）。

　　在与那位郭郎中的酬答中，孟郊依然是诗人的一副傲骨样，说"松柏死不变，千年色青青。志士贫更坚，守道无异营"（《答郭郎中》）。孟郊在郭郎中面前如此表露自己的心志，可见他们算是"知者"，不必担心人家对一个失意之人的嘲讽。

　　在岳州，孟郊还收到了另一位朋友陆长源的来信。在信中，陆长源告诉孟郊，他离开长安，到汝州担任刺史兼御史中丞，执掌一方已有时日，各项工作已经理顺，步入正轨，邀请孟郊到长安赶考时前去一聚。

陆长源是一个一切以工作为重的官员，甚至有点不近人情，有点执拗严苛，但对诗人孟郊一直坦诚相待。孟郊正要准备游完湘水南岳，然后折回江南故乡。现在，收到朋友老陆的来信，他对自己的行程做了修改，删除了回故乡的打算。

孟郊的湖湘行，还有一项重要行程，要去汨罗江凭吊诗人屈原。在汨罗江畔，孟郊瞻仰了屈子祠，拜谒了屈原墓。他徘徊在汨罗江河泊潭边，屈原沉江的地方，沉浸在历史的沉思与感怀里。

诗人屈原是楚国的三闾大夫，主持国家的宗庙祭祀，兼管贵族屈、景、昭三大姓氏的子弟教育，算是一个闲差。原本，屈原深得楚怀王的信任，时常在楚王左右出谋划策，但楚王听信谗言，渐渐疏远他，最后甚至抛弃他，不想再看到他。屈原遭到流放，陷入天生我才无用武之地的悲哀当中。秦军攻破楚国都郢（今湖北江陵），行吟在洞庭湖畔的屈原听到噩耗之后，怀着极其悲愤失望的心情，怀沙投江。孟郊凭吊屈原，或许他们有相似的境遇，他们一样的怀才不遇。他曾经写过"一掬灵均泪，千年湘水文"（《楚竹吟酬卢虔端公见和湘弦怨》）的诗句，如今眺望着汨罗江水层层的涟漪，孟郊寄托对屈原深深的怀念，大有同命相怜的哀怨。

想不到的是，他刚刚凭吊了心目中敬重的前辈诗人，但当他离开汨罗江，来到了湘水的源头，竟然毫不讲理地数落起屈原来：

> 名参君子场，行为小人儒。
> 骚文炫贞亮，体物情崎岖。
> 三黜有愠色，即非贤哲模。
> 五十爵高秩，谬膺从大夫。
> 胸襟积忧愁，容鬓复凋枯。
> 死为不吊鬼，生作猜谤徒。
> 吟泽洁其身，忠节宁见输。
> 怀沙灭其性，孝行焉能俱？

且闻善称君，一何善自殊？

且闻过称己，一何过不渝。

……

(《旅次湘沅有怀灵均》)

诗题虽为"有怀灵均"，但在孟郊眼里，屈原变得如此不堪，简直一无是处。屈原虽名列君子，但行近小人。那辞藻华丽的《离骚》，只不过是为了炫耀个人情操的忠贞诚信；那描绘事物的情感，激荡而充溢着忧郁悲伤，有违中正平和的君子原则。你屈原三次贬官，脸上就露出"愠色"，未免狷狭浮躁了一些，哪有贤明睿智的样子？人上了年纪，没有什么才德，还给你很高的爵位，担任三闾大夫，可你，整日的满面忧伤，愁思郁结，一副形容枯槁的样子，好像只有你才忧国忧民。一个人到泽畔行吟，以自洁其身，把忠君之节弃之不顾；至于怀沙沉江，自绝其性命，更对不起父母的养育之恩，完全弃绝了人间孝道。总之，屈原露才扬己，不忠不孝，生前是"小人儒"，老是猜谤他人又常遭他人猜谤，死后更是个无人吊悼的溺死鬼。

"死为不吊鬼，生作猜谤徒"，简直就是恶毒的谩骂。汉朝班固在《离骚序》中曾指责过屈原，但还是承认他的《离骚》"弘博丽雅，为辞赋宗"。孟郊的这首诗，是历史上对屈原最苛酷的批评了，可以说是前无古人，后无来者。

对自己一向崇敬的诗人来一次冷嘲热讽，孟郊何以如此反常？这或许是处于不同阶层不同时代的两个诗人暂时的怒怼。一个是上层贵族，一个是贫寒子弟；一个有了一番事业的放逐之官员，一个是屡战屡败的失意考生。孟郊对屈原的态度，是以个人失意潦倒的不幸来对抗上流社会的虚伪与矫情，他不再顾及圣贤书上的教诲，用愤怒的调子，喊出了天下寒士心中的不平之鸣。他说屈原"体物情崎岖"，可他比屈原走得更远，他的诗奇险寒涩，以"敢骂"的"矫激"笔调来对抗这个世界。这位寒门孤士去长安应进士试，可又自负才华，觉得凭自己的实力就可平步青云，始终不肯低下自己高傲的头颅，还满嘴文人的寒酸气。他困顿，他愤慨，他只有以他的"矫激"来对抗举场的浑浊，来对抗上流社会的傲慢，来对抗充满了不平的世道人心。

120

于是，他的诗情显得如此的深沉和锋芒直露，甚至，敢于丑中求美。他写三峡是这样，随后写南岳衡山也是这样。当他游历了南岳胜景衡山，告别了那里的隐士，吟出了"枫桴楮酒瓮，鹤虱落琴床"（《怀南岳隐士》）的诗，用下里巴人的农具"枫桴"和中草药"鹤虱"入诗，虽贴近生活，看这些名词，何尝不是阴癖冷峭？

当然，孟郊不愧为性情中人，诗人不会纠结于一时的内心困惑。当他北回中原，又一次来到汨罗江畔，他面对清澈的江水，再次怀想起诗人屈原：

> 秋入楚江水，独照汨罗魂。
>
> 手把绿荷泣，意愁珠泪翻。
>
> 九门不可入，一犬吠千门。
>
> （《楚怨》）

天已经入秋了，汨罗江碧水西流，江水曾经映照过屈原的脸庞，如今屈原的灵魂已经融入这漫江的碧波里。孟郊手摘一叶绿荷，他不知道为什么要摘这一叶碧荷，他就是随意地摘了这一叶荷，拿在手里，望着江风吹起一层层涟漪，脸色凝重，发呆着，眼泪竟流了下来。泪水落在荷叶上，晶莹透亮，如明珠在荷叶上滚动，一阵风，荷叶翻转，泪珠也消失在江水里。

此时，孟郊与屈原完全和解了，他们原本是同一类人，要登庙堂之高，而心忧天下，但屈原失势了，朝堂的门轰然关闭，成了汨罗江上的孤魂野鬼；他孟郊更是落魄，科举考试连续失利，连朝堂的门都没有进过。他们简直就是被挡在门外的一条狗，任你叫，那一重重的朱门依然紧闭。

6

这一次北上，孟郊的目的地是河南道汝州，去拜会汝州刺史兼御史中丞陆长源。

孟郊取道邓州（今邓县）、南阳（今南阳市），准备穿越伏牛山，走三鸦路。

三鸦路亦是古代南阳和中原地区间的交通要道，也是捷径一条。但这路陡峭崎岖，异常险峻，行路险象环生。三鸦路，原称"三垭路"。"垭"，意为两山之间的狭窄地方。顾名思义，三鸦路就是三处地势险要的地段。比孟郊年长的史学家杜佑，即诗人杜牧的祖父，他在《通典·州郡典》里对三鸦路有过记载。他写到南阳郡向城县时说："北重山在县北，即是三鸦之第一，又北分岭山，岭北即三鸦之二鸦也，其第三鸦入临汝郡鲁山县界。"杜佑所说的"分岭山"，就是孟郊笔下的"分水岭"。分水岭北麓就是第二鸦。杜佑写到的临汝，就是汝州，是唐乾元元年（758）改的地名。过分水岭以北的鲁阳关，就进入鲁山县地界，就是第三鸦了。

孟郊上分水岭时正值秋雨霏霏，他骑着马行走在峡谷中，一边是湍急的溪流，一边是悬崖峭壁，前路隐没在一片迷雾里。山路上坑坑洼洼，高低不平，凸起的石块如牙齿一般，人走过似乎要咬人脚，马走过似乎要啃马蹄。孟郊骑行在阴雨迷蒙的深山里，几次迷失方向，来来回回地兜圈子。好不容易，雨停了，风依旧，诗人骑在马上衣袂飘飘，他看到路边的葛花，被风吹雨打，淡紫色的花瓣零落在地，感慨万千：

> 山壮马力短，马行石齿中。
> 十步九举辔，回环失西东。
> 溪水变为雨，悬崖阴濛濛。
> 客衣飘飘秋，葛花零落风。
> 白日舍我没，征途忽然穷。

> （《过分水岭》）

虽然一时迷路，孟郊还是磕磕绊绊登上了分水岭。真是人生何处不相逢，他在分水岭的客栈遇见了从祖弟孟寂。但他们一个北上，一个南下，匆匆相遇，第二天就要分别，"赏心难久胜，离肠忽自惊"（《分水岭别夜示从弟寂》）。他们举杯饮酒，望着窗外的乱山在夜色里渐渐隐去，秋风又起，摇动着老树的秋叶，几只不知名的秋虫唱起了各自的山歌。一时，风声落叶声虫鸣声汇成了一曲离愁奏鸣曲。第二天早晨，他们就此别过，各奔前程。后来，孟郊还为孟寂赶考送行，孟寂和诗人张籍一起考中进士，成为好友。遗憾的是，孟寂英年早逝，张籍为他而哭："曲江院里题名处，十九人中最少年。今日春光君不见，杏花零落寺门前。"（《哭孟寂》）

李白说"蜀道难，难于上青天"，孟郊脚下的三鸦路山重水复，林深树密，峰高壁峭，并没有比蜀道易行多少。当他走出这三鸦路，依然心有余悸，在寄陆长源的诗里喋喋不休地数说路途的艰难，"历览道更险，驱使迹频暌。视听易常主，心魂互相迷"（《鸦路溪行呈陆中丞》）。在这迷雾重重的山里，孟郊好几次走错路，摸不着前路，甚至人的正常视听功能都难于发挥作用，陷于进退两难的地步，前行无路，心魂迷惘。他渡溪水，也是步步惊心，溪流湍急，波浪激荡着水中石块，随时有被冲下来的危险。好不容易蹚过了溪水，又是沙滩，深一脚浅一脚，确实难走。让孟郊意想不到的是，见识了山中雨后奇景，长虹吸水，"有物饮碧水，高林挂青蜺"。

诗人终于走出三鸦路，结束了一段艰难的行程，汝州郡已经在望。但投奔陆长源，何尝不是寄人篱下？何况自身多次科考失利，常有"弃置如尘泥"的自卑，心境难免悲凉。

与三鸦路的凄风苦雨相比，孟郊的汝州岁月还是欢乐的，虽说有"弃置"的自卑，但陆长源的好客让他感到汝州的日是温暖的，汝州的月是明亮的。

他一到汝州，陆长源就邀请他参加一个官府举办的宴会，孟郊大有宾至如归的感觉。宴会设在汝水的画舫飞云舫上，雨后的河水依然清澈见底，倒映着蓝天白云。"远客洞庭至，因兹涤烦襟。"（《汝州南潭陪陆中丞公谦》）他从洞庭湖来到汝州，风尘仆仆，但浊酒一杯，把所有的旅途烦劳都洗尽了；一杯酒入肚，孟郊开始兴奋起来，他即兴弹奏一曲，用高雅的琴声为大家助兴。这就是诗人，有酒有诗有琴声，人间有什么烦恼不可以忘却？

同样让孟郊流连的，是汝州郡府衙内的一次小型音乐会。陆长源邀请了音乐家陆僧辩，举办一个古琴独奏会。陆僧辩的身份现在无法了解，那时的音乐家没有现在舞台明星一样耀眼，有时候还得靠诗人的笔才有机会传世，陆僧辩自然是靠了孟郊才让后世知道他的音乐家身份，即使像李龟年这样资

123

深的宫廷音乐家，也是靠了杜甫《江南逢李龟年》的诗才获得家喻户晓的声誉。陆长源的音乐会，当然也是酒会和诗会。可以想象，朗月清宵，秋风送爽，一帮文人雅士汇聚在府衙的南楼上，听琴声悠扬，饮美酒宵夜，再吟诗评诗，比如今歌厅雅座量贩式KTV实在要风雅得多。孟郊听陆僧辩的琴声，与李白听老僧弹琴不同，没有听到万壑松涛起，与白居易听琵琶女弹奏有点相似，有天涯沦落人之感，他从陆僧辩的琴声里听到了千里的乡愁，一个远离故土的游子情思。跌宕的楚琴南音戛然而止，取而代之的是秋雨淅沥秋风飘摇的寒意：

> 康乐宠词客，清宵意无穷。
> 征文北山外，借月南楼中。
> 千里愁并尽，一樽欢暂同。
> 胡为戛楚琴，淅沥起寒风。

> （《夜集汝州郡斋听陆僧辩弹琴》）

作为诗人，孟郊自然不会放过汝州的名胜。他游览石龙涡，看到石壁耸立，有千仞之高，壁上泉水直下，如星雨散落；他坐船去游浮石亭，在激流中感受了自然的伟力。

但来年科举考试的报名时间逼近，孟郊就近在汝州取了解，准备赶往西京长安赴考。按照唐朝科举考试的规则，孟郊可以回原籍湖州取解，获取科考的资格，也可以通过他人推荐，在其他州府取解。孟郊自身诗文造诣超人，又有汝州郡守陆长源的推荐，在汝州取解如囊中取物。

在汝州，孟郊还碰到了另一位堂弟孟楚材。孟氏家族真是人才济济，各个分支散落在大江南北。孟郊南下远游楚湘，先后遇见了堂弟孟楚客、孟寂，这一次又见到孟楚材。当秋色渐浓的时候，孟郊告别好友陆长源，又和堂弟孟楚材相互赠别，一个将入京赶考，一个要南下楚地。在汝州城外的汝水堤岸上，他们赋诗相赠，然后各奔东西。

孟郊给堂弟的赠诗叫《汝坟蒙从弟楚材见赠，时郊将入秦，楚材适楚》，诗题的"汝坟"即指汝河的堤岸,《诗经》就有《汝坟》一诗,其中有"遵彼汝坟"的诗句,诗里的女主人公沿着那汝河大堤走,送别丈夫远行。孟郊的诗里说:"汝水忽凄咽,汝风流苦音。北阙秦门高,南路楚石深。"那种捉摸不定的情绪弥散在诗句里,充满了前路的迷惘感,只有最后一句"何以寄远怀,黄鹤能相寻",寄寓了一些对未来的希望,他的梦想与期望,长安道上的那只"黄鹤",一定能够寻访得到。

贞元十年(794),最让孟郊黯然神伤的,是好友李观在长安英年早逝。李观不仅年轻有为,才华横溢,而且古道热肠,乐于助人,是一个值得结交的朋友。他曾经为苏州的百姓向时任刺史韦应物写信提出意见建议,曾经向朝中官员梁肃热心推荐孟郊等,希望能助友人一臂之力……在世俗势利的名利场,有几个人能够为他人仗义执言、两肋插刀?李观年纪轻轻就担任太子校书郎,本是前途无量,但天不假年,生命竟然在29岁就画上了句号。孟郊在《哭李观》诗中说:"文星落奇曜,宝剑摧修铓……自闻丧元宾,一日八九狂。沉痛此丈夫,惊呼彼穹苍。我有出俗韵,劳君疾恶肠。知音既已矣,微言谁能彰。"一代文曲星就这样陨落了,孟郊悲痛不已,不禁泪水纵横,呼唤苍天但苍天不应,几乎精神失控,他再也见不到这位知己知音了,今后有谁能懂自己的内心呢?

当他到达长安,特地赶往城东庆义乡嵩原的李观墓地,祭扫、凭吊这位好友。那是一个深秋的早晨,雪白的霜落在一丛丛的衰草上,一棵古松孤零零地静立在原上,孟郊望着荒原上的这座坟墓,想起从前和李观在一起的日子,可以敞开心扉,饮酒,唱和,无话不说,但如今,一个在坟前,一个在墓里,阴阳相隔,世道就是如此无情,不讲道理,把你所珍惜的东西任意夺去。无奈,还是无奈……只有用诗句来表述一个诗人的悲情:

> 晓上荒凉原,吊彼冥寥魂。
>
> 眼咽此时泪,耳凄在日言。
>
> 寂寂千万年,坟锁孤松根。

(《吊李元宾坟》)

后来，孟郊在李观的堂叔李少府的厅房看到好友的题字，虽寥寥数语，零落残缺，但看到好友的真迹，如晤其人，如闻其声，一时忍不住泪眼婆娑，"戚戚故交泪，幽幽长夜泉。已矣难重言，一言一潸然"（《李少府厅吊李元宾题字》）。孟郊对李观的友情，不折不扣，堪称"真挚"两字。如果李观泉下有知，也可瞑目了。

贞元十二年

1

对于唐朝诗人孟郊，贞元十二年（796）无疑是他生命里的高光时刻。但前一年，即贞元十一年（795），一切依然是那么的惨淡、晦暗。孟郊兴冲冲从南方的楚湘之地远游归来，到京城长安参加了那一年的科举考试，结果还是榜上无名。

那次考试的诗题是《立春日晓望三素云》，赋题没有留下记录。看来考试那天正是立春日，要各位考生写诗再现早晨所看到的朝霞彩云，当然如果能够"诗言志"，把大唐已经日薄西山的颓势粉饰一番歌颂一下，或许会得到主考官的激赏，获得一个好评，甚至状元及第。但命题作文，往往难于表达真情实感，要写得出类拔萃更是难上加难。主考官礼部侍郎吕渭看了所有考生的答卷，竟然找不出一份可以定为第一榜的作品，他独自坐在贡闱内的办公室里，搔首挠耳，愁闷如杂草一般生长，还专门写了一首诗给前任主考官顾少连，述说闷闷不乐的心情。

孟郊的诗和赋没有入主考官吕渭的法眼，也没有流传下来。但可以肯定，要孟郊写歌颂大唐国泰民安、前程锦绣的诗，实在是太难了。他就是这个古奥的性格，希望科举及第，但他背上那几根傲骨总是挺着，不会为五斗米而折腰。

其实，孟郊与主考官吕渭应该早就熟识的。吕渭是典型的官二代，他的父亲担任过越州刺史、浙东节度使。吕渭进士及第之后，先后在浙东道、浙西道工作，大历年间担任浙西观察支使、大理评事等职，也就是浙西观察使的辅佐幕僚。大历年间，湖州皎然法师和刺史颜真卿多次组织诗会唱和，吕渭即是参与者之一。孟郊与皎然法师有师生之谊，要与吕渭结交不成问题。

或许孟郊天真地以为，主考与皎然老师相熟，肯定知道自己的诗才，完全没有必要去拍马屁；或许他这一次写的诗赋确实不合主考的口味，他的大名被刷了下来。孟郊没有认识到，主考官也是人，你没有鞍前马后地去走近，他凭什么要赏识你，那些认识的不认识的，有多少人想要进取呢，不要以为你会写几首诗，有了一点知名度，就是天生你才必有用。从历史记载看，吕渭就是一个喜欢你去攀附拍马的人，他为了与当朝权臣裴延龄结交，利用主持科举考试的便利，就把裴延龄的儿子裴操选拔为登第进士，而裴操的文辞实在太差，他的做法遭到朝廷内外非议，甚至被讥笑鄙视。不管怎样，孟郊一定没有迎合主考大人的喜好，他书生意气，他看似潇洒，但随后又是落寞，无尽的落寞。

孟郊又一次落第，这是第四次科举失意，真是无颜见江东父老，他决定留在长安，重整旗鼓，以待来年在科举的竞技场上奋力再作一次拼搏。他寄居长安城内的靖安坊，租房，自己打理生活。

安定下来之后，他给远方的好友复州刺史卢虔修书一封，述说来京赶考的状况，并赋诗一首记怀。春天来临，云间的月亮似乎也换了新颜，千家万户门前的池塘边已经芳草萋萋，他依然游子在外，身上白麻衣的针线也磨断了，但被困科举场屋，他感到自己就是一只穷途的病鹤，翅膀被冰冻了，他感到真的有点累，"有鹤冰在翅，竟久力难飞"（《寄卢虔使君》）。可他的脚步已经走出家门，奔向这长安道上的独木桥，没有退路，只能希望这大好的春光借给他，铺成一条芳菲的光明之路。

长安居，真是不易，尤其对于家境贫寒的落第读书人。长安是东方世界最为繁华的大都市，世界各地的客商、使节、留学生、僧侣汇聚在这里，或寻找商机，或外交出使，或求学传道。这里，物价高，房价也高，家道中落的孟郊要维持长安的日子有点难，只能在最低生活线上挣扎。

　　他寄居的靖安坊，位于朱雀门大街东第二街第五坊，许多赶考的读书人选择到此租房。这里地处城市中心，出入方便，可能还有廉租房，适合贫寒的考生居住。靖安坊西边，隔靖善坊就是朱雀门大街，大街直通皇城。北边第一坊，有国子监，即国家的教育机构部门；第二坊，有盐铁常平院，即负责国家盐铁专营的机构，可以说掌握着经济命脉。靖安坊里，有一个文化机构——乐府，是国家的礼乐机构兼音乐学院，还有崇敬寺，曾经改为尼姑寺院，但此时已经还原做了僧寺。诗人元稹的家就在靖安坊，他家里贫穷，所以备考科举选的是相对容易的明经科，很早就明经及第，只是孟郊与元稹无缘相识。后来，孟郊的好友韩愈和张籍，都选择靖安坊作为定居之地。

　　在靖安坊，孟郊的生活是安静的、清贫的，也是寂寞的、落魄的。他的居所在坊内的一座小山之上，屋边有竹子几竿，还有杏树三两棵，但杏花已经开过，要等来年春天才会再次绽放。这里可谓闹中取静，正是读书温习功课的好地方。有风的时候，听风，雨来时，听雨，有风声雨声读书声，声声皆可入耳。但一个贫寒子弟，生活的拮据可想而知，口渴了只能喝浊水一瓢，饥饿了有时只能以野菜充饥，平时连干瘪了的蔬菜也不会丢弃，衣服破了就自己缝上几针，但孟郊苦中作乐，不忘读书写作，备考科举。古人云，俭以养德。诗人以古为训，直面无可回避的现实，在现实中获取启发教益。在长安街头，诗人孟郊是他人眼里有点刚直的傻老头，永远做不到像"聪明人"那样左右逢源。但你傻也好，聪明也罢，都将为生活而匆忙奔波，你内心有所求，谁还能安泰自如？

　　站在山居门前，孟郊望得见一辆辆马车奔驰在通衢大道，扬起一阵阵尘埃，只有到了傍晚，宵禁的街鼓声落幕后，一切安静下来，而孤寂也袭上心头。诗人静卧床榻，无法抗拒对故乡的思念，那里有浩渺的太湖，有洞庭岛上的烟树，但回到实现呢，自己身居长安，而连维持生计的柴米油盐都缺。那些社会名流一个个道貌岸然，徒有虚名，唯有自己坠入穷困的谷底，落到几乎不能举火做饭的地步。或许对人生寄托太多，对荣禄追求太多，思虑太伤身心，遥想家里的几亩薄田，还要靠母亲和弟弟辛劳耕耘，不禁心生愧疚。是否应该杜绝功名利禄的诱惑，服从内心，回家去，好好侍奉母亲？芳年如溪水一般流逝，何不学学陶渊明，归隐田园，栽菊赏菊，喝一点小酒，再吟几首小诗，过着逍遥的日子？

孟郊把他在靖安坊的生活和所思所想真实地记录在《靖安寄居》的诗里：

> 寄静不寄华，爱兹嵝峨居。
>
> 渴饮浊清泉，饥食无名蔬。
>
> 败菜不敢火，补衣亦写书。
>
> 古云俭成德，今乃实起予。
>
> 戁叟戁不足，贤人贤有余。
>
> 役生皆促促，心竟谁舒舒。
>
> 万马踏风衢，众尘随奔车。
>
> 高宾尽不见，不道夜方虚。
>
> 卧有洞庭梦，坐无长安储。
>
> 英髦空骇耳，烟火独微如。
>
> 厚念恐伤性，薄田忆亲锄。
>
> 承世不出力，冬竹肯抽菹。
>
> 外物莫相诱，约心誓从初。
>
> 碧芳既似水，日日咏归欤。

或许，我们现代人会指责孟郊了，你经常说要去过田园生活，可还是奔忙在求官的科举路上，总是言不由衷。但，我们设身处地地为孟郊考虑一下，即使内心确实厌恶官场生态，真心羡慕陶渊明的洒脱，也只能写到诗句里聊以自慰。现实摆在眼前呢，母亲以殷殷的目光送他走向漫漫长安道，他担负着一个家族的荣誉和母亲的期望。在唐朝，做官有前途有地位有生活保障，不失为人生好的选择，也是实现人生价值的重要路径。所以，我们不必介怀孟郊诗歌里有诗意有梦境，而生活中总是苦苦追求功名，时常流露出凄凄惨惨戚戚的腔调。

一个人如若构筑起内心的一方田园，何尝不是一种幸福。他可以在自己心灵的田园里耕耘播种，绽放属于一个人的花朵，这样的心灵就不会荒芜。我们不要看孟郊总是在苦吟，他的内心开着属于自己的花朵。

当御史中丞王楚（或作礎）要去黔中道（治所黔州在今重庆彭水）担任经略观察使的时候，孟郊前往送行，视野立马回到现实的窠臼。贞元八年（792），孟郊参加进士考试，王楚是主考官陆贽的副手，可以说是孟郊的半个恩师。孟郊去送行，一方面表达自己的敬仰，一方面也加深友情，或许还能碰上新朋友，丰富一下科考的人脉资源。他给王楚的赠诗中，依然是那种壮志未酬的落寞之感。"困骥犹在辕，沉珠尚隐精。……岁晏将何从，落叶甘自轻"（《赠黔府王中丞楚》），他感到自己还是那匹困顿的骏马，负重驾车，是那颗沉埋的珍珠，隐没了光彩。人生即将进入暮年，将何去何从，恍若一片落叶，在风中飘零。

如果说科举考试是一场智力才华的比拼，那么，孟郊此时留给我们的是一个哀兵的背影。他没有太多的政治资源，时常露出惶恐不安的自卑，他正是怀着那种忐忑的心情走向贞元十二年（796）的科举考场。

2

唐德宗贞元十二年（796）的早春，春寒料峭，长安城里刮着凛冽的寒风。

为了科考，孟郊飘零在外，与母亲妻子聚少离多，即使春节，也必须在京城度过。到了考试当天，他和所有考生一样，准备了笔墨和吃食，也准备了炭火和蜡烛，手里拎不起，还肩上背，像一个赶集的农民，一大早就去礼部考场报到。

天实在有点冷，竟然飘起了零星的雪花。虽然北方的风是干燥的，没有潮湿的南方那种刺骨感，但北风掠过礼部考场，依然寒气逼人。在分隔的廊屋内，孟郊席地凭几而坐，迎接这决定命运的考试。

中唐进士考试，几场考试的次序是诗赋、帖经和策文。帖经主要考的是记忆，有时可用诗来替代，而策文大多老生常谈，所以诗赋功底显得尤为重要。那一年诗赋的试题分别是《春台晴望》《日五色赋》。到底水平在，加上哀兵的心态，孟郊非常顺畅地完成了答题。在答卷上，他不敢卖弄自己的诗歌技巧，按部就班，完全符合弘扬主旋律的标准，笔下的诗赋是一片承平的雅颂之声。

孟郊并不喜欢命题诗赋，是不得已而为之吧，他或许并不看重这次人生重要的考场上生产出来的作品，没有保存下来流传后世。不过，要在考场上写出传世之作确实是难上加难，像孟郊的湖州老乡前辈钱起，居然写出"曲终人散尽，江上数峰青"佳句，真是绝品仙品，实属凤毛麟角，难怪《旧唐书》里记载了他获得佳句的传闻，说是赴考途中曾得仙人指点。

我们见不到孟郊的诗赋，但同科状元李程的《春台晴望诗》可以看到。虽然那天天气并不好，但考试命题要描绘春和日丽的景象，李程就发挥了一通想象：

> 曲台送春日，景物丽新晴。
> 霭霭烟收翠，忻忻木向荣。
> 静看迟日上，闲爱野云平。
> 风慢游丝转，天开远水明。
> 登高尘虑息，观徼道心清。
> 更有迁乔意，翩翩出谷莺。

唐代的省试诗以五言六韵十二句为标准形式，中规中矩，韵要以经过审定的《切韵》《唐韵》为依据。李程通篇押了"晴"韵，前四联写了春台所见春景，春台指春日登临览胜之处；后两联写追求道心，这里的道心是指儒家的价值观，要崇尚"五常"，即仁、义、礼、智、信，最后表达得第高升的美好愿望。

作为状元，李程的诗赋基本功肯定不差。"静看迟日上，闲爱野云平"，可见李程对自然美的追求，有点让人喜爱，但全诗按基本的模式写来，并没有特别的引人注目。让李程荣登状元的主要是他的《日五色赋》，但他的应试作品开始没有得到主考官礼部侍郎吕渭的青睐，甚至被批落榜。但李程是唐宗室后裔，又富有学识，官场人脉很广。他走出考场时，正好碰到唐朝名臣杨于陵从尚书省值班出来准备回家，李程把抄录的手稿从靴子里拿出来给杨于陵看了，得到预想不到的赞赏，认为具有状元的文才。杨于陵就专门找了吕侍郎，让其重新认定李赋的水准，李程才有机会独占鳌头。虽说李赋写得很有气势，但从阅卷规则看来，李程的状元来得有点不太光彩。由此而知，诗赋在唐朝进士考试中的重要性，以及人脉资源对科考结果的影响。

孟郊固然没有李程这样硬的背景，但毕竟与主考官吕侍郎是有过交集的，还得到了朝中以刚正不阿著称的谏议大夫阳城的提点。我们无法得知孟郊是如何认识阳城的，但吕侍郎一定顾念了阳城的面子，以及当年在浙西道工作时的交情，终于睁开了他惺忪的眼，看到了诗人孟郊的才情和实力。孟郊最终被点上了贞元十二年（796）的进士榜。

每年应进士试来长安的，有近千人，及第者不过二三十人，唐朝科场的竞争是血淋淋的，所有的考生都使出了浑身的解数，动用了能够动用的关系。但进士考试的规章还得遵循，那些首试即中的考生极少，一般都要连考几次才中榜，大多数则是一辈子无缘进士及第的荣耀。很多名人都有过久困科场的境遇，诗人杜甫就很惨，一生未能进入及第进士的行列。"三十老明经，五十少进士。"贞元十二年（796），孟郊46岁及第，尚属"少进士"之列。

放榜那天，尚书省礼部南院东墙下照例人山人海。孟郊没有写诗记录那个激动人心的场面，晚唐诗人韦庄写过《喜迁莺》的词，放榜的盛况可见一斑："莺已迁，龙已化，一夜满城车马。家家楼上簇神仙，争看鹤冲天。"在阵阵街鼓声里，长安夜禁解除，皇城城门洞开，经过了一夜的等待，满城车马都出动了，那些进士考生和想看热闹的人们都走向礼部南院，要去探个究竟，今年有谁荣登进士榜了。礼部放榜的消息，如同平地一声春雷，击中每一个考生的心，及第者欢喜至极，落第人悲从中来。孟郊注目礼部南院的墙上的金榜，读到自己的名字赫然在列，脸上洋溢着欢愉，曾经紧皱的眉头舒展。他终于挤过了科考的独木桥，人生无限的风光在他的面前铺展开来，他的名字将被大江南北的人们传颂。真是"十载寒窗无人问，一举成名天下知"。

那一年，进士及第30人。孟郊是当年大唐最为荣耀的30人之一。同科状元李程，后来成为大唐宰相；还有一同登第的崔护，写过脍炙人口的《题都城南庄》，"人面桃花相映红"道出了人们似曾有过的爱情体验，为他赢得不朽的诗名，后来他官至岭南节度使。

3

放榜后的几天，孟郊一直沉浸在得第的欢快之中。他与寄居长安的韩愈等友人欢饮唱和，分享自己的快乐，还有一个重要的事情是向家里报喜。

当时，考试主管部门还没有以官府的名义向地方报喜的规定。唐文宗以后，才由主考官亲自签发金花帖子，作为正式录取凭证，送到成名者家中。孟郊回到旅舍，书写了泥金喜帖，再修家书一封，不禁洒下了欣喜的泪水，滴落在信纸上。他想到江南的母亲与妻子，亲人远隔，故乡天涯，如今他们的期望终于凝成喜帖一份。家书寄出，他吟出小诗《归信吟》：

泪墨洒为书，将寄万里亲。
书去魂亦去，兀然空一身。

家书一封，塞入了他炽热的心，寄出了一份对亲人的爱与眷恋。家书寄出，魂似乎也随家书而去，孟郊突然感到空落落的。他想家了，想看看母亲，亲亲妻子。

孟郊的泥金喜帖到达家乡武康，家里自是张灯结彩，县里官员和亲戚邻居都来祝贺。这进士及第的喜报，不仅意味着孟家今后要出做官的人，门庭光耀，而且含金量很高，那就是"阙下科名出，乡中赋籍除"，孟家成了所谓的衣冠户，可以享受国家政策特权，免除一家人的赋役，这是大大的实惠与光荣。

在长安，及第成名的孟郊，还有一系列的活动等着他。拜谒主考官谢恩，是他首先要参加的重要仪程。状元李程带队，孟郊和其他进士都手持门生帖，来到吕渭的宅邸，他们鱼贯而入，一一拜揖。孟郊向吕渭致答谢，叙说自己的考试心得，说到自己湖州的老师皎然，吕渭表达了对江南生活和皎然老友的惦念。拜会之后，孟郊和同年们在一片欢乐的气氛中离去，自此他们和主考官吕渭算正式确立了师生关系。孟郊等人对老师满怀感激之情，吕老师自然是欣慰无比，又多了这么些得意门生，今后走上工作岗位，身居要职，全是不可多得的政治资源。

在制度相对缺位的专制时代，考官受命于朝廷，网罗人才，却私家接受恩拜，明显有公权力私利化的趋向，甚至这种恩拜成了封建时代伦理道德的一部分。著名文学家柳宗元甚至说："凡号门生而不知恩之所自出者，非人也。"看来，孟郊作为唐朝科举的在场者，实在难以免俗，只能随波逐流，否则会被白眼为"非人"。真是人在江湖，身不由己呀！

向主考官谢过恩，还有一个仪程，就是成名进士集体参见宰相。因为参见仪式在尚书省都堂举行，所以称为"过堂"。贞元十二年（796）春，朝廷的宰相有赵憬、贾耽和卢迈三人，实际主持朝政的是赵憬。赵宰相在历史上为官被称为"精治道""性清约"，算是有能力又有好性格的人，深得德宗皇帝的信任。孟郊一行要去拜见的自然就是赵宰相无疑。遗憾的是，随后赵宰相在当年就过世了。

过堂那天，天刚刚亮，孟郊和那些新及第的进士们就集合起来，在主考官吕渭的率领下，踏着晨曦前往尚书省都堂，也就是尚书省官员的总办公处。孟郊走过肃穆华丽的宫殿区，走进都堂，似乎有点不相信眼前的一切，参谒的仪式就正式开始了。

这次过堂，是新科进士的第一次集体亮相，又有百官观礼，自然非常隆重、庄重。赵宰相高踞正中，百官分列两旁，主考官领头带着新及第的举子进入都堂。有官吏上前收取各人的名纸，也就是个人简介，进献给宰相；然后，及第进士一个个上前向长官致礼。状元李程第一个致辞："今月日，礼部放榜，某等幸忝成名，获在相公陶铸之下，不胜感惧。"然后，孟郊等人一一上前通报姓名，自我介绍一番。但这不是一般的自我介绍，是第一次在这么多的官员面前展示自己，孟郊不禁有些激动，那种心情，实在难以形容，那种片刻的光鲜，那种人生难忘的紧张时刻。

　　知恩图报和施恩不图报，历来被视为传统美德。得第后的孟郊没有忘记恩公阳城。他给阳城写下了《投所知》的诗篇，表达那份彼此相知的情感。

　　阳城（736—805）是定州北平（今河北顺平县）人，家贫如洗，登第后曾隐居中条山，唐德宗把他召为谏议大夫，可以讽谏评议官员的得失。中唐时，朝堂纷争不断，宰相陆贽和户部侍郎、判度支（财政）裴延龄意见相左，甚至水火不容，阳城坚定地站在陆贽一边。而多猜疑的皇帝对陆宰相有些看不顺眼，反倒比较赞赏裴延龄，于是陆贽被贬，阳城受到牵连，改任国子司业，就是叫你注意点，不与皇上保持一致就到大学里当个教授的头吧。

　　或许，阳城和孟郊有相似的贫寒出身和忠孝操守，与孟郊惺惺相惜，"苦心知苦节，不容一毛发"。阳城为举荐孟郊尽心竭力，持续发力，一有机会就在达贵面前替孟郊说好话，"朝向公卿说，暮向公卿说"。阳城的喋喋不休，还真的起到决定性作用，"一说清嶰竹，二说变嶰谷。三说四说时，寒花拆寒木"，阳城向公卿大臣的关说延誉，如同清越的乐声入人心间，尤其让主考官吕渭对孟郊有了新的认识，最后寒冬的树枝上绽放出灿烂的花朵，如同蜡梅花开。阳城为孟郊科举考试的顺利登第，助上了奋力的一臂。孟郊对阳城的所作所为感激不尽，对其为人也心悦诚服，他说："君存古人心，道出古人辙。尽美固可扬，片善亦不遏。"从历史记载，我们可知，阳城绝非施恩图报之人，甚至对知恩图报有些反感。诗人孟郊当然知道恩公的脾气，他用什么来报恩呢？他要用自己的一颗赤子之心作为对阳城大恩的报答，将来做了官一定谨于为人、勤于政事，"且将食檗劳，酬之作金刀"。多年后，孟郊在《寄陕府邓给事》中还在念叨："贞元文祭酒，比谨学韦玄。满坐无风杂，当朝雅独全"，自注"文祭酒"即阳城，把阳城比作汉朝的韦玄一样高洁守正。还说"一顾生鸿羽，再言将鹤翮"，他没有忘记阳城对他的礼遇，他能够进士登第有阳城的一份真诚的努力。

　　由来只有新人笑，有谁听到旧人哭。孟郊得第欢笑时，好友崔寅亮等人却黯然落第。友人要回乡去，他前去送行。孟郊有过多次落第的体验，如今得第了，在失意的朋友面前没有丝毫的炫耀，他对崔寅亮表示了深深的同情，给予安慰与鼓励。他赞美崔寅亮具有君子的品行，才华横溢，文思泉涌，来年一定会科举折桂，"岁晏期攀折，时归且婆娑。素质如削玉，清词若倾河。"（《送别崔寅亮下第》）分别之际，孟郊告诫友人，要以平常的心对待考试失利，希望故土将会带给他宽慰和快乐。孟郊没有看错，第二年崔寅亮果真金榜题名。

4

进士及第是唐代读书人进入仕途的关键一步，具备了做官的条件。但还得通过吏部的关试，取得出身文凭，即所谓的"春关"，才算正式成为吏部的选人，具备参加吏部冬集铨选官员的资格。

所谓关试，其实是礼部向吏部履行移交新及第进士的手续。对于礼部来说，是移交；对于吏部来说，是接纳；对于及第进士，是正式向吏部报到，成为吏部选官的对象。但关试毕竟是考试，由吏部员外郎在尚书省都堂主持，考试的内容是"试判两节"，即拟定诉讼狱案判词两道，考考这些及第进士应对能力。这是吏部接纳新选人的一种形式，注重的是程序，并不真要考出什么水平，无须分出等第名次，不会影响今后参加吏部选官，只要你参加考试，一般都能顺利过关。有人把吏部主持的关试称为"释褐试"。其实，关试之后，及第进士脱掉了白麻衣，这些读书人由平民成为官员的预备人选，但还没有换上官服，不能算真正的"释褐"。

孟郊和他的同年都是百里挑一的人才，千军万马的独木桥已经过来了，更何况区区关试。孟郊脱下了那件白麻衣，从此可以称为"前进士"了。孟郊的旧麻衣虽缝缝补补，但刚刚脱下，就被一个准备应考的年轻人抢先要去，要图一个吉利，沾一沾及第进士的喜气，以期来年登第。唐人有诗"曾题名处添前字，送出城人乞旧衣"，写的就是唐朝未第举子讨要新科进士麻衣的习俗。

放榜之后，孟郊已经参加过闻喜宴，及第进士们凑钱集体庆祝喜跃龙门。这次关试之后，孟郊等人的身心更加放松，可以无忧无虑地参加各种喜庆的聚会。最为人艳羡的是曲江宴，即"曲江大会"，因为在关试之后的春天举行，又称为关宴、春宴。这是一场系列的宴会，一般都持续好几天，包括曲江亭宴、曲江泛舟、杏园探花、雁塔题名等活动。

曲江，地处长安城东南，原本这里地方偏僻，游人稀少，只有那些落第举子前来相互劝慰的流连之地。到了开元时，曲江经过疏浚，水流清澈，风景宜人。曲江水南有紫云楼、芙蓉苑，水西有杏园和慈恩寺，一到春天，这里草长莺飞，花团锦簇，游人如织，那些新及第进士也蜂拥而至。及第进士是大唐的天之骄子，他们的曲江大会自然吸引长安百姓的眼球。对于这些天之骄子，无酒不成宴，无诗不成会，无乐舞也不成宴会，于是，曲江大会上人们觥筹交错，诗絮飞扬，莺歌燕舞，一派欢乐祥和的景象。曲江大会逐渐成了半官方性质的大型活动，也是新及第进士在公众面前展露才华的舞台。

贞元十二年（796）清明前夕，曲江大会如期举行。曲江亭宴盛大开场，曲江畔人头攒动，笙歌燕舞。30名天之骄子在曲江仙境一般的春光里，被看作是天上的神仙。曲江畔春风荡漾、桃红柳绿，骄子们踌躇满志、意气风发、满面笑容，前来围观的长安市民不断地为他们喝彩，舞榭歌台上盛装的美女展示着妩媚的身影，婉转的歌声如春光般灿烂，这是中唐黯然时光里最为灿然的画面了。那些骄子纷纷赋诗，记录这一激动人心的时刻，此刻，我是大唐的骄傲。孟郊当即吟出《同年春宴》一首：

> 少年三十士，嘉会良在兹。
> 高歌摇春风，醉舞撰花枝。
> 意荡晼晚景，喜凝芳菲时。
> 马迹攒腰褭，乐声韵参差。
> 视听改旧趣，物象含新姿。
> 红雨花上滴，绿烟柳际垂。
> 淹中讲精义，南皮献清词。
> 前贤与今人，千载为一期。
> 明鉴有皎洁，澄玉无磷缁。
> 永与沙泥别，各整云汉仪。
> ……

愿保金石志，无令有夺移。

　　孟郊居然把自己称作少年，真是"老夫聊发少年狂"。对于得第和落第，成功与失利，他有太深的感受。多少个春秋的苦读，多少次母亲的叮嘱，多少回路途的跋涉，一切仿佛就在眼前。但如今，彻底翻篇了，梦想终于得圆，天空中是艳阳高照，曲江畔是载歌载舞，所有的阴霾都滚一边去吧，老孟不会再身陷泥沙，英名将传遍四方，直上青云的前程就在面前。老孟感觉好极了，感觉自己就是那塞上的飞鸿，展翅蓝天，超群脱俗；再也不是那海滩上搁浅的贝类，在烈日下干涸中煎熬。

　　主考官吕渭也来到现场，孟郊心怀感恩，上一年心中的那一丝不悦早已被时间冲淡，还是因为得到吕渭的首肯，他才能站在大唐天之骄子的行列。诗里说"明鉴有皎洁，澄玉无磷缁"，把吕主考比作明镜和美玉，知人识人，无缺无瑕。此时，他自然想到了远在江南的母亲，想象母亲得知儿子及第消息后兴奋的笑容，思乡的情绪如春草在心间蔓生，如香草弥散着诱人的气息。他希望曲江大会之后就回江南故乡去。

　　但高兴归高兴，是诗人性情暂时的表露，孟郊并没有忘乎所以，在《同年春宴》诗的最后说"愿保金石志，无令有夺移"。怎么能轻移大丈夫的金石之志呢？他是唐朝读书人的代表，他拥有金石一般的志向，希望就在前路，"学而优则仕"，能够有用武之地，改变个人的社会地位和生活状况，实现"修身齐家治国平天下"的人生理想，一切都将成为现实。从今天的视角看，孟郊有点迂腐，有点功利，也有点狭隘，但在中唐时代，科举考试是读书人生存发展重要的途径，已经主宰了读书人的精神世界。孟郊就是一个在科举的笼子里起舞的读书人，现在淋到了笼子上方洒下的甘霖。

　　曲江大会上，皇帝的到来，使整个宴会成为国家最高级别的盛会，也把宴会推向了高潮。皇帝唐德宗登上紫云楼，垂帘观看，与众同乐，感受春光的美好，观赏大唐艺术名家的歌舞表演。孟郊和他的同年们自然倍享荣宠，欣喜万分。

　　泛舟曲江，也是曲江宴的重要项目。泛舟曲江之上，及第进士们沉浸在游乐之中，他们举杯畅怀，大声吟唱新作的诗歌，岸上的长安市民欢呼雀跃，喝彩纷纷。在游船上，从另一个视角欣赏长安春景，诗人们别有一番畅快。但水上也曾出安全事故，以至于乐极生悲。据志怪故事集《独异志》记载，唐玄宗时的一次曲江泛舟，碰上曲江涨水，暴风骤起，船只沉没，30名新科进士无一生还，其中还有驸马一人。有学者考证，那一次泛舟事故可能夸大，有人生还，后来还做了高官。

曲江宴后是著名的杏园探花，即探花宴。杏园就在曲江的西南边，与慈恩寺南北相望。

杏园探花是整个曲江大会期间最为有趣的活动。大家选取两位年轻英俊的新及第进士，作为探花使，可以任意进入京城各大名园，包括皇家御花园，折花以助兴。如果他人先折得名花归来，两位探花使就要受罚。当然，这里的探花寻花是名副其实的探花，不是指科举考试进士的第三名，宋朝以后才以状元、榜眼、探花特指及第进士的前三名。

探花宴由皇帝下旨举行，非常隆重，自然得到长安名园主人们的响应。探花使骑着高头大马，还需带上酒器等物件，到了人家花园，折花之外还要与主人交流共饮。折花回来，状元或管事人员要清点物件，若有丢失，探花使就要受罚，所以探花使不好当，要有好酒量，否则醉酒了，不仅花没折到，还要被大家处罚捉弄一番。

探花使回来，把京城花开最为烂漫的名园推荐给大家，新及第进士一同骑马前往观赏。孟郊年届半百，自然无缘做探花使，但他有缘赏尽这个春天京城名园的名花。他历经坎坷，今日终于跻身成名进士之列，又享赏花之乐，按捺不住满腔的欣喜之情，吟出自鸣得意的诗《登科后》：

> 昔日龌龊不足夸，今朝放荡思无涯。
> 春风得意马蹄疾，一日看尽长安花。

过往不如意的岁月一去不复返了，郁结的闷气也风吹云散，如今金榜题名，心里有说不出的畅快，可以自由自在，无拘无束。孟郊说的"放荡"并不是行为不检点，是身心的自由。他和同年们要策马奔驰在长安的大街上，赏遍城内盛开的春花，真正的走马观花。长安道上车水马龙，处处是节日的氛围，到处是看热闹的红男绿女，诗人怎么能策马疾驰呢？长安名园无数，春花万千，诗人又怎么能一日看尽呢？在长安的春风里，孟郊是真的陶醉了。那一句"春风得意"，触摸到了所有登第和落第的读书人内心的柔软处，也让后来者陶醉了千百年。《登科后》成为写探花最为有名的唐诗。

后人揣测，"一日看尽长安花"是孟郊逛遍了长安的妓院，赏阅了许多长安美女。这实在是对唐朝科举制度的无知，不知道放榜后有盛大的探花活动，并且是名副其实的探赏春花。当然，唐代没有官员不准嫖妓的规定，不用担心会有生活作风问题。至于参加科举考试的文人，到长安著名的红灯区——平康坊探访红颜知己，是常有的事。晚唐诗人皮日休登科后就写过"纵来恐被青娥笑，未纳春风一宴钱"的诗，这里的"青娥"就是指妓女，他把个人的风流韵事和盘托出，当作寻常之事。但在孟郊的诗里，没有找到诸如此类的抒写。

新科进士还有一项常规的活动，就是到慈恩寺雁塔题名。早在三年前的贞元九年（793），孟郊曾和友人同游雁塔并题名，当时还是一个失意之人。而这一次，他扬眉吐气，作为新科进士重游慈恩寺。在大雁塔下，他们推举了一位擅长书法的同年，把尚未题过名的新科进士大名统一题好，交给寺里专门的雕刻匠镌刻在塔砖之上。

其间，长安城里还有各种公开的宴游或文人雅集，不一而足。那种热闹一直持续一两个月，才算曲终人散。毕竟天下没有不散的筵席。

5

诗人孟郊顺利拿到了做官的文凭，又参加了曲江大会，但官途依然漫漫。唐代官员有"守选"制度，即及第进士关试之后，需守候三年方可授官。但等过了三年，也不保证你有官做，如果当年守选已满，只能来年再选。推行"守选"，是因为僧多粥少，等待授官的选人多，而官员的缺口少。"守选"在一定程度上缓解了选人多位子少的矛盾，但这种做法，实在会漏失许多人才。

为解决这种失才之弊，吏部设立了科目选试，所谓的"诸科"，有好几个科目供选择选试，最著名的科目是博学宏词科和书判拔萃科。一旦科目选获得登科，立即授官，同皇帝亲自主持的制举具有一样的功效。所以，新科进士为尽快获取官职，不少人选择参加博学宏词科考试。孟郊的故友李观，及第后高中博学宏词科，有幸得到了校书郎的任命；他的堂叔孟简，在及第次年考中博学宏词科，也成为校书郎。但他的朋友韩愈就没有那样幸运，得第后连考三年，连年败北，非常愤懑，就给宰相上书，请求宰相举用他，说"四学于礼部乃一得，三选于吏部卒无成"，也就是进士考了四次终于成功，但三次到吏部参加博学宏词科考试，都没有成功，落选了。当然，他向宰相上书三次，石沉大海，同样没有下文。最后，韩愈失望地离开了京城回家去了。

从现有史料可知，孟郊没有参加第二年的博学宏词科考试，新科状元李程参加了贞元十三年（797）的科目选试，并摘得桂枝。

但天下道路千万条，条条大路通罗马。中唐以后，各地藩镇备受朝廷重视，藩镇的长官节度使有财权和人事权，对朝廷有人才举荐权。所以，除了参加吏部选官之外，及第进士还可以进入藩镇节度使的幕府，同样有机会施展才华。在藩镇幕府当幕僚还有很多优势，相对来去自由，你可以选择熟识的节度使幕府；职位相对较多，俸禄也比朝廷官员优厚；藩镇属于"一线"工作，容易发挥才能、崭露头角，升迁的机会多多。如果你想到朝廷或地方任职，节度使还可以推荐你。在科举难、吏部铨选也难的背景下，入藩镇之幕任职成了及第的读书人乐于接受的选项。《唐会要》记载，"及第便从诸侯府奏试官，充从事"，这里的"诸侯府"就是藩镇幕府，讲的就是及第进士到藩镇幕府任职。

在长安，孟郊头顶及第进士的光环，寻求进入幕府的机会。他多么希望在守选期间获得稳定的经济来源，减轻生活的压力，但还得有人脉资源呀。他几次向朝中达贵求助举荐，迎接他的是一张张笑脸，一通冠冕堂皇的客气和赞誉，然后都没有下文了。

贞元十二年（796）七月，孟郊的朋友韩愈在多次碰壁之后，争取到进入宣武军节度副使董晋幕府的机会，即将得到宣武军观察推官的任命。至于韩愈如何得到入董晋幕的机会，是自荐还是他人推荐，我们不得而知。在历史上，董晋是一个稳重而有胆识的人。他曾担任过出使回纥使团的随员，侃侃而谈，交涉得体；曾劝说过怀有二心的唐朝大将李怀光，分化了叛臣朱泚的势力，加速了平叛进程；后来还做了五年的宰相。当汴州出现动乱的时候，朝廷任命董晋为汴州刺史，充宣武军副使等，节制汴、宋、亳、颍四个州，希望他去坐镇，保一方平安。宣武军属于雄藩重镇，拥有10万兵力，董晋之上虽有一位李家亲王遥领节度使，但不到任，董虽名为副职，要履行的是正职的权力。

董晋到汴州赴任，韩愈随行，许多官员和亲友前往长安城东送行。作为韩愈的好友，尚在长安的孟郊自然不能缺席，一早赶去，要一叙情谊。董晋离京出任节度副使，主政汴州一方，送别的场面非常热闹，军旗招展，锣鼓喧天，但此去前路崎岖，他们要去的是动乱策源地，不知道是否能够安抚好汴州那些骄纵的军人，也不知道是否能够平安无事。但不管如何，孟郊为朋友有机会进身感到高兴，欣然写下了《送韩愈从军》一诗送给友人。

那一年天气冷得早，"凄凄天地秋"，只到农历七月，长安已经秋意凄凄，正应了送别的氛围，但秋意并没有让诗人感到太多的寒冷与萧瑟，及第的兴奋依然洋溢在他的心头。于是，他在诗里对韩愈大加赞赏，称其虽穿上了军队官员的戎装，变换了服饰，但"变衣非变性"，贞操之心性不移。他把韩愈从军比作"王粲有所依，元瑜初应命"，"建安七子"中的王粲曾入刘表幕，阮瑀（字元瑜）曾入曹操幕，而好友就要随董晋去担任观察推官，相信他必将以其出色的才华做好董帅的助手，协助董帅做好汴州军民的宣传思想工作，安定人心，期望汴州的军队"一章喻橄明，百万心气定"。孟郊"笑别丈夫盛"，在谈笑声里目送友人远去。

在长安，该赴的宴会都赴过了，该赶的雅集都赶过了，孟郊稻粱谋的设想也落空，只能回江南家乡去了。

临行前，他修书一封给主考恩师吕渭侍郎，并赋诗一首《擢第后东归书怀献座主吕侍郎》。诗里再叙师生之情、感恩之心，如今总算完成了母亲嘱告的心愿，一心想着回家，还想象了东归路上美丽的风光和美好的心境。"行襟海日曙，逸抱江风入"，他那游子的衣襟洒满了朝阳的光辉，江风扑面而来，让人心旷神怡。那水边的芦苇已经吐出芦花，在秋风中起伏如同波浪翻动；芙蓉花开得正艳，在秋雨中把江岸涂上了一抹滋润的红；隐约可见山间云雾中的寺院，飘摇在风雨中。此时，钟声响起，悠长悠扬，回荡在山水之间。"松萝虽可居，青紫终当拾"，山林里幽居生活只是暂时的，身着青紫的富贵生涯指日可待。老孟信心满满的，对未来的官宦前程充满了希冀。他并不知道，求官的路上还有多少的坑坑洼洼等着他呢。

途经和州（今安徽和县）时，孟郊拜会了那里的诗人张籍（约766—830）。张籍，字文昌，和州乌江人，祖籍吴郡，当时尚未进士及第，但诗名早已在外。张籍比孟郊小15岁，是孟郊的晚辈，况且老孟进士及第，是大唐成功人士，又是诗坛名宿，竟亲自登门，张诗人自然感激万分。

两位诗人相聚在这长江之畔，昔日的楚汉征战之地，但这一次孟郊没有前往瞻仰凤凰山的项羽庙，只在张诗人处逗留了几天，同游了县西二里麻溪上的桃花坞。

据说，桃花坞是张籍为官后才有的名称，包含了一段张籍"因祸得福"故事：在一次宫廷文字游戏中，张籍信口吟出"柳絮轻斟玛瑙红"，因诗句有白色轻飘的柳絮，竟被攻击为诅咒圣上，罪该万死。还好，有韩愈这个朋友在场，帮助圆了场，张籍凭借自己的诗才，立马把诗补全："四海升平承主恩，桃花柳絮醉春风。桃花酿就胭脂色，柳絮轻斟玛瑙红。"他随口解释说，写的就是故乡桃花坞的景色，皇帝自然龙颜欢喜起来。从此，和州有了桃花坞的名胜。

桃花坞内冈峦绵延，绿水蜿蜒，虽不是桃红柳绿的时节，却别有一番清静。未命名的"桃花坞"并不影响诗人的兴致，孟郊和张籍徜徉山间，泛舟溪上，还载酒欢饮，陶醉在自然秋景里。后来，北宋词人贺铸来游，还在诗里念叨这一段往事："种树临溪流，开亭望城郭。当年孟张辈，载酒来行乐……"

在那个清秋之夜，两位诗人仰望星空，看到群星灿烂，灿烂倒影在水中；他们交流对时局对科举的看法，孟郊劝张籍去一试科举。张诗人写了《赠别孟郊》一诗。他们有年龄差距，但毫无代沟之隔，如古今所有的赠诗一样，张诗人恭维老孟一番，说老孟"纯诚发新文，独有金石声"，"才名振京国"，诗名文名才名俱全。难得的是，他们有相似的梦想，"安得在一方，终老无送迎"，希望能够有一个安静的地方，可以读书写字饮酒，没有世俗繁文缛节的东西，无须劳心劳力。他还说孟郊"君生衰俗间，立身如礼经"，在这个礼崩乐坏的中唐时代，你立身处世依然心怀传统的儒家礼仪。

率真、耿直的孟郊，是一个值得交朋友的人，至少他不是一个自我中心主义者，时常能替朋友着想。张籍的科举成功，何尝不得益于孟郊的友情？这是后话。

孟郊归心似箭，告别张籍，过江而去，匆匆赶往浙西道湖州武康县。

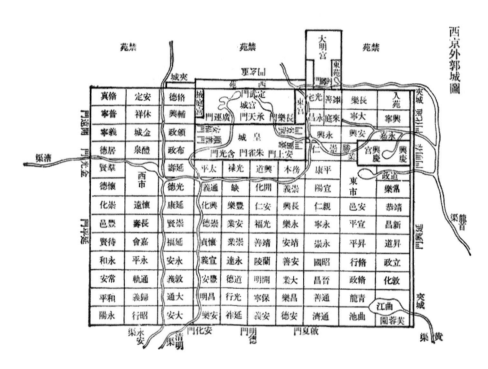

西京外郭城图（引自清徐松《唐两京城坊考》）

第四章　宦游南北

汴州的浮云浊水

1

孟郊进士及第，荣归故里，孟家一时门庭若市，大门户槛差一点要被踏塌。亲戚朋友前来祝贺，地方官员前来拜会，还有村上的孩子们，前来看热闹，要看看将来大官人的样子。当然，最为开心的是母亲裴氏，儿子终于有了出头之日，她的脸上露出了夫君去世之后最为灿烂的笑容。还有妻子，为了这一日，无数个独守空房的日子终于换来了丈夫一个好前景。

随后，日子复归平静。在故乡，孟郊和两位弟弟一起忙碌在田间地头，体验几日农民的生活，而大多时候做着他诗人的功课，徜徉山间溪畔，流连晚秋的绚烂，也不厌冬日的索寞。

又一年过去了，春天来了。江南大地慢慢在冬眠中苏醒，那些蛰伏的生命开始勃发，即将展开桃红柳绿的画卷。但江南的清丽山水并没能留住孟郊的脚步，他的身影出现在汴州贞元十三年（797）的春天里。

孟郊到汴州是投奔他的好友、宣武行军司马陆长源。孟郊进士及第的那一年，朝廷任命董晋为汴州刺史，充宣武军副使等，随后又命陆长源出任宣武军行军司马，辅佐董晋治理汴州军政，相当于主帅的参谋长。韩愈已进入了董晋的幕府，但尚未得到正式的职务任命，前程未测。如今，机会来了，有陆长源的政治资源，孟郊在汴州讨个生活想来不成问题。

陆长源多年来一直对孟郊关照有加，孟郊记在心里，也写在诗里，表达对陆的尊重。孟郊在《鸦路溪行呈陆中丞》诗里说"疲马恋旧秣，羁禽思故栖"，把自己比作疲惫的马、离群的鸟，把陆长源比作马的饲养者、可歇脚的树枝，陆长源确实是孟郊生活和前程的重要依靠。种种迹象表明，孟郊投奔陆长源，是为求官而来。按照常理，作为行军司马，陆长源完全有机会向主帅董晋举荐个别人才，况且孟郊已经进士及第，具备了进入幕府的条件。

在汴州，孟郊的生活情状究竟怎样？陆长源如何对待孟郊的这一次汴州之行？诗人的生活经历自然没有机会入史，只能在他的诗作里捕捉到一鳞半爪。

有一点肯定，故人相聚，分外亲热。陆长源非常厚遇诗人，当年初夏就帮助孟郊安顿了新居，即清罗幽居。清罗幽居的生活，是闲适安逸的，诗人再也不用做一个漂泊不定的羁旅客，可以开垦周边被战乱撂荒的土地，做一个自给自足的农民。在他的《新卜清罗幽居奉献陆大夫》诗里出处流露出息心务农的念想，"二顷有余食，三农行可观""翳翳桑柘墟，纷纷田里欢"，……农闲之余，朋友来了，在树荫下小酌一番，调一调素琴；还可以捎了锄头，到附近山间，挖几株兰花来栽种。真是不失风雅的田园生活！他从内心深处感到人生的解脱之感，"笼禽得高巢，辙鲋还层澜"。从前是笼中之鸟，如今能在高高的树上筑巢；从前是涸辙之鱼，如今能在层层的波澜里逐浪。但务农的单纯里，隐隐透出对于前程的担忧，"力农唯一事，趣世徒万端"，他何尝不想入世，仕宦一途纠缠在孟郊心头，如影随形，挥之不去。

孟郊给陆长源有献诗，陆长源也酬答，写了《酬孟十二新居见寄》作答。从陆长源的诗题，我们知道孟郊在孟氏一族同辈中排行十二。陆长源对孟郊溢美有加，"去岁登美第，策名在公车"，如今已成名人，前程不可限量，"将必继管萧，岂惟蹑应徐"。"管萧"是管仲、萧何两人，管仲辅佐齐桓公称霸，萧何帮助刘邦兴汉；"应徐"是应场、徐干，"建安七子"中的二子，为曹操的文学侍从，并受曹氏父子器重。陆长源说，你孟郊的仕途，肯定像管仲、萧何那样官至宰辅，位列卿相，哪里只限于像应场、徐干那样身处幕僚之位？诗中充分肯定了孟郊的隐居之念，"爱君蒋生径，且著茂陵书"，说有点羡慕你，能够像汉朝的蒋生蒋诩一样躲避王莽乱世，隐居乡里，写写自己喜欢的文字。

陆长源的诗，自然是客套，充满了官话、托词。人家老孟没有明确要官做，只是隐隐地表达希望在老朋友这里弄个一官半职，可老陆老谋深算，给老孟一顶高帽子，弄得老孟更没有话说。人家只是想谋一个基层的官员做做，老陆却说你才华横溢，才高八斗，可以做国家领导，叫老孟怎么说，只能无语了。孟郊到汴州投奔陆长源，原本想入幕求官，靠自己的本事吃饭，如今只能"衣食宣武军司马陆大夫"，做一个吃白饭的门客了。

2

对于一个自视甚高的及第进士，做一个吃白饭的门客自然是心有不甘，但孟郊能有什么办法？求助于陆长源是他眼下唯一的途径，虽然另一位很铁的朋友韩愈已经名列董晋幕僚，但韩愈自己的椅子还没有坐稳，自然没有话语权。而从当时汴州的军情来看，陆长源或许也很无奈，纵有帮老友之想，但在危机潜伏的军队里给诗友谋一个职位难度系数太大。

汴州一直是让朝廷头疼的藩镇，时常将帅死了儿子继承，部将不满又拥兵自立，一出出城头变幻大王旗的戏法。先是宣武军节度使刘玄佐死了，他的儿子刘士宁接班，但不好好治军，整天出去打猎，被部将李万荣乘机赶走；李万荣的部将又作乱，差一点把李杀死。后来李万荣得了中风，他的儿子再想世袭，被监军俱文珍和部将邓唯恭抓起来押解到了长安，邓唯恭暂代管理汴州宣武军。这时董晋受命为宣武军节度副使，凭着稳重和怀柔，与守将们相安无事，一时境内平静起来。但平静的后面，危机四伏。几次出现乱象，长官用提高待遇、优厚部下的手段平息，闹得士兵都非常骄纵，暴乱的因子已经深深地埋下了。汴州似乎是一个火药桶，只要有火星，马上就会猛烈地燃爆。

孟郊来到汴州的时候，陆长源正想整顿军纪，"欲以峻法绳骄兵"，这与统帅董晋的怀柔政策发生分歧。陆要推行严格的军纪，一支军队没有严明的纪律怎么打仗，怎么打胜仗？习惯了自由散漫的军队就很反感，但有董晋压着，暂时没有耍出什么花招来。从情理上讲，此时陆长源实在不便向董晋开口，也不愿开口，为孟郊谋取一份文职闲差。

诗人并没有过分抱怨，毕竟进士及第的欢喜还留存在内心深处，反而以带点调侃的腔调给陆长源写了一组小诗《乐府戏赠陆大夫十二丈三首》：

其 一

莲子不可得，荷花生水中。
犹胜道傍柳，无事荡春风。

其 二

绿萍与荷叶，同此一水中。
风吹荷叶在，绿萍西复东。

其 三

莲叶未开时，苦心终日卷。
春水徒荡漾，荷花未开展。

孟郊的诗里几乎全用了比喻，用荷花、荷叶（莲叶）比陆长源，而把自己比作道旁柳、绿萍。荷花、荷叶生于水中，不管风吹雨打，依然深深地根植于淤泥中，任春波荡漾，也不肯随波逐流；而道旁柳，在春风中任意飘荡，那些无以扎根的浮萍，只会随着水流到处漂浮。两个人的境遇不言而明，身份各异，处事不同，心性也大不同。一个深沉，一个轻躁；一个事业有根基，一个则天涯流浪；一个老成持重，一个是老也不更事。两个老朋友的心，似乎在不同的频道上。孟郊完全以调侃游戏的笔墨写成，把自己放得很低，含蓄委婉，表达汴州之行想通过老友求职而不得的无奈。陆长源心照不宣，写了一首戏答诗：

芙蓉初出水，菡萏露中花。
风吹着枯木，无奈值空槎。

陆长源承接孟郊之诗意，沿用孟诗之意象，以荷花比喻孟郊的高洁与卓尔不群。最堪玩味的是后两句——"风吹着枯木，无奈值空槎"。他自比"枯木""空槎"，大风一吹，显现出"枯木"本相，只留一树空空的树枝，什么也不能依托凭借。陆长源同样委婉地表露出，他没能帮助孟郊，深感歉意与无奈。两人都是太极高手，一个打过来，另一个又打了回去。

但陆长源表露的，是当时实情，确实难办。孟郊应该理解，他有时间，可以等待，何况还有韩愈的情况明摆着，进入董晋幕府如此长的时间还没有得到任命呢。

在汴州，让孟郊高兴的是，他可以与诗友韩愈、李翱经常见面。李翱上一年已经从徐州来到汴州，准备前往长安参加科考。有好友一二，有浊酒一杯，诗人是不会寂寞的。他们聊起前程，都有些苦闷，孟郊想谋一份职业，但遥遥无期；韩愈虽过上了职业生活，但感到像一个吃闲饭的，没劲没奔头，有一段时间还因病请假；李翱更不用说了，功名八字都没一撇呢。只有喝酒开玩笑，说起女人的时候，三个男人才会笑出声来，但随后又是沉默，老孟和小李想家了。

有一次，孟郊说起去年看望张籍的事，称誉张的文采了得，韩愈听了心里痒痒的，整天挂念在心，很想一睹这位才俊的风采，"思之不可见，百端在中肠"（韩愈《此日足可惜赠张籍》）。孟郊就去信约张籍来汴州相见。这年金秋十月，张籍如期赴约。那天，韩愈刚刚忙完公事，听到张籍来汴州，就派马车把他和孟郊一起接来，三人在公堂侃侃而谈，从孔子说起，到百家争鸣，还臧否自古以来种种奇异怪诞的学说，十分投缘，有相见恨晚之感。他说服张籍留下来，在汴州城西安置了馆舍，让他住下，安静地读书。

张籍来了，可以说增添了许多酒兴诗兴，孟、韩、李、张在觥筹交错中度过了许多悠闲的时光。备考青年独孤郁，有时也来凑凑热闹，他是天宝年间著名散文家独孤及的儿子。但李翱和独孤郁都准备明年春天的科考，先后离开前往长安。孟郊等友人为之送行，给一个美好的祝愿，还赠诗于独孤郁，"持此一为赠，送君翔杳冥"（《和薛先辈送独孤秀才上都赴嘉会》），希望他能够像凤凰一样上击九千里，翱翔于碧空蓝天。让人感到欣慰的是，第二年，两个读书人都顺利登进士第，李翱还考中了当年吏部科目选的博学鸿词科，被授予了校书郎。

3

光阴在手指间轻轻滑过，转眼到了贞元十四年（798）的秋天。

此时，韩愈宣武军观察推官的职务得到了正式任命。有孟郊等先辈的熏陶，尤其是得到韩愈的器重，张籍的学问有了长足的进步，其道德学问日益广大深博，有如"浩浩观湖江"（韩愈《此日足可惜赠张籍》），难以估量。这一年十一月，汴州举进士，韩愈为考官。按照唐朝的科举规则，张籍可以在汴州取解，提出申请，参加乡贡考试。张籍行文敏捷，对策颇佳，诗文章句漂亮，韩愈的诗里是这样称赞他的："驰辞对我策，章句何炜煌。"（同上）结果，张籍得了第一名，被列为首荐参加全国的进士考试。

一起参加当年乡贡考试的还有孟郊的堂弟孟寂和青年柳淳。柳淳先行一步入关到长安去，孟郊作诗赠别，诗中再三叮嘱："王门与侯门，待富不持贫。空携一束书，去去谁相亲。"（《大梁送柳淳先入关》）孟郊是过来人，对那种官场的世态炎凉，有切肤之感，其中有许多难于言说的感受。

校书郎李翱在汴州耽搁了一些时日，正打算去江南苏州。而孟郊，随着对宣武军的认识不断深入，入董晋幕的念头逐渐淡漠。李翱建议，是否再到徐州张建封那里碰碰运气，于是洋洋洒洒写了一封推荐信——《荐所知于徐州张仆射书》。其中写道：

> 陇西李观，奇士也，伏闻执事知其贤，将用之未及，而观病死。昌黎韩愈，得古人之遗风，明于理乱根本之所由，伏闻执事又知其贤，将用之未及，而愈为宣武军节度使之所用。……兹有平昌孟郊，贞士也，伏闻执事旧知之。郊为五言诗，自前汉李都尉、苏属国及建安诸子、南朝二谢，郊能兼其体而有之。……郊

穷饿不得安养其亲，周天下无所遇……

李翱称张建封"执事"，相当于如今称"领导"，以示尊重。他告诉张领导，有才华的朋友李观和韩愈，一个英年早逝，一个已经得到任用，都没能在您的麾下效力。现有祖籍平昌的高士孟郊，你们早就相识，他的五言诗博采众长，十分了得，从西汉将军李陵、使臣苏武的诗，到"建安七子"、南朝谢朓、谢灵运的诗，都兼收并蓄，独成风格。但他的生活状况不好，时常处于穷饿的境地，家人都养不起，一时又没有地方找到工作。他还写道："凡贤人奇士，皆自有所负，不苟合于世，是以虽见之，难得而知也。"孟郊这样的奇士，比较自负，个性很强，又不会迎合他人，还会遭人谗言，你们见过一次，还不一定了解他。李翱希望孟郊能够人尽其才，也希望张建封不要听信他人的传言，只有你张领导才可能给孟郊一个机会了。

李翱不愧为校书郎，在封疆大吏张建封面前不卑不亢，言之有理有据。在信的结尾处，他说：

> 呜呼！人之降年，不可与期，郊将为他人之所得，而大有立于世，与其短命而死，皆不可知也。二者卒然有一于郊之身，他日为执事惜之，不可既矣。执事终不得而用之矣，虽恨之，亦无可奈何矣。

人生无常，孟郊或许像韩愈一样得到他人任用，或许像李观一样英年早逝，这是不可预料的。李翱希望张领导他日不要留有遗憾，不可失去孟郊这样的人才。

但李翱毕竟年轻，他说话还缺乏足够的分量，他终究没能说动张建封任用孟郊。既然没有任何机会，孟郊就准备回江南去，在守选期内再作一次旅行。张籍生活在别处，韩愈修书一封，说"孟君将有所适，思与吾子别，庶几一来"（《重答张籍书》），老孟想南行，你也要西进长安，一起来告一个别吧。真是一次特别的送别，座中都是豪英，张籍、孟寂要上京城赴考，校书郎李翱要下江南，还有一个前进士孟郊要南归，心思未定，只有推官韩愈职务在身，无心多想。

诗人们的离别总带有浪漫的色彩，有琴声有唱和，自然也少不了酒。乐人手中的古琴奏起悠长的《阳关三叠》，徒然增添了秋日悲凉意味，窗外的桐树在秋风中黄叶飘落，大雁在蓝天上排成了人字的南飞队形，诗人们即将各奔东西，赠诗和敬酒是最好的礼物，好留一半清醒留一半醉，留下再次相聚的期盼。孟郊写了《与韩愈李翱张籍话别》，"马迹绕川水，雁书还闺闱。常恐亲朋阻，独行知虑非"，他把归程都设想了一番，骑着马沿着河水东行，一封家书已经飞向家乡的妻子手中，亲人不再有山川阻隔，再也不用踽踽独行，惶惶然如丧家之犬。

韩愈真心希望孟郊能够留下来，等明年春天再走，他借着酒气把老朋友的才华夸上一番，凭着他的水平，汴州求职的事或许还有转圜的余地。于是，孟郊和韩愈目送几位友人一个个离去。

李翱南下，孟郊作《送李翱习之》。李翱此去江南苏州，孟郊对苏州城内城外是太熟悉了，他脱口而出就是苏州风光，"皋桥路逶迤，碧水清风飘。新秋折藕花，应对吴语娇。千巷分渌波，四门生早潮。湖榜轻袅袅，酒旗高寥寥"。苏州是水城，处处碧水清波，人家枕河而居，水上桨声柔婉，岸边酒旗飘扬。荷塘上铺满碧绿的荷叶，荷叶间一支支荷花露出粉红的笑脸，而几位折荷花的女子，正说着软软的柔柔的吴语。李翱没到苏州就领略到了江南风光的美丽。孟郊和李翱说到了皋桥，这座桥阊门内的石桥，不起眼，但不简单，皋桥之名起源于汉朝，一个叫皋伯通的议郎官居住在附近，而在皋家避难的名士梁鸿和他的妻子孟光，演绎了千古流传的佳话——"举案齐眉"。他还提到苏州别样的水景，竟有"早潮"，海的涨潮可以波及苏州的水城门。可见唐朝时水域的四通八达，长江口的潮水涨起，江南内河也水涨船高。

孟郊还说，苏州昆山是他的出生之地，留下了许多童年的足迹，但童年的往事如雾里望星星，恍惚可见，又似梦中之境，"小时履齿痕，有处应未销。旧忆如雾星，恍见于梦消"。他与李翱握手道别，互道珍重。

张籍、孟寂准备赴长安的时候，已是深秋寒露了。他对堂弟孟寂说了一些鼓励的话，说当今皇上圣明，不会缺乏擅长识别真才实学的考官云云，祝愿两位举子得第归来。

第二年春天的省试中，张籍、柳淳和孟寂都榜上有名，可谓皆大欢喜。柳淳还是双喜临门，金榜题名后被礼部侍郎吕渭相中，抱得吕家二小姐归。孟寂是那一年及第进士中最年少的一个，后来不幸早夭，张籍还为之一哭。孟郊和张籍、柳淳一直保持着纯真的友谊，后来给柳淳写过"世上名利人，相逢不知老"（《送柳淳》）的诗，或许两人都有一段心酸的求职经历吧。

从贞元十三年（797）秋天到贞元十四年（798）深秋，孟郊、韩愈、张籍和李翱等诗人第一次相聚在汴州。文朋诗侣相聚一堂，他们之间诗酒酬唱，是一帮知心好友的互述衷肠，可以畅饮杯酒，可以畅所欲言，可以坦然裸心，甚至可以把满肚子的牢骚倾吐。这种无须顾虑的雅聚，把原本不同生活走向的诗人联结在一起，一个以韩愈、孟郊为核心的诗歌圈不自觉地开始成形。正是孟郊和韩愈等人在汴州的诗文切磋，展示了"韩孟诗派"诗人们的个性与共性，奠定了诗派最初的艺术基准。

虽说孟郊的汴州之行是多彩的文学之旅，但他入幕为官的设想依然缥缈无望，最后胎死腹中。赴汴州之前，孟郊对于宣武军的形势应该是持乐观态度的，否则不会跑到汴州来；如今，他日渐清楚地看到汴州宣武军内无法调和的矛盾，一方面军士们的强横骄纵到了难于安抚的境地，另一方面以陆长源为主的一派力主整顿军纪。连董晋也感到了问题的棘手，心生退却之意，几次上书朝廷，让他回朝，过几天安稳的日子，但朝廷没有答应。董晋在一次请求中说："人心易动，军旅多虞；及臣之生，计不先定，至于他日，事或难期。"军队的统帅都深感军中之安定难于意料了，这一支军队已经危机四伏。孟郊与陆长源的交往颇多，一直以门客自居，对军中的那些事儿不会置若罔闻。他离开汴州的想法越来越明确，决定开年就南行游历，算作一次自我放逐。

汴州的那个冬天似乎很长，连续下了几场大雪。孟郊独行在城内空旷的街巷，感受到来自宇宙的寒意，看到城内军士相聚豪饮，而自己一介书生，忧心茕茕，顿感那种无尽寂寥和悲切袭来。他即兴给陆长源写了《夷门雪赠主人》一诗：

> 夷门贫士空吟雪，夷门豪士皆饮酒。
>
> 酒声欢闲入雪销，雪声激切悲枯朽。
>
> 悲欢不同归去来，万里春风动江柳。

汴州期间，孟郊把陆长源称为主人，可见一直过着依附陆的生活。诗中的"夷门"暗用了《史记·魏公子列传》信陵君礼遇大梁夷门监侯嬴的典故，这里代指汴州。他，"夷门贫士"，一个寄居在汴州的穷书生，与"夷门豪士"构成了强烈对比。一个仰天吟雪，一群大碗喝酒，喝酒的欢声笑语，雪都被消融了，而吟雪的咏叹，悲凉之气摧枯拉朽。他感激陆长源近两年来的关照，也见闻了军中兵士的种种不堪，只是在诗里不好明说罢了。他似乎想到了陶渊明"归去来兮"的感叹，想到了江南春风杨柳岸的景象，这里已经不适合他的存在，不如归去。

陆长源自然懂得他的诗意，也写了一首答诗，又一次肯定孟郊的品性高洁，与众不同，你思归心切，心肠欲绝，就不再挽留了，只是天寒地冻，"千里长河冰复冰，云鸿冥冥楚山雪"，此去鸿飞渺渺，不知何日再得相见，诗里弥散着离别的淡淡感伤。

4

贞元十五年（799）的初春，孟郊决定离汴州南归。他要作别好友韩愈，写了《汴州别韩愈》诗：

> 不饮浊水澜，空滞此汴河。
>
> 坐见绕岸水，尽为还海波。
>
> 四时不在家，弊服断线多。
>
> 远客独憔悴，春英落婆娑。

> 汴水饶曲流，野桑无直柯。
>
> 但为君子心，叹息终靡他。

在孟郊眼中，董晋的宣武军已经是一潭浊水，你看，连汴河的水都是"曲流"、汴州的野桑没有"直柯"，汴州的人呢，人心难测。这样的一潭浑水，对于孟郊来说，多半是不会去蹚了。他有自己的操守，"镜破不改光，兰死不改香"（《赠别崔纯亮》），他也有自己的入幕原则，"变衣非变性"（《送韩愈从军》）。"安史之乱"爆发时，孟郊年幼，身处相对稳定的南方，对动乱还没有什么切身感受；亲历"建中之乱"，孟郊目睹了藩镇割据、祸乱社稷、涂炭生灵的种种现实，他深受其害，曾发出了"岂无感激士，以致天下平"（《感怀》）的责问，吐露了"朝思除国仇，暮思除国仇"（《百忧》）的心声。"乱邦不入，危邦不居"，对纷乱的汴州藩镇，孟郊是有着清醒认识的。只是全诗没有写一句与老友告别的话，满纸内心的焦虑以及生活困苦的倾诉。

韩愈对孟郊还是非常理解，对他在汴州的境遇心有所感，写了《答孟郊》回赠。其中写道："古心虽自鞭，世路终难拗。弱拒喜张臂，猛拿闲缩爪"，这诗句说白了，你孟郊古貌古心，怀才不遇，世路艰难呀。我热心张开双臂推你，可心有余而力不足，而陆长源，手中有权却瞻前顾后不出头，虽然解了你生活上的燃眉之急，但你孟郊需要的是能够自食其力的前程。

这一次，孟郊真的要走了，义无反顾。韩愈为他饯别，还醉眼蒙眬地写了《醉留东野》的诗：

> 昔年因读李白杜甫诗，长恨二人不相从。
>
> 吾与东野生并世，如何复蹑二子踪？
>
> 东野不得官，白首夸龙钟。
>
> 韩子稍奸黠，自惭青蒿倚长松。
>
> 低头拜东野，原得终始如驅蚩。
>
> 东野不回头，有如寸莛撞巨钟。
>
> 我愿身为云，东野变为龙。

四方上下逐东野，虽有离别无由逢？

他酒多了一点，但心不醉，反而脱去了所有拘谨，把内心的话用诗的语言和盘托出。他痛惜当年李白、杜甫有过相会，但难于保持长久的交游，他与孟郊呢？怎么就要离别，重蹈两位前辈的覆辙？孟郊没有求得官职，自嘲是龙钟之态的白头翁了。他韩愈狡黠一点，善于应酬一些，能够混个一官半职，但自愧不如孟郊。他是青蒿，是寸草，而孟郊是长松，是巨钟。他对孟郊是真的佩服，"低头拜东野，原得终始如駏蛩"，始终愿意追随孟郊，如蛩駏虚（传说中的动物），相依相从。他劝孟郊留下来，但孟郊去意已决，不为所动，就像寸草去撞击巨钟一般，没有一点反响。韩愈最后表示，"我愿身为云，东野变为龙"，要"四方上下逐东野"，即使分离，但两颗诗人的心永远在一起。两位诗人的感情是多么的真挚！韩愈对孟郊，简直是膜拜，从心底里的敬重。

孟郊比韩愈年长许多，孟郊诗名传扬的时候，韩愈刚刚在文坛崭露头角，孟郊无疑是韩愈诗歌创作的引路人。其实，韩愈性格倔强，恃才傲物，从来不向他人低头，但在孟郊面前，显得谦恭有加，那个让他心服的人要南归，他深深地低头拜别。

离汴南归，途经淮水，孟郊借宿僧人澄观的寺院，对近两年的汴州生涯依然耿耿于怀，发着"淮水色不污，汴流徒浑黄"（《憩淮上观公法堂》）的感怀，诗中略显突兀的景色对比，表露的正是孟郊对汴州形势的精准认知。

浙东游

1

在汴州，孟郊只做了两年的清客，但他见机得早，能抢在动乱前一刻选择离开，这应该说是不幸中的万幸。否则，凭他与陆长源的这层关系，不知道乱兵会怎样对待他，一场惊吓是在所难免的。

古人曰："天有不测风云，人有旦夕祸福。"孟郊离开汴州不久，即贞元十五年（799）二月二日，汴州统帅董晋死了。临死前，董晋叮嘱儿子，三天就装殓，一装殓马上离开汴州。就在董晋灵柩出汴州的第四天，汴州军人就发动叛乱，新的军政长官陆长源惨遭杀害，官署住宅全被烧成灰烬，甚至陆长源的尸体被剁成肉酱，啖食净尽。

这场叛乱的发生是必然中的偶然。董晋死后，行军司马陆长源做了留后，即代理董晋宣武军节度副使，负责汴州的军政事务。按照惯例，主帅去世后，军中要给士兵分发布匹做衣服。陆长源遵循这一惯例，下令拨钱执行。但他的手下贪赃枉法，把布匹换折成盐，又提高盐价，压低布价，从中渔利，结果每个士兵只得到了二三斤盐。士兵由怨生怒，进而生恨，群起哗变，手执兵器，冲进帅府杀死主帅。当然，冰冻三尺非一日之寒，陆长源一直治军严厉，又性格狷急，与军中骄纵惯了的兵士势同水火，叛乱是早晚的事，而发钱不到位成了事件的一根导火索。在汴州任推官的韩愈，护送董晋的灵柩西行，幸免灾祸。后来，监军俱文珍密召宋州刺史刘逸准派兵镇压，才控制住局势。

　　孟郊得此凶讯，悲痛万分。他在《乱离》诗中写道："天下无义剑，中原多疮痍。哀哀陆大夫，正直神反欺……为君每一恸，如剑在四肢。"对国家的多难，诗人深表忧虑；对陆长源的不幸去世，诗人深切地哀悼，"泪下无尺寸，纷纷天雨丝"。他失去了一位相识多年、义气相照的好友，是他一直给予生活的诸多关照，孟郊岂能淡忘？

　　转眼，落英缤纷，春天在暖风中的脚步声里远去。而身处江南的孟郊仍然没有走出汴州离乱带来的伤痛，只要一想起那场惨剧，依然愤愤不平。在《汴州离乱后忆韩愈李翱》诗中，他吟道："会合一日哭，别离三断肠。残花不待风，春尽各飞扬。欢去收不得，悲来难自防。"他设想，和好友韩愈、李翱三人如果相聚一起，定当抱头痛哭，而今离别南北，在落花时节里，各自断肠怀悲。而他，"孤门清馆夜，独卧明月床"，又想起汴州离乱陆长源被害的惨剧，发出悲愤之音："人心既不类，天道亦反常。自杀与彼杀，未知何者臧。"他痛斥人心不古，天道也不古，连善恶都不予分辨。他借着骂天，分明是表达内心的不满，朝廷没有下诏谴责叛乱者，也没有好好抚恤遇害的将士，让他最为愤慨的是，叛乱爆发时，四邻的节度使只作壁上观，居然谁也没有派兵援救。

　　关于汴州的惊魂时刻，韩愈的诗《汴州乱二首》也有直接记录："汴州城门朝不开，天狗堕地声如雷。健儿争夸杀留后，连屋累栋烧成灰……"韩愈担心身陷汴州的妻子儿女的安危，当得知他们安然脱险，已经奔赴彭城，也就是徐州，他也直奔徐州，投奔徐泗濠节度使张建封而去。韩愈居住在徐州附近符离睢水边上的时候，孟郊正穿越在浙东山水间，享受着江南的清丽与醇厚。

2

　　孟郊过淮水，渡长江，又一次来到苏州。

　　苏州，是诗人的旧游之地。他曾经在苏州灵岩山有过一段读书的经历，与当年的苏州刺史韦应物有过交往，参加过在郡斋（刺史衙门）举办的诗歌雅集，只是斯人已去，徒留遥远的记忆罢了。

这一次，他去苏州，是要拜会时任苏州刺史的韦夏卿，希望得到生活的接济。他的愿望自然得到了满足。后来，他在《上常州卢使君书》中说："小子常衣食宣武军司马陆大夫……陆公即没，又尝衣食此郡前守吏部部侍郎韦公……"孟郊确实很长时间依靠陆长源生活，陆长源在汴州之乱中遇难，孟郊也失去了生活的依托，只得拉下脸皮来苏州向韦刺史求助。韦夏卿，是京兆万年县（今西安）人，是诗人，也是藏书家，他的女婿就是著名诗人元稹。他曾任常州刺史，后来改任苏州刺史，孟郊写《上常州卢使君书》的时候已经做了吏部侍郎。贞元十六年（800）五月，徐泗濠节度使、徐州刺史张建封过世后，朝廷原本任命韦夏卿为徐泗濠节度使，但徐州也发动了兵变，拥立张建封的儿子张愔为留后，代理他父亲的职位。韦夏卿的任命书等同废纸，于是改任为吏部侍郎。

孟郊在苏州获得了资助，生活的忧虑暂时解除。他回到武康与家人相聚了几天，然后开始了他的越中游。

作为名诗人、及第进士，孟郊来访越州（今浙江绍兴），当地名流皇甫秀才牵头组织雅集。嘉宾应约来到春光明媚的山巅之亭，在草树芳菲的时节参加这欢迎宴会。在觥筹交错间，人们陶醉在江南的美景美时光，赋诗唱和，诗人孟郊吟了《春集越州皇甫秀才山亭》一首，其中写道："视听日澄清，声光坐连绵。晴湖泻峰嶂，翠浪多萍藓。"山水相依的越州风光是多么的夺人耳目。

越州就是会稽郡，当时是浙东道的治所，这里自古人文荟萃、山水清雅。远古时，大禹曾会诸侯于会稽，传说大禹最后埋葬于此，故有大禹陵；晋朝王羲之曾做过会稽内史，兼领右将军之职，在兰亭修禊赋诗，留下著名的《兰亭集序》，传为千古佳话。诗人孟浩然思念在越州的朋友，发过"不及兰亭会，空吟被禊诗"的感慨。这里也是山水诗人谢灵运的出生地，谢诗人虽任性而不合时宜，但为浙东山水留下了许多精美的诗篇。孟郊置身于越州的山水，真是如当年王羲之一般，"山阴道上行，如在镜中游"。

孟郊不是第一次来越州了，早年曾有过越中行，或许是参加浙东节度从事鲍防组织的诗会，或许是随皎然老师做一次山水之游，或许是科举失意之后的一次心灵释放。那一次踏上越州的土地，诗人可谓耳目一新，仿佛来到了传说中的蓬莱、瀛洲仙境，田野如同在水中漂浮一般，山峦如同一重重的绿色屏障，清清的泉水万千流，不用踏遍这重重的峰峦和淙淙的水流，诗人已经陶醉了。越州的水清灵，越州的天清朗，越州的空气清新，你举目远眺，视野开阔，能够极目周远之地。越地的风俗淳厚，人们勤于耕作，没有闲田，田野处处一片青葱之色，虽然已经是初冬季节，新鲜的蔬菜满园，菱湖之上余翠未尽，茶园隙地也从不荒芜。越州与诗人的故乡湖州同处江南，几多相似，山水清远，民风淳朴，值得探奇赏异，让人流连。身在越州，孟郊不用考虑长安道上的科举竞争，无须终南山上的寂寞等待，他饱餐江南的秀色，满腹的忧愁烟消云散了。这种感受在诗人的《越中山水》一诗展示给我们：

> 日觉耳目胜，我来山水州。
> 蓬瀛若仿佛，田野如泛浮。
> 碧嶂几千绕，清泉万余流。
> 莫穷合沓步，孰尽派别游。
> 越水净难污，越天阴易收。
> 气鲜无隐物，目视远更周。
> 举俗媚葱蒨，连冬撷芳柔。
> 菱湖有余翠，茗圃无荒畴。
> 赏异忽已远，探奇诚淹留。
> 永言终南色，去矣销人忧。

那一次越中行，诗人寻访过裴处士和言上人，一个隐士和一个僧人。裴处士是"悠哉炼金客，独与烟霞亲"（《寻裴处士》），他隐居深山，炼丹修行，孟郊心生钦慕，希望自己也能超然物外，"远心寄白月，华发回青春"（同上）。而寻访言上人的路途上，诗人感受到了大自然的宁静与秋天万物的沉寂，那连绵的苔藓之地依然青翠，没有车马的喧闹；微风过处，路边竹林里传来竹叶细碎的摩挲声；秋草秋花笑傲霜天，绽放着冬日来临前最后的葱茏。走进一片树林深处，诗人看到了独立寒秋的青松，"竹韵漫萧屑，草花徒蒙茸。披霜入众木，独自识青松"（《寻言上人》）。

距离产生美，有距离的回忆总是美好的。在往事的回想里，孟郊迈开了漫游浙东山水的脚步。

而此时，孟郊的好友李翱也行走在江南。韩愈《此日足可惜赠张籍》诗里说："东野窥禹穴，李翱观涛江"，就说到孟郊到越州探寻大禹陵，李翱去钱塘江看潮。其实，李翱也到了大禹陵，作《拜禹歌》："惟天地之无穷兮，哀生人之常勤。往者吾弗及兮，来者吾弗闻。已而，已而。"不知孟郊、李翱在江南有没有相遇，只是他们的诗文中没有留下见面的蛛丝马迹。

3

孟郊的脚步没有停留在越中，而沿着钱塘江而上，先到了睦州桐庐。

他与桐庐李县令同游山水，少不了诗歌酬唱。在他的诗里，按唐朝的习惯称县令为"明府"，并称誉李县令人好，是"佳志士"；李县令诗也写得好，可以和屈原的《楚辞》媲美，是"楚章句"。当然这里的山同样好，清静清雅，"千山不隐响，一叶动亦闻"（《桐庐山中赠李明府》）。孟郊免不了客套的应酬话，但对桐庐山中的幽静美好描绘得还是非常精准。

从桐庐西南行便是衢州地界，这里群山逶迤，石奇崖险，胜景不绝。烂柯山、姑蔑城、峥嵘岭，处处景致幽美，处处充满了神秘的历史和传说。

在衢州南，孟郊驻足烂柯山下，远远望去，一条石梁悬空而架，仿佛是依山凿就的一座大石桥，犹如半天虹霞。他感慨人世变迁，写道：

> 仙界一日内，人间千载穷。
> 双棋未遍局，万物皆为空。
> 樵客返归路，斧柯烂从风。
> 唯余石桥在，犹自凌丹虹。

（《烂柯石》）

诗人记述了时空转换的传说：晋朝时，有一个叫王质的樵夫到石室山砍柴，看到二童子下围棋，嘴里还哼着歌，就放下手里的斧子，坐在一旁观棋。一个童子还给了他一颗枣子样的果实，他含在嘴里，原本萌生的饥饿感消失了。一局棋尚未结束，童子就催他回去，王质站起一看，他斧子的木柄已经烂尽。他回到村里才知离家几十年了，亲人都已经过世。后人因此把石室山称为烂柯山，并把烂柯作为围棋的别称。这个故事梁代任昉《述异记》和北魏郦道元《水经注》都有记载，大同小异。童年时，我们都听过天上一日、人间千年的仙道传说，我们感到的是奇异，漂泊的孟郊体悟到的是"万物皆为空"。

衢州之南还有神秘的姑蔑城遗址（今浙江龙游县）。春秋战国时期，钱塘江中上游的金衢盆地腹地诞生了一个神秘古国叫姑蔑（姑妹）国，其疆土与勾践的越国为邻，姑蔑人追随越王，在与吴国的争战中立下了汗马功劳。古籍上记载的"姑妹""姑眛""姑眜""先蔑""先眜"……说的都是姑蔑国，这是古越语音译的地区差异吧。寻古探幽，自然是诗人的雅好，孟郊也不例外，他徜徉在姑蔑古城遗址，回望遥远的历史，观赏尚存的古迹，为吴国、越国的兴亡叹息，也为当地百姓的安居乐业欣慰。真是古今多少事，尽付水东流，当年的诸侯国强盛一时，终归湮灭，只有善播德泽，人民安居，才是真正的王道。

那一次姑蔑城采风之行，诗人得到了热情招待，或许有衢州太守陪同，自然要礼节性地写几句应景诗。这无可逃避，古今诗人文人一样，你到人家的地盘采风考察，人家招待你有吃有喝的，你发思古之幽情，也要弘扬一下主旋律，写诗作文盛赞一番人家的业绩，算遵命文学的一种吧，这应不涉及人格问题。老孟也不能免俗，赞誉了朝廷皇帝的教化，太守的勤政，春天出巡颁布新一年春耕春种的春令，只是我们不知太守叫什么了。诗人写道：

劲越既成土，强吴亦为墟。
皇风一已被，兹邑信平居。

抚俗观旧迹，行春布新书。

兴亡意何在，绵叹空踌躇。

（《姑蔑城》）

　　对于姑蔑城遗址，孟郊的朋友韩愈也提到过，他写的《徐偃王庙碑》碑记里有"姑蔑之墟，太末之里"的表述，太末是姑蔑后来的名称。1981年，浙江省长兴博物馆收到老百姓捐赠的一枚汉朝铜印，为桥形纽方印，阴文篆书即"姑蔑长印"，这是姑蔑县长官印，可见汉朝仍然沿用了姑蔑的名称。

　　在衢州，孟郊客居府衙，始终怀着对自然山水的一份新奇之心。衢州西北有峥嵘岭，是当地奇观美景，远远望去，真是大自然的鬼斧神工，歧路在高岭，烟霞云雾间，屋宇明灭。某日，孟郊在郡斋与太守闲坐吟诗一番后，兴起就去登峥嵘岭，看到山路景美石奇，而岭上"古树浮绿气，高门结朱华"（《峥嵘岭》），古树参天，青苔满身，整个空气似乎都泛着绿的气息，走进岭上那座宅子的大门，红花几簇，奇石的世界里多了几分人间的欢喜。仰望那些高峻突兀的山岩，诗人欣然，这怪石高傲的面孔，不正是作为一个诗人应有的生命姿态？

　　这一次浙东行，孟郊的足迹到了永嘉（今浙江温州）。他寻访诗人谢灵运的旧迹，所到之处，山水秀丽，古迹尚存。来到谢客岩前，观赏谢灵运任永嘉太守时留下的摩崖石刻，刻的是谢诗人的《白云曲》《春草吟》，岁月的风雨已经把它们磨损得刻痕模糊，但尚能辨认出诗句，而"谢客岩"三个字十分清晰。谢客岩别名多个，有谢岩、谢公岩、康乐岩之称。《春草吟》应是《登池上楼》的别称，因为诗里有"池塘生春草，园柳变鸣禽"的名句；而《白云曲》该是《过始宁墅》的别题，因为诗里有"白云抱幽石，绿筱媚清涟"的吟唱。

　　"去尘咫尺步，山笑康乐岩。"（《喷玉布》）站在康乐岩前，孟郊沉醉在自然春光里，似乎离开尘世烦恼，眼前的山岩都在含笑相迎，步移景换，一片瀑布展现，如同白玉样洁净的布匹。"天开紫石屏，泉缕明月帘。仙凝刻削迹，灵绽云霞纤。悦闻若有待，瞥见终无厌。"（同前）诗人看到峭壁如屏风，

167

飞瀑直下，泉水如缕，似断非断，状如明月珠串成的珠帘。千百年来，这洁白晶莹的瀑水撞击在崖壁的紫石上，紫石如同被仙人镌刻出神异的姿态，而腾起的水雾在阳光下熠熠发光，时有梦幻般的五色小彩虹呈现，真是神人编织的云霞丝帛。身处奇景，诗人听不厌山与水的乐曲，看不倦山与水的画卷。

谢灵运是山水诗的鼻祖，孟郊一直深受谢诗的熏染。此刻，他回眸人生，感慨良多，免不了发发议论，"古醉今忽醒，今求古仍潜。古今相共失，语默两难恬。"（同前）《易·系辞上》上说："君子之道，或出或处，或默或语。"君子立身行事，有人出仕做官，有人隐居修行；有人笃信沉默是金，有人喜欢述说表情达意。但这些都是外在的表现，儒家思想追求的是同心，用现在的话是"三观"相同，所以孔子说"二人同心，其利断金；同心之言，其臭如兰"。只有同心，不管你是出还是处，是醉还是醒，是语还是默，最后的目的是不变的，都是为了实现"君子之道"，如宋朝人说的"为天地立心，为生民立命，为往圣继绝学，为万世开太平"。如果你对君子之道的追求迷失了，连对今世功名的追求也一并失落，你凭什么站出来发言，警醒世人？又如何保持沉默，继续做一名隐士，进德修业？无论怎样，都难于安然自处。

奔流不息的瀑水给了及第进士孟郊心灵的启示，他内心如洗，纯净明亮，明白要做的事是什么。不日，他整理简单的行装北回了。

读者心中或许会有疑虑，诗人孟郊真是舒服，整天游山玩水的，不用做一点实际的工作。其实，对于守选的前进士，出游是必要的准备。一方面，读万卷书，行万里路，可以增长见识，可以了解各地民情；另一方面，出游拜访各地官员，与他们交流，听他们的为官心得，看他们的为官政绩，何尝不是参加选官之前有益的见习？

到洛阳铨选去

1

　　孟郊从浙东回来，先到家乡武康与母亲、妻子小聚了几天，又匆匆赶往苏州去了。对于诗人浙东游之后的行迹，几乎大多的学者都希望他到常州去，或许是受了华忱之先生的影响，他所编次的《孟郊年谱》认为贞元十五（799）、十六年（800）间孟郊疑在常州，然后从常州北上洛阳应铨选。华先生的理由是，孟郊写有《上常州卢使君书》。但前文已经记述。这一封信里称韦夏卿为吏部侍郎，韦是贞元十六年（800）五月才被任命为吏部侍郎，信中所说要衣食常州卢使君的事肯定是在韦做了吏部侍郎以后。在洛阳选官前的这段日子，孟郊的主要目的地只有苏州，去衣食于苏州刺史韦夏卿。

　　贞元十五年（799）的夏天，苏州奇热，又多日绝雨，部分河床干涸，干旱与炎热煎熬着这座江南富庶的城市。韦刺史自然要忙于应对这极端天气，但除了到庙里祈雨，希望老天爷发发慈悲，东海龙王快来施雨，一时也没有好办法。好在这里是江南水乡，河流湖漾多，城内水井多，居民的饮用水是不成问题。关于这一年的天气，《新唐书》上的记载，有"夏旱"两字。虽然天不作美，让人焦虑烦躁，但韦刺史对孟郊还是礼遇有加。孟郊时常为刺史府承担一些文字工作，刺史要去祈雨就帮着起草祈雨文之类。

　　难熬的日子还算平静，不幸一场疾病袭来，让诗人卧床不起。离开故乡，多年漂泊在外，如今寄人篱下，又病痛在身，病来如山倒，病去如抽丝，游子的心变得异常多愁善感，感叹成诗，"丈夫久漂泊，神气自然沉。况于滞疾中……沉忧独无极，尘泪互盈襟"（《病客吟》）。当自己的病好转的时候，故乡又传来噩耗，妻子不幸身患急病，撒手人寰。这噩耗，如同一石击在诗人沉郁的心湖，溅起层层悲伤之浪。念及爱妻，他泪水汪汪，不能自已，本来刚刚病愈，人尚未完全恢复，经受了失妻的打击后，更加衰弱、更加憔悴了。

孟郊支撑着衰弱的身体，连夜启程，奔回武康故乡，但仍未能赶上妻子的葬礼。按照江南习俗，要为逝者守灵三天，称为"摆三朝"。这三天里，要开吊，供亲戚前来"吊丧"；要入殓，第二天小殓入棺，第三天大殓盖棺；最后送葬出殡。孟郊赶到武康，他的无名氏妻子已经入土为安。他只得前往山间妻子的坟前，做了一番悼念。归至家中，他徘徊良久，到了夜间，挥泪作了一首《悼亡》诗，追念九泉之下的亡妻：

> 山头明月夜增辉，增辉不照重泉下。
> 泉下双龙无再期，金蚕玉燕空销化。
> 朝云暮雨成古墟，萧萧野竹风吹亚。

他仰望窗外的明月皎洁，想到山间亡妻凄清的坟头，最明亮的月光也照不到黄泉之下呀。爱妻离去，永远不能再相见，即使有金蚕玉燕之类高贵的葬品，又有何用？心中的爱人，朝暮之间化为孤零零的坟头，转眼就会墓草萋萋成古墟，只有这漫山的野竹在风中，伤感地低垂着。

让人遗憾的是，孟郊的笔下没有留下妻子的名字，连姓也无法知晓，他的原配妻子只能是无名氏了。可见，那个时代男尊女卑的观念已经嵌入唐朝文化的基因里，女人的姓名权也被洗涮了，忠实于儒家文化的孟郊怎能超然其外？

生在世间，伤痛总是难免的。生老病死是谁也无法超越的生命法则，孟郊自然只有面对这无常的世事。"不孝有三，无后为大。"在传统儒家理念里，基因的薪火相传是每一个家族最为重视的事。孟郊的老母不会让儿子鳏居，肯定要他续弦，何况孟郊年届五十，又是及第进士，怎能膝下无子？虽然武康孟家还有兄弟两人，但孟郊这一脉怎能断了香火？孟郊续娶了郑氏，至于他迎娶郑氏在什么时候什么地点，诗文和史籍没有记载。后来，孟郊病逝，郑氏依靠山南西道节度使郑余庆以及从叔孟简等人的赡给度过余生，其妻郑氏有可能是郑余庆一脉亲属，但不得确定。

在武康踟躇多日，妻子"断七"之后孟郊才回到苏州。真是日子如流水般过去，江南的旱情也被台风吹走。又是一年八月桂花香的时节，刺史府里的几株桂树清香四溢，孟郊的心情已经平复。不日，从湖南传来友人崔爽去世的消息，诗人翻出崔爽的旧文一卷，遗篇在手，但人已经乘鹤而去。崔爽曾多次赴长安应试，尚未登科，两人相识自有同命相怜之感。去年，在汴州，孟郊送他去湖南，希望其一帆风顺，"定知一日帆，使得千里风"（《送崔爽之湖南》）。可今年，千里一孤坟，友人永远长眠在异乡了。回想与友人分别的时候，如在昨日，有感而写下《览崔爽遗文因纾幽怀》：

> 堕泪数首文，悲结千里坟。
> 苍旻且留我，白日空遗君。
> 仙鹤未巢月，衰凤先坠云。
> 清风独起时，旧语如再闻。
> 瑶草罢葳蕤，桂花休氛氲。
> 万物与我心，相感吴江濆。

孟郊站在苏州的吴江水边，内心深处充满了哀伤。因为悲伤，天庭里的仙草停止了生长；因为悲伤，人间的桂花休眠了幽香。

2

按照唐朝的制度设计，为了缓解官员缺口少而选人多的矛盾，及第举子有守选制，守选的年限为三年。三年守选期满，你就有资格到京城冬集，参加来年的选官。守选期间，孟郊在汴州、越州、苏州各地游历或见习，对社会有了更深入的认识，自身也得到了历练。

孟郊屈指一算，贞元十二年（796）进士及第至今，三年守选期限已到，十月就有资格去参加吏部的冬集。于是，他赶回湖州，到州府写明申请，获取参加吏部铨选的证明，也就是"选解"，或者称为"解状"。这与孟郊参加进士考试取解，性质大致类同，起到如今介绍信的作用。

一般情况，及第举子需要前往京城长安参加冬集。但朝廷颁布的新一年选格，即参加本届铨选的条件要求，孟郊将到东都洛阳参加冬集，即所谓的"东选"。

为何不到长安冬集？因为当年大面积旱灾，关中粮食紧张，而每年冬春之际集聚于京城长安的赴选人，少说也有三四万人。每年参加铨选冬集的，不仅有守选三年后的及第进士，还有六品以下考满之后守选到期的官员，还有选人带的仆从眷属。因为守选制度规定，六品以下的官员考满（任期满）也要罢官守选，守选年限至少一年，多则十二年，官职大的年限短，这些官员守选期满后再参加吏部的冬集。这么多人汇聚京城，给长安的粮草、住宿、交通、取暖以及治安都带来了极大的压力。具体问题因情处置，这一年的冬集就有了"东选"，洛州以东州县的选人集中在洛阳东都进行铨选，以西的选人仍在长安铨选。这是有先例的，唐太宗贞观年间，因旱灾长安米贵，铨选官员时就分人在洛阳"东选"。《册府元龟·铨选部·总序》里说：

至开耀元年（680）……始诏东西二曹两都分简，留放即毕，同赴京师，谓之东选。

在唐朝，你参加东选，一旦确定入选留用，还是要一起到长安谢恩。

湖州属于浙西道，自然算洛州以东地域。贞元十五年（799）十月，孟郊来到洛阳，向东都的吏部分司交纳选解，以及登科及第的关试证明等，然后等候程序繁复的铨选。未来的前途，究竟是光明，还是黯淡，孟郊期待一切能够顺风顺水。

东都洛阳，是仅次于长安的大都市。"安史之乱"中，洛阳虽遭受过多次掳掠，但时间随即愈合了战乱的伤痛。孟郊走在洛阳整齐的大街，望着高高的皇城楼阙，虽前途未卜，而内心还是有点得意的。他说"青云不我与，白首方选书"（《初于洛中选》），但能够有资格到东都来参加选官已是无上荣耀，并且自身诗歌造诣名声在外，说不定还能够谋一个京官做做，在东都有一席之地，"终然恋皇邑，誓以结吾庐"（同上）。洛阳真是一座宜居的城市，有山有水，洛水蜿蜒如龙蛇而去，嵩山在远处任你眺望。孟郊身为异乡客，但喜欢洛阳，为她从心底折服。

"建中之乱"时，孟郊曾滞留洛阳一段时间，但这一次不同，他开始认识这座城市，多了一份认同感。他被洛阳深秋的美丽感染着，心灵经受了洗礼一般，那种为选官焦虑的心情荡然无存。闲暇的日子，他游东水亭，即兴赋诗：

> 水竹色相洗，碧花动轩楹。
> 自然逍遥风，荡涤浮竞情。
> 霜落叶声燥，景寒人语清。
> 我来招隐亭，衣上尘暂轻。

（《旅次洛城东水亭》）

3

在洛阳，孟郊过了贞元十六年（800）的大年。尽管远离故乡和亲人，漂泊在他乡的严寒里，但光明的前程已经在眼前，孟郊眼中的洛阳显得多么明丽、多么温暖，洛阳街头的爆竹声是那么的悦耳。他与洛阳有了更多的亲近感，站在洛水边真有江南水乡的感觉，暂且他乡作故乡了。

从去年冬天到这一年正月，孟郊似乎都在为铨选奔忙。他上交了参选的材料，并不能在客栈里静候佳音，许多参选的程序都要孟郊亲自出马操作，一不小心，选官名册上的大名随时有可能被无情删除。

东都吏部南曹负责资格审查，剔除那些资格不合要求的、冒名顶替的、身名不符的，并张榜公布合格选人名单，即长名榜。下面的工作由吏部铨司接手，公示选人家状、保状等材料，组织考试。有了考试结果，开始注拟官职，根据官位缺失情况将选人拟定为某官，然后唱名公布。唐朝的制度安排还是非常人性化的，选人有冤屈有不满可以申诉，认为注拟给你的官职不满意不合适，可以申请退官，重新注拟，重新唱名。如果第三次还不满意，只有等明年再选了，每个选人有三次机会。这就是所谓的"三唱三注"。最后，注拟官员的名册"送省过官"，上报京师都省，由尚书省左右仆射审查"过省"，由门下省侍郎、侍中等审定"过官"。这样，算是尘埃落定，就差皇帝旨意授官了。

作为有知名度的选人，孟郊对这一次选官充满了信心。吏部要保状，五五联保，需京官五人为保，一人还要熟悉情况，他就起草保书，几位相熟的选人相互结保，官员们乐于为他签名作保。铨司要"三度引验"，三次点名，他都很早赶到等候，反正五十岁的人了，早晨醒得早。还要参加铨试，考试分身、言、书、判四个方面："身"指考生的体貌，必须仪表端庄；"言"指语言表达能力，必须善于辞令；"书"指书法，为官就要经常书写公文，楷书要写得遒美得体；"判"指凭案例考识见，由于古代行政与司法不分，地方官须兼理狱讼，就必须有条理，判断分明。

对于孟郊，这样的考试不是难事，无非面试一下，身体是否健康，形貌是否端庄，说话表达是否流利；笔试一次，书法是否遒劲秀美，吏治才干和断案水平如何，等等。等到正月底，铨司注拟好官职唱名那一天，孟郊听到他所得的官是溧阳尉，心情是有点失落的，他本想凭着在诗歌界的声望谋一个京官做做，但……

他想退官，重新申请注拟，但看到几位同年所得官位好不到哪里去，况且及第进士授官县尉是常有的事，他决定接受。铨选看似规则谨严，公正严明，其实人家看重的还是门第，还是要朝中有人。孟郊虽有从叔孟简在京城做官，但一般京官根本起不了作用，从叔有助力之心也使不上力。他不要再去求人了。

诗人冷静地面对实现，悬悬之心终于放下。他和那些入选的同年西去长安，接受最后的审定。在长安，当年"一日看尽长安花"，如今再没有那时的意气风发，他多了几许人生的阅历，也多了几分岁月的沧桑。真是人生易老。

长安的春天依然美好，三月的春风为他捎来了好友韩愈的书信一封。

这年三月，韩愈在徐州，做着徐泗濠节度使张建封的节度推官。韩愈对这幕僚的职务任命并不满意，反感幕府实行坐班制，有晨入夜归的规定，他很不适应按部就班的工作，心想不自由毋宁走。但拖家带口的，一家三十口需要他一个人的照料，一时无法意气用事，只有等待时机。他给孟郊的信，就是《与孟东野书》。信中讲述了近一年来的曲折经历，以及当下孤寂的心境，"言无听也，唱无和也，独行而无徒也"，没有知音可以交心，没有诗友可以唱和，踽踽独行无人相伴。他太想念好友孟郊了，对孟郊的才情品行永远怀着敬意：

> 足下才高气清，行古道，处今世，无田而衣食，事亲左右无违，足下之用心勤矣，足下之处身劳且苦矣。混混与世相浊，独其心追古人而从之，足下之道，其使吾悲也。

这段话的意思是：你才高气清，一心以圣贤之道处世立身。你家里没有可耕之田，要衣食他人而奔走；家里有早寡之母，而侍奉毫不懈怠。你的用心是那样勤奋，你的处身是那样劳苦。为了生计，你混迹于浊流，唯独你的内心，始终奉行圣贤之道。联想到你的生活际遇，真使我有悲凉之感！

韩愈的话自然有褒奖好友的意思。其实，孟郊出门在外，孟家的几亩田都记在兄弟的名下，老母是无法亲自侍奉左右，但他远离故乡恰是母亲的谆谆嘱托，是母亲的手推他到长安道。孟郊能够谋个一官半职，是对母亲最好的孝敬，也是家族最大的荣耀。

在信中，韩愈还告知了两个信息，一是李翱将于下月娶其亡兄之女，一是张籍在和州居丧，生活十分艰难。韩愈请老友来喝一杯喜酒，顺道可以去看看张籍。路途虽远，好在舟车都通，希望孟郊能够达成此行。

其实，这封信相当于一份喜帖，是韩家之喜，也是李翱之喜。孟郊要等拿到任命书之后，看情况是否去徐州一趟。

三月下旬某日，孟郊终于接到通知到吏部领取任命书，也就是官符，或告身。孟郊从吏部官员手中接过任命书，是一卷红绫纸装裱的轴头，大约一尺二寸样子，打开一看，正楷写着："告宣州溧阳县尉孟郊，奉敕如右，符到奉行。"左边是日期，以及吏部授官的用印，"尚书吏部告身之印"。这告身，不仅是孟郊的任命书，也是重要的身份证明。他拿到告身之后，没有到殿廷面见皇帝，谢主隆恩。因为人数众多，只派代表面谢圣恩，他一介县尉自然没有这份恩典了。但不管怎样，他在长安道上奔忙多年，总算收获了一个县尉。

那年四月，德宗皇帝诏命金俊邕为新罗（朝鲜）国王，令司封郎中兼御史中丞韦丹奉命出使，持节册命。韦丹临行，在长安的许多官员都前往送行，刚刚选为溧阳县尉的孟郊一同参加了这场送别。在唐朝，作诗是官员的基本功，尤其是唐玄宗天宝年间诗赋取士制度化之后，作诗成为读书人进身入仕的敲门砖，那么多的诗人相聚一起，于是这场送别成了一场名副其实的诗会。孟郊赋诗《奉同朝贤送新罗使》，奉同就是和诗，朝贤是朝中官员，新罗使当然指韦丹。这首和诗里写道："送行数百首，各以铿奇工。冗隶窃抽韵，孤属思将同。"送行的人写了几百首诗，孟郊称颂这些诗声韵铿锵，立意高远，而他这个下层卑末的县尉，随意取用了一个韵脚作诗一首，欲以相和，实在是不足与那些"朝贤"们同列。时任驾部员外郎的权德舆是送行的组织者之一，他也是诗人，作诗一首，还作序一篇《奉送韦中丞使新罗序》，其中写道"三台隽彦，歌诗宴较"，朝中的才德之士都汇聚一处，纷纷赋诗和诗赛诗，为韦丹饯行，可见送行之盛况。

这是孟郊有了职位之后的第一次社交活动。他看看赴任之期还有宽裕，就下东南，前往徐州参加了好友李翱的婚礼，又取道和州，探望了守丧的张籍，然后过江到溧阳赴任去了。

第五章

寒酸溧阳尉

游子吟

1

溧阳，唐朝贞元年间隶属江南西道宣州。这一方古老的土地，和孟郊的故乡武康一样，在春秋战国时期，先后归属吴国、越国和楚国。秦始皇统一天下，实行郡县制，就设立了溧阳县，属鄣郡，从此有了溧阳的名字，而现今的溧阳只是古溧阳县的东境。六朝时，溧阳的名称与地域多次变动，三国时置永平县，西晋改称永世县，又分设过平陵县，到隋朝设溧水县；它的隶属关系也随之变化，曾先后归属丹阳郡（今南京南）、义兴郡（今江苏宜兴）、宣州（今安徽宣城）、扬州（今南京）、升州（今南京）……分分合合，划来划去，溧阳在历史的河流中随波涌动。到了唐朝武德三年（602），划分了溧水县东境土地，重新设立溧阳县，县治在今溧阳城西北四十五里旧县村。此后，溧阳之名一直保持至今。

孟郊来到溧阳，走马上任，坐上了县尉的椅子。在唐朝，溧阳属于紧县（按《新唐书·地理志》，唐朝县分赤、次赤、畿、次畿、望、紧、上、中、中下、下10个等级），按规定可设县尉2人，但中央政府并非处处遵照典志上的规定办事。李白在天宝十三年（754）撰写《溧阳濑水贞义女碑铭》，记了溧阳4个县尉的名字，说4人"同事相协"。而在国力不济之时，就会大规模裁减州县官员，县尉缺额是常有之事。从现有史料来看，孟郊到任时县尉当为1人。在县里，县尉职在县令、县丞、主簿之下，是级别最低的从九品官。县令是长官，负责统筹全县之政务；县丞是副长官，辅佐县令行政；主簿是勾检官，负责勾检文书，监督县政；而县尉，具体执行办事，是县里事务的操盘手。县尉的职责是分管功、仓、户、兵、法、士六曹。六曹，与州府的六司相对应，即"司功"，掌管考试、礼乐、学校；"司仓"，掌管租赋、仓库、市场；"司户"，掌户籍；"司兵"，掌军防、传驿；"司法"，掌管刑法、盗贼；"司士"，掌管桥梁、舟车、舍宅等。在日常工作中，县尉主要执行缉捕盗贼、审理案件、征收赋税、判决文书等县内的具体事务。

这是直接与老百姓打交道的"亲民"官，官是小了点，实权倒是不小，能够参与管理一县行政、司法、财政等各方面事务。不过，折腰长官是唐朝人对县尉的共识，如高适前辈去做封丘尉时说"不知何日更携手，应念兹晨去折腰"（《留别郑三、韦九兼洛下诸公》）。除此之外，县尉有时不得不做一些违心的事，还是高适的诗说"拜迎官长心欲碎，鞭挞黎庶令人悲"（《封丘作》），老百姓的税交不上了，你就要去催收，还要使手段，于心不忍呀。有时得罪了上级领导，不免要受鞭笞之辱。杜甫前辈害怕县尉的遭遇，就拒绝了任命，说"脱身薄尉中，始与捶楚辞"（《送高三十五书记》），他为没有当县尉感到了一丝幸运。

孟郊原本希望在京城谋一个京官做，即使进清水衙门也愿意，他不愿干有实权的县尉，但无可奈何，只能面对现实……再放眼望去，许多读书人是从县尉这个基层岗位做起，稍远一点的大唐盛世，就有王翰昌乐尉，张旭常熟尉，崔国辅余杭尉，王昌龄汜水尉、龙标尉，高适封丘尉……近一点的有独孤及华阴尉，刘长卿长洲尉、南巴尉，湖州老乡钱起做过蓝田尉，诗友李益做过郑县尉……人家能做，为什么孟郊不能做？虽然县尉有许多具体杂务要处理，工作烦琐，没有尊严可言，但有了基层工作经验的积累，何尝没有晋升的机会？有前贤今人的先例，完全不必像杜甫前辈一样患上县尉恐惧症。

其实，在中唐，前有"安史之乱"以及造成的藩镇割据，后有与吐蕃的战争，中央集权削弱，能够收的税源减少，打仗又需要钱，朝廷的财政压力山大，只有裁官省俸，来解燃眉之急。《唐六典》说："非但承优者无官可授，抑又序进者无路可容。"一官难求是中唐的现实，孟郊能够获得一县之尉已属不易，虽只是从九品，俸禄轻薄，与诗人的预期有差距，但这是实实在在的一个职位，是花了多少的心血才换来的，理应珍惜，诗人心里的牢骚慢慢地在时间里化解了。

2

溧阳，离孟郊的家乡不远，位于武康县西北二百余里。这里，三面环山，东部有浩渺的长荡湖，同武康一样有山有水，风景宜人。

孟郊走在溧阳的街路上，满眼江南的繁华与热闹。县城不小，县署之外有学堂、酒楼、集市，还有一座颇具规模的唐兴寺。城东有南渡荡，清水清波，清澈清远，水岸杨柳依依；城郊有北湖亭，这里是文人雅士览胜的地方，站于亭内，能远眺四周景色，城西北的瓦屋山遥遥在望。李白曾来到溧阳，就写过"朝登北湖亭，遥望瓦屋山"（《游溧阳北湖亭望瓦屋山怀古赠同旅》）的诗，他留恋这里的湖光山色，又赞誉贞义女搭救伍子胥的义举，还撰写了一篇贞义女的墓志铭；他还写过"溧阳酒楼三月春，杨花漠漠愁杀人。胡人绿眼吹玉笛，吴歌白纻飞梁尘"（《猛虎行》），阳春三月的溧阳酒楼上，李白举杯敞怀，欣赏了绿眼睛胡人的笛声，以及歌姬表演的白纻舞。李诗人的字里行间，可见唐朝一个江南县城的时尚与繁盛。

孟郊接手县尉工作，安顿好吃住等生活杂事，接下来要做的事，就是回故乡去，把年迈的母亲从武康接到溧阳奉养。经过长期的漂泊，如今诗人有了可以安身之处，应该让清苦一生的母亲来享享清福了。

孟郊回到江南小镇武康的那个黄昏是宁静的，却是不平凡的。在武康清河坊孟宅，老母亲凑着昏黄的油灯，一针一线地缝衣，在动身离开故乡前她要为儿子缝一件衣服。年届半百的孟郊坐在母亲身旁，和母亲话着家常。诗人看到母亲满头白发，看到母亲布满沧桑的脸颊，看到母亲缝制衣服那专注的眼神，他感慨万千，感动万分。母亲多少次为自己缝制衣服，多少次叮咛在外要照顾好自己，多少次手搭凉棚盼望儿子归来。如果没有母亲殷切的目光激励他苦读诗书，没有母亲温暖的手一次次把他推向赶考的长安道上，他是否会灰心？能否坚持到最后？人家是"十年寒窗"，可诗人何止十年？到了46岁才科举及第，50岁才得选县尉一职，呈现出人生路上的几缕曙光。无论怎样，他都报答不了母亲的恩情呀。此时，诗人千万的思绪，像一股山泉，在胸中涌动：

慈母手中线，游子身上衣。

临行密密缝，意恐迟迟归。

谁言寸草心，报得三春晖？

千古绝唱《游子吟》诞生了。在诗题下，孟郊自注："迎母溧上作。"诗人回武康迎接母亲去溧阳，有感而写下了这首感人肺腑的诗。

游子漂泊异乡，为了前程为了生活，依人过活，欲归而不得。孟郊对这种游子生活的悲哀，有过太多的切身体验。

他曾写过《游子》一诗，"萱草生堂阶，游子行天涯。慈亲倚堂门，不见萱草花"。他看到异乡堂前台阶上的萱草，这种忘忧之草，想到母亲在家倚门盼望儿子的归期，是看不到萱草花的。见不到母亲，但那种刻骨铭心的爱温暖着游子之心。

他还写过《闻砧》诗，"杜鹃声不哀，断猿啼不切。月下谁家砧，一声肠一绝"。杜鹃声声悲啼，孤猿声声哀鸣，虽然撕肝裂肺，但比起这哀切的砧声，似乎要逊色万分。夜里，捣衣的砧声乍起，不由得搅动着游子的思乡之情，透过朦胧的月色，砧声声声入耳，只觉叫人愁肠寸断。其实，这捣衣声不是为他这个游子而发，是制衣坊里传来的。捣衣是制衣前的一个环节，将苎麻、生丝等麻丝织物放在砧上进行春捣或捶打，使之脱胶，变得柔软光滑，所制衣服就更加贴身舒适。但游子辗转反侧，这砧声挥之不去，驱之不散，一声声穿越夜色而来，这砧声在游子听来，倍感伤情。诗人真不忍心再听下去了，否则头发就要变白了。"杵声不为客，客闻发自白。杵声不为衣，欲令游子悲。"用木杵击在砧上的声音，好像并不是为捣衣而发，而是故意触动着游子内心的柔软处，悲切痛楚。这是多么深切的感受！这种感受，杜甫曾有过，"客子入门月皎皎，谁家捣练风凄凄"（《暮归》）。一样的月夜，一样的捣衣砧声，一样的游子乡愁。

孟郊心怀故乡，最惦念的是母亲，他的《游子吟》是对母爱最为简洁而生动的表述。游子穿上母亲亲手缝制的衣服，母亲手中的那根线，永远牵系着游子的心。而母亲，密密缝衣，希望儿子在外不要受凉挨冻，她把针脚缝得细密些，再细密些，母亲唯恐游子迟迟归来呀。在吴越乡间，老一辈人很讲究这种风俗，一定要把孩子衣服的针脚缝得密密的，要不然，儿子出门的归期可能会延迟。春风乍起，春草萋萋，沐浴在春天的阳光下，感受着"三春晖"的温暖。"三春晖"不就是母爱的温暖？"寸草心"不就是游子的拳拳之心？但，儿子敬爱母亲的寸草心，怎么报答得了母亲春晖一样的广阔无私呢？真是情景交融，情景中又寓含了人生的道理。

让孟郊没有想到的是，《游子吟》成为中华民族代代传颂的美篇。不管你在庙堂之高还是处江湖之远，不管你经商还是求学，不管你富裕还是贫穷，不管你身在故土还是漂泊异乡，《游子吟》的诗韵都能勾起你的共鸣。因为它的诗意不仅是诗人个人情感的流露，同样凝结了天下游子对母亲的拳拳之心。

诗人把母亲在溧阳安顿好，虽没有锦衣玉食，但衣食无忧是有的。这，算是他的"寸草心"对母亲"三春晖"的一点点报答吧。

3

诗人孟郊的工作适应能力还是挺强，很快进入县尉的角色，又与陈县令相处和谐。他初到溧阳的日子非常愉悦，加上当地民风淳朴，当年风调雨顺，百姓温饱无忧，县里自然平安无事，他这个县尉没有感到工作的太多压力。

贞元十六年（800）十月，他竟然获得了一次上京城长安的机会，或许是被宣州府点了名参与解送举子们赴京赶考，相当于如今学校到异地参加高考的带队老师。自然，他作为一名新授官的及第进士，对那些赶考举子是一个很好的榜样，很具示范作用。

在长安，他与好友韩愈又一次相聚。韩愈真是一枚福星，前年避过汴州兵乱,今年他又远离了徐州兵变。五月,徐泗濠节度使、徐州刺史张建封就过世,军中发生叛乱,杀死长官,拥立张建封的儿子张愔,朝廷无能为力,只能承认既成事实。好在韩愈已经离开徐州,他为侄女办完婚事,就去洛阳安了家。现又赶赴京城参加冬集铨选,希望能够选得一官半职。于是,韩愈和孟郊、房蜀客不期而遇。

他乡遇故知,三人自然欣喜,但第二年春,韩愈落选,有些心灰意冷。房蜀客是名相房琯之后,虽出身名门,但和孟郊一样,并不得意,也只是职位卑微的兴平县尉,大概也是到长安公干。韩愈东归前与两位好友告别,回想19岁初来长安赶考,25岁进士及第,至今16年过去了,真是流年似水,可流年不利,只在藩镇的幕府行走了一番,没有当上朝廷命官,那种愤世嫉俗的情绪油然而生,当即作《将归赠孟东野房蜀客》一诗,"君门不可入,势利互相推。借问读书客,胡为在京师……倏忽十六年,终朝苦寒饥。宦途竟寥落,鬓发坐差池……如今便当去,咄咄无自疑"。既然君门不可入,世间势利得很,我们这些读书人,为什么还要留在京城? 16年来,整天的谋前程谋稻粱,到头来依然在饥寒线上挣扎,依然宦途寥落,甚至有点灰头土脸,连鬓发也无暇梳理,参差不齐。孟郊感同身受,为好友的失利而惋惜,期望韩愈来年时来运转。贞元十八年(802)春,韩愈终于如愿以偿,被任命为国子监正七品的四门博士,相当于如今国立大学的教授。虽然这一任命姗姗来迟,与韩愈的期望相差甚远,但毕竟是朝廷命官,是京官,和从前的幕僚不可同日而语,他欣然接受。这是后话。

孟郊从长安回到溧阳,陈县令也考满,任期结束,即将进入守选期。只是我们无法知道这位陈县令的籍贯与大名。孟郊与陈县令关系良好,如今好领导要回家,去等候下一次选官,他真有些不舍。贞元十七年(801)的春夏之交,中原、关中灾害天气不断,一会儿是冰雹,一会儿是霜冻,一会儿又是大雨,但江南溧阳照常春暖花开,城外唐兴寺的蔷薇如期绽放。孟郊和同僚们就在唐兴寺设宴,为陈县令饯行,并一同赏花。

唐兴寺位于现在溧阳县西四十五里。据清嘉庆《溧阳县志》卷四《舆地志》记载:"胜因寺在县西北四十五里旧县城侧。晋义熙元年置。唐名唐兴。"唐兴，好一个主旋律色彩的吉祥名字。唐兴寺内，古木参天，蔷薇花如火如荼，沉静优雅中尽显芬芳热情，真是饯别的好地方。寺僧们做完早课，早早打扫了场地，在林间铺设好席和几，也备好了笔墨，幕僚们带来了酒食。孟郊和同僚与县令话别，又欣赏那怒放的蔷薇，粉红的、玫红的、深红的、单瓣的、重瓣的，万紫千红，热烈含笑，清风徐来，花枝摇曳，如同一枚枚红宝石有了生命的律动。他们举杯畅饮，诗情洋溢，一首首诗在胸中酝酿而成。作为著名诗人，孟郊自然首起，第一个挥笔，作了《溧阳唐兴寺观蔷薇花同诸公饯陈明府》：

> 忽惊红琉璃，千艳万艳开。
> 佛火不烧物，净香空徘徊。
> 花下印文字，林间咏觞杯。
> 群官饯宰官，此地车马来。

放眼望去，蔷薇花花红灼灼，是红琉璃，是佛火三昧，那花的清香浮动，缭绕在寺院的空间里。在这样的氛围里，同僚们心神相印，纷纷赋诗，把心迹往事述诸文字。孟郊在宁静的佛寺里，杂念止息，归复平静，他的诗侧重叙写赏花饮酒之事，字里行间没有流露出离别的不舍之情，让一切随缘吧。

听了同僚们吟诵的蔷薇花诗，孟郊再和一首：

> 仙机札札织凤凰，花开七十有二行，天霞落地攒红光。
> 风枝袅袅时一飐，飞散葩馥绕空王。
> 忽惊锦浪洗新色，又似宫娃逞妆饰……

（《和蔷薇花歌》）

这蔷薇花开如织，好像仙女织出来的一只只飞舞的凤凰，又像是天上红霞落地。花枝袅袅飞扬，那弥散的花香正是对佛陀虔诚的供养。相遇一份惊艳，如同蜀锦洗出了更为鲜美的色彩，又像盛装的宫女娉婷玉立。真是此花

185

只应天上有，人间哪得几回赏呀。

　　孟郊真是蔷薇花的知音粉丝，那次饯别诗会之后，他邀请友人再次前往唐兴寺赏蔷薇，写了《邀人赏蔷薇》：

> 蜀色庶可比，楚丛亦应无。
> 醉红不自力，狂艳如索扶。
> 丽蕊惜未扫，宛枝长更纤。
> 何人是花侯，诗老强相呼。

　　诗人再次以蜀锦作比，来书写蔷薇的鲜艳秀美，这是屈原笔下的兰花所没有的美。那种如醉似狂、柔弱娇美，令人怜惜，让人赞叹。有的蔷薇含苞待放，有的怒放枝头，有的零落在地，一地的绯红，而那些屈曲的花枝，舒展回旋，如同伸出柔嫩的手。谁是爱花的花侯，我这个老诗人要把他们都喊来，同赏这人间美景。

　　在溧阳，孟郊对蔷薇情有独钟，把诗情献给蔷薇花，他赏蔷薇花，他知蔷薇花，蔷薇是上天的赐予，是佛的供养。在蔷薇花里，他看到生命的热烈，也看到热烈之后复归的宁静，那种佛系的平和。

　　佛说，一花一世界。

溧阳秋色

1

"安史之乱"之后，唐朝并没有得到一刻的安宁，而是藩镇割据，连年战乱，豪强兼并土地愈演愈烈，导致官府能够控制的纳税人口锐减。唐前期按人口纳税的均田制随之崩溃瓦解，租庸调制也难以施行。为应对征赋乱象，增加财政收入，朝廷于建中元年（780）改行"两税法"，主要有户税、地税及其他杂税，分夏秋两季征纳谷帛和钱缗。一时，唐朝紧张的经济困局得以纾解。但这一并不周密的新经济政策，在"法度玩弊"（宰相杨炎语）的中唐时代，逐渐变相。皇室要维持奢靡的生活，地方官就要进奉贡献；国家用兵动武需要军费，地方官就要加强征收。于是，除了正常的赋税之外，又巧立名目，违规滥征，百姓肩上的负担可想而知。

作为县尉，孟郊是直接面对百姓的基层官员，溧阳一县向百姓催征赋税以及处置相关事务，基本都由他这个县尉去执行。在农田水利设施相对欠缺的唐朝，百姓靠天吃饭，碰上年成不好，遭遇旱灾水灾，田地歉收，就要忍饥挨饿，但官府的赋税还得交。官府一级一级下达考核指标，最后落到最底层的官员县尉身上。你每一年要考核达标，就必须如期完成上级交给你的任务，否则考核成绩会影响你考满之后下一次选官。孟郊熟读圣贤书，深受儒家文化的浸润，胸怀仁义之心，看到溧阳百姓生活艰难，他的内心五味杂陈。

他深入溧阳农村，了解民情，劝农劝桑，加强田间管理。他说："劝尔勤耕田，盈尔仓中粟"（《劝农人》），就是劝导农民抓紧时间，勤劳耕作，获得好的收成，这样仓中有粮，心中不慌。在基层，他时常看到让他揪心的景象。某一次，见到一位农家女正在织机旁纺织劳作，看似筋疲力尽，但仍没有停止穿梭纺绢。她的手下织出精致洁白的细绢，可身上却穿着破旧的衣衫，这一强烈的对比拨动了县尉诗人的心弦，他似乎体察到了那位织女的心酸和无奈。可他是代表官府的，正要督促下属张贴告示，要求栽桑养蚕，想想往后的丝帛杂税肯定会更加繁重，可他能怎样呢？回家卖红薯去吗？无奈，还是无奈。诗人按捺不住内心的悲凉，赋诗《织妇辞》：

> 夫是田中郎，妾是田中女。
> 当年嫁得君，为君秉机杼。
> 筋力日已疲，不息窗下机。
> 如何织纨素，自着蓝缕衣。
> 官家榜村路，更索栽桑树。

诗句以织妇的口吻写出了官府对底层民众的征税和盘剥，一家人终日劳作，男耕女织，却只能为他人作嫁衣。孟郊为下层百姓遭受剥削而愤愤不平，他有关注民生、同情百姓的心，但心有余而力不足。这让人想到北宋诗人张俞的《蚕妇》诗："昨日入城市，归来泪满襟。遍身罗绮者，不是养蚕人。"《蚕妇》所写的诗意诗情何尝不是《织妇辞》的翻版？

孟郊家境贫寒，如今走上了基层领导岗位，但他一直主张"仕非为贫"（独孤郁《答孟郊论仕进书》），当官不是为了谋求一己私利，而是希望以"天地至公之道"，扶贫拯弱，为民谋福。这种思想，在他《吊元鲁山十首》（其四）中也有体现，他赞誉元鲁山"万物饱为饱，万人怀为怀"，看重的是百姓温饱、百姓感受。这何尝不是诗人的政治理想？何尝不是诗人民本思想的流露？

理想是美好的，但现实是骨感的。孟郊心系百姓，希望能够造福一方百姓，而他的工作职责却只要对上级负责，完成上级下达的赋税等指标。但百姓的承受力呢？总不能把百姓的疾苦抛于脑后。身在其位，你要谋其政，你睁眼看看百姓，日子难过，多少人在饥饿生死线上挣扎，你强硬去催收繁重的赋税，有些违心，或许一次强征赋税会逼得百姓家破人亡；但你完不成催缴赋税的指标，自己的日子难过，或许还会遭受鞭笞的惩罚。那种上下为难的情绪笼罩在诗人的脑际。这种两难的选择，不仅县尉孟郊要面对，所有专制集权社会的官员都要面对，尤其是生活在一个纷乱的时代里，你心存良知，就会多一份内心的痛苦。

孟郊面对那些难以推托的公务杂务，内心充满了矛盾，深感做官难，难做官。在官场，他绝对不是一个灵活的人，不懂得如何隐藏自己，不懂得如何讨好上司，不懂得如何寻找工作和生活之间的那一个平衡点。

陈县令离开溧阳，继任者是季操。季县令新官上任，工作作风与前任明显不同，谨严得很，希望高标准完成各项目标任务，得到上级领导的好评，以待得以重用。那年十月，他和季县令一同送本县孙秀才上京赶考，写了《同溧阳宰送孙秀才》：

> 废瑟难为弦，南风难为歌。
> 幽幽拙疾中，忽忽浮梦多。
> 清韵始啸侣，雅言相与和。
> 讼闲每往招，祖送奈若何。
> 牵苦强为赠，邦邑光峨峨。

或许县令作了一首送别诗，他跟着唱和。他感到自己如同一把废弃了的琴瑟，难以弹奏出美妙的音乐，难以呈现当年舜帝用五弦琴弹《南风》歌的场景，舜帝纾解民怨、养育百姓的事迹已经沦为传说。而诗人自己，"幽幽拙疾中"，真的感到不会做官，仕途蹇涩，恍惚如幻梦中一般。只有诗歌的召唤，让大家暂且忘却生活工作的烦恼，这样呼朋引伴的，用高雅的诗句相互唱和。在听讼之余，孟郊经常受孙秀才的邀请，饮酒雅集，如今要饯别，在离别之际只能勉强作诗，祝愿孙秀才能够金榜题名，为家乡多多增光添彩。

你看，孟诗人在县令面前直言不讳，真性情中人。

2

尽量不多说一句话，不多走一步路，有时还要说一些违心的话，做一些违心的事，关键时刻要想领导所想，这是作为专制时代的县尉必需的。作为一名诗人，孟郊总是心有不甘，有不平之气，但突袭而来的人生挫败感，让他挥之不去。

贞元十八年（802）春，他奉命到宣州公干，就去拜会湖州老乡钱徽。钱徽是著名诗人钱起之子，当时是宣歙池观察使崔衍幕的判官，是辅助地方长官没有品级的幕僚，后来入朝做了翰林学士。他去的时候正值官署厅前的石楠树花开，钱徽就请他移步赏花。著名诗人孟郊来了，崔观察使出来迎客，宣州的诗人也赶来一起赏花赋诗。钱判官是名门之后，自然出口成诗，孟郊随即唱和，一首《和宣州钱判官使院厅前石楠树》就呈现在面前：

大朴既一剖，众材争万殊。

懿兹南海华，来与北壤俱。

生长如自惜，雪霜无凋渝。

笼笼抱灵秀，簇簇抽芳肤。

寒日吐丹艳，赪子流细珠。

鸳鸯花数重，翡翠叶四铺。

雨洗新妆色，一枝如一姝。

耸异敷庭际，倾妍来坐隅。

散采饰机案，余辉盈盘盂。

高意因造化，常情逐荣枯。

主公方寸中，陶植在须臾。

养此奉君子，赏觌日为娱。

始觉石楠咏，价倾赋两都。

棠颂庶可比，桂词难以逾。

因谢丘墟木，空采落泥涂。

时来开佳姿，道去卧枯株。

争芳无由缘，受气如郁纡。

抽肝在郢匠，叹息何踟蹰！

石楠树，是一种常绿小型灌木，属于蔷薇科。据唐段成式的《酉阳杂俎》记载："衡山石楠花有紫、碧、白三色，花大如牡丹，亦有无花者。"我们常见的石楠嫩叶鲜红，鲜花白色，到秋冬就结出红果，也就是孟郊诗里所说"寒日吐丹艳，赪子流细珠"。现在，石楠花随处可见，但在唐朝，只有富贵人家才会栽种，以供观赏。石楠花显然吸引了孟郊的眼球，"鸳鸯花数重，翡翠叶四铺。雨洗新妆色，一枝如一姝。"在诗人眼里，春日雨后的石楠花，叶如翡翠花似鸳鸯，再看，那一簇簇一枝枝石楠花新雨之后，宛如美人出浴。他赞美石楠花，也不失时机地来几句溢美之词，崔观察使培植石楠是君子之举，钱判官才华横溢、妙笔生花，称钱徽所作《石楠咏》几乎超越了班固的《两都赋》，堪比《诗经》里名篇《甘棠》。诗人有点夸张了。

诗人固然为眼前的石楠感到幸运，能够得到栽培，如果树在荒野呢？"因谢丘墟木，空采落泥涂。时来开佳姿，道去卧枯株。争芳无由缘，受气如郁纡。"结果很清楚，石楠如果得不到栽培，就是无人欣赏的虚幻，最后零落成泥，僵卧枯枝，无法接受天地阴阳之气，展示芳容。郁结呀，曲折萦绕呀。诗里的"丘墟木"不就是诗人的写照？孟郊是借题发挥，从石楠想到了在溧阳尉任上的失意之情，他仕途不顺，难免抑郁不平。

溧阳的那个春天，他按照规定接待陈侍御，一位途经溧阳的贬官，只是陈侍御的生平难以考查。孟郊显然非常同情陈侍御的遭遇，当即作《罗氏花下奉招陈侍御》一诗，其中"劳收贾生泪，强起屈平身"，规劝陈侍御不要像贾谊、屈原那样流泪叹息，挺起身板往前看。陈侍御暂住在临江驿站，正值春雨连绵，旅途受阻。诗人前去探望时，冷雨飘摇，笼罩着滨江小邑，春天似乎被冻结，停止了脚步，春花零落，春鸟也不再殷勤献唱，唯有春水一江翻动着鳞波。孟郊触景生情，吟出《江邑春霖奉赠陈侍御》：

191

> 江上花木冻，雨中零落春。
>
> 应由放忠直，在此成漂沦。
>
> ……
>
> 始知吴楚水，不及京洛尘。
>
> 风浦荡归棹，泥陂陷征轮。
>
> 两途日无遂，相赠唯沾巾。

几日相与，诗人得知陈侍御的一些境遇，他是因忠直而遭贬谪。人生的风风雨雨如眼前的风雨一样，在不经意间飘然而至，陈侍御就遭遇了这样的风雨，从京城被贬到远方去。真是宦途无常。陈侍御的眼神充满了悲凉，说到伤心处又坐在青草地上流泪，眼前吴楚之地的山水再好，也不及京城里一粒尘土，诗人同情惋惜陈侍御，因为京官难得呀，这不就是诗人自身的感怀？"风浦荡归棹，泥陂陷征轮。"水陆两道都无法畅通，怎么办？又是无奈，只有泪眼赠诗一首。同情陈侍御的遭遇，孟郊自身也进退维谷，归隐不忍，仕进不顺，感伤不已。中唐的诗人孟郊再也没有初唐时王勃们的心境，再也没有"海内存知己，天涯若比邻"的开阔胸襟和超脱情怀，有的是时代烙印上的忧郁、屈曲与逡巡。

孟郊用异常的眼光，看到了春天里的秋天。原本是多么灿烂绚丽的春天，在风雨中变得如此的冰冷泥泞，变得如此的无情无义，这同萧索的秋天有什么不同。这样的眼光和心态，叫他如何与季县令心平气和地相处，又如何沉下心去处理公务。官场上的等级制度森严，县令处处可以敲打他，对他施加压力，而四周那些异样的目光直叫他寒心。

转眼入秋了，秋风秋雨吹打在江南溧阳的土地上。那个秋夜，沙沙的秋雨一直下个不停，直到东方欲晓，雨还在飘着。这雨，打在瓦楞上，打在黄叶上，也打在诗人的心头，让他彻夜难眠。他起床时，雨刚刚止息，屋檐上的雨水还滴滴答答地落在阶石上。他回首，那种秋雨带来的悲凉击中了他心灵的软肋，感叹写下忧念之作《溧阳秋霁》：

晚雨晓犹在，萧寥激前阶。

星星满衰鬓，耿耿入秋怀。

旧识半零落，前心骤相乖。

饱泉亦恐醉，惕宦肃如斋。

上客处华池，下寮宅枯崖。

叩高占生物，龃龉回难谐。

他望着镜中花白的鬓发，那种悲凉的秋思萦绕于怀。曾经的师友近半零落了，皎然老师走了，李芃、韦应物、包佶走了，陆长源、张建封、吕渭走了，连李观也英年早逝……做官的那份初心已经被迫背离，谈何为生民立命，谈何为百姓担当，上官要求的只是如期完成各种考核指标，哪里管百姓生死？多喝几口水都怕醉了自己，身为一介小吏，常常满怀戒惧，肃敬如在行斋，不敢逾越半步。上官身居华堂，做下属的只能安身陋室枯崖，相比简直判若云泥。抬头叩问苍天，俯首察看万物生灵，为什么一切都在矛盾之中，一切都违背常理？时运不济呀！

尽管孟郊告诫自己要小心做事，谨慎做人，而现实的人与事常常背离他的初心，现实如绳索如樊笼，要束缚要封锁诗人的心。一个憧憬自由的心灵，怎会甘心折服？还是一个秋日，他为化外朋友青阳上人送行，写道："多谢入冥鸿，笑予在笼鹤。"（《送青阳上人游越》）他把青阳上人比作"入冥鸿"，是青冥之上的鸿鹄，而自己是"在笼鹤"，虽有青云之志，但身在世事、琐事的笼中。他羡慕青云和尚的逍遥自由，因为也有一颗向往逍遥自由的心。

3

作为读书人，孟郊自然希望在政治上有所建树，但身在微官卑职之列，又明显与上司在不少问题上意见相左，不要说升迁，给他穿小鞋也很正常。"达则兼济天下，穷则独善其身"。他郁闷，他矛盾，他感到行路难，只能借自然山水来消解内心的愁闷，在山水之间获得心灵的暂歇。在县尉任上，孟郊悠游溧阳山水间，纵情吟诗，用诗句来浇灌心中的块垒。

关于孟郊在溧阳的为官与生活，最早的具体记录人是唐朝诗人陆龟蒙。他在《书李贺小传后》一文中这样写道：

> 余为儿时，在溧阳闻白头书佐言：孟东野，贞元中以前秀才，家贫，受溧阳尉。溧阳昔为平陵，县南五里有投金濑，濑南八里许，道东有故平陵城，……东野得之忘归，或比日，或间日，乘驴领小吏径蓴投金渚一往。至则荫大栎，隐岩筱，坐于积水之傍，苦吟到日西而还。尔后衮衮去，曹务多弛废。令季操下急，不佳东野之为，立白上府，请以假尉代东野，分其俸以给之。东野竟以穷去。

当孟郊来到溧阳的故城平陵遗址，一下子就爱上了这里的荒芜、幽静与野趣。平陵城的老城墙只剩下三四尺高的残垣断壁，快要湮灭在杂树丛草间，几个人才能合抱的大栎树随处可见，最为可观的是这里积水成湖，有鱼鳖，有野鸭，有清风，有鸟鸣，只有抓鱼打柴的老百姓才会来此。能够远离案牍之劳形，孟郊有点流连忘返，此后一有空闲，就骑着毛驴带着小吏来此吟诗、射鸭，时常到日薄西山才回去。他甚至还在那里搭建了射鸭堂，以供其消遣娱乐。清光绪杨家骠《溧阳县续志》记载："射鸭堂，在故平陵城。唐贞元末，县尉孟郊建。今废。"

孟郊似乎很钟爱射鸭的游戏，大致是用竹弓射击水中的野鸭子以取乐。唐朝时，水上野鸭应该很多，没有《野生动物保护法》，无须承担射杀野鸭破坏生态的违法成本。孟郊就常去平陵旧城饮酒、射鸭、吟诗，如有朋友来溧阳，就邀请一同前往作射鸭的游戏，共享这山水之乐。

越中诗僧淡公造访，他们一同来到平陵旧城游赏玩乐。站在湖边，只见水岸上大片的菰草、芦苇，在风中起伏；烟波浩渺的湖面上，渔船徜徉，白鹭点点，野鸭悠游。看到湖上这般旖旎风光，诗人赞叹不已，心驰神往。跨上小船，飘荡在碧波荡漾的水面上，诗人老夫聊发少年狂，他们铜斗饮酒，酒饮完了，手拍铜斗而歌。天下起雨来，他们身着蓑衣，站立在船头手持竹竿撑船，蓑衣在风雨中晃动，洒下串串水滴。他们张弓搭箭向野鸭射去，惊得这些野物有的扑翅起飞，有的躲到芦苇丛中……这是孟郊乐此不疲的游戏，多么自由自在，又富有诗意。多年后，孟郊在洛阳与淡公再次相聚，回首当年，写下《送淡公十二首》，其中三首回顾了溧阳时这次交游：

其　三

铜斗饮江酒，手拍铜斗歌。

侬是拍浪儿，饮则拜浪婆。

脚踏小舡头，独速舞短蓑。

笑伊渔阳操，空恃文章多。

闲倚青竹竿，白日奈我何。

其　四

短蓑不怕雨，白鹭相争飞。

短楫画菰蒲，斗作豪横归。

笑伊水健儿，浪战求光辉。

不如竹枝弓，射鸭无是非。

其　五

射鸭复射鸭，鸭惊菰蒲头。

鸳鸯亦零落，彩色难相求。

侬是清浪儿，每踏清浪游。

笑伊乡贡郎，踏土称风流。

如何丱角翁，至死不裹头。

多么的畅快，多么的尽情，多么的风流逍遥，让一切的礼法规则走一边去，让一切的是非长短滚蛋，诗人只想做一个束发两角的不老翁，让披散的头发在风中飘。他真像一个小小少年，踏浪而行，忘记了工作与生活中的所有烦恼，活脱脱一个自由人。

你吟诗快活去了，但县令季操不高兴了。有时找人找不到，有时公务没人做，你孟郊拿了朝廷的俸禄，就要为朝廷效力，就要履行好一个县尉的职责。你怎么能把县令的话当耳旁风？你以为写了几首歪诗就可以忘乎所以耽误公务？县令不满，气急了，就汇报到宣州府，请求聘一个假尉，也就是代理，来协助处理相关事务，并从孟郊的俸禄里拿出一部分给假尉。

这出乎孟郊意外，但事已至此，也无法挽回。孟郊将要面临的是生活的拮据与窘态。

记述孟郊遗事的陆龟蒙是晚唐诗人，他的儿童时代距离孟郊在溧阳之时大致三四十年，他所说的"白头书佐"当是亲见孟郊遭遇之人。他的记述应较为可信。但后人的转述加入了自己的理解，难免犯了主观臆断的毛病。宋朝人编撰的《新唐书·孟郊传》说："令白府，以假尉代之，分其半俸。""半俸"之说由此而生。元朝辛文房所撰《唐才子传》，采纳《新唐书》的说法，还加了"辞官家居"四字。于是，孟郊的遭遇里增加了"分其半俸""辞官家居"的信息，似乎更具细节，富有文学色彩，这些观点一直为后人袭用。

其实，大家只要细细品读孟郊的诗，考查一下唐朝的职官制度，孟郊"辞官家居"是子虚乌有的事。陆龟蒙所记，并没有交代孟郊为何不去好好履行县尉的职责。他不满官府税负太重百姓压力过大而采取无为的态度？是他沉溺于诗歌写作而不能自拔？还是他缺乏理政水平而得过且过？我们不能妄加推断。而陆龟蒙所言"东野竟以穷去"，是说孟郊在为官的窘境中离开溧阳，完全不是因为受到罚薪生活无以为继，最后辞官离去的意思。

4

针对官员失职渎职、违法擅权、违反朝仪之类的行为，唐朝有罚俸制度。罚俸，即夺俸，停发一个时期的俸钱，相当于如今的停发几个月的工资和奖金，以经济制裁来惩戒官员的违规违法行为。但一般情况，这种罚俸处罚是短暂的，少则一月，多则半年。孟郊被认定失职而被罚，实在很寻常，而被罚"半俸"之事，又是非常重的处罚，从现有史料看唐朝没有案例，有待进一步考证。

唐朝对官员有任期考课制度，六品以下的旨授官员每一任四考或三考，也就是任期三到四年，每一年进行考核，任期结束就是考满。孟郊作为县尉，由县令对他一年来的功过德能作出评定，写成考状，呈报宣州府，再由州府评议，根据大家的意见写成正式考状，即考绩评语。考评分上、中、下三个层次九个等级，称为考第。考第为中上的官员，每年俸禄有奖励，这相当于今天被评为优秀公务员，年终奖金能够上浮。中唐以后，内外官员最高考第也就是上下考，上中考以上没有。从孟郊被县令处罚的情况看，他的考评肯定不会好，肯定是中下等，要拿奖励没有可能。

这种考核，与官员考满之后是否需要守选密切相关。一般官员考满之后就要罢官，回家守选，守选时间按官品高下而定，短则一年，最多十二年，但优秀官员就例外。如果官员清白公廉，上下满意，为官一任的评语就被认定为"使状一清，考词二清"，"使状一清"即为官一任的总评是"清"字，"考词二清"就是指一任四年的考课中有两年的考绩评语是"清"字。如果一任的考绩达到"使状一清，考词二清"这个目标，就能被定为第三等；连续两任中，每一任都有"使状一清，考词二清"，考绩就为第二等。凡是考绩第二、第三等的官员，任期满后就不用守选，直接由吏部授官。如果官员连续三任都有"使状一清，考词二清"的评语，那就是第一等，成为吏部破格提拔任用的人选。因此，官员们都非常看重每一年的考课，孟郊的行为肯定要影响到县令的年终考核，县令看他不顺眼也是常理之中。

孟郊写过《乙酉岁舍弟扶侍归兴义庄居后独止舍待替人》一诗，乙酉年就是贞元二十一年（805），可知那一年孟郊还在溧阳。按照规定，地方官要等到任满接替官到任才能离职。孟郊当时任满，正在等待继任者到来，好办理移交。孟郊贞元十六年（800）到溧阳就任县尉，至贞元二十年（804），前后五年。按照唐朝开元年间规定"年终以来满二百日，许其成考"（《册府元龟》卷六三五《铨选部·考课一》），也就是官吏初上任第一年，年终时只要任满二百天，就可成考，就要参加考课，有考绩、考第，算一考。孟郊第一年到任时时间或许不满二百天，没有算一考；而后四年四考，为官一任考满，等候继任者交接。如此看来，"辞官家居"只能是后人臆想罢了。

总之，诗人孟郊沦陷在贞元十八年（802）的秋天里了。他因流连山水、耽于赋诗，没有理解上司的意图，没有执行好上司的部署，那就靠边站了。县尉的作为关乎一个县的政绩，关乎县令的考满选官，无论如何你不能耽误了人家做官的前程，无论如何你也不要把自己的前程当儿戏，可孟郊太不爱惜自己的羽毛了，由着性子，以致生活弄得一地鸡毛。

秋风起，溧阳的秋色渐浓，黄叶满地，寒柳萧疏。

不平则鸣

1

张籍在家守丧已过三年，听到好友孟郊在溧阳的境遇，就从和州过江来探望好友。孟郊陪同张籍，到唐兴寺一游，蔷薇花早已凋谢，只有在暮鼓声中感悟一番禅意。第二天，他们往长荡湖而去。

长荡湖跨今天金坛、溧阳两市，现有面积86.7平方公里，想必唐朝时更为广阔。郦道元《水经注》称此湖为"五古湖"之一，长荡湖古称洮滆，与具区（今太湖）、彭蠡（今鄱阳湖）、青草（今洞庭湖东南部）、洞庭齐名，但现在只是太湖水系的一部分。这里风景如绣，水产丰盛，是各种水禽的自由家园，当地民谣唱道："飞起不见天，落下盖湖面；天寒三日冻，一塘数百连（六只为一连）。"可见，溧阳的自然生态美不胜收。

孟郊与张籍来到湖边，但见近岸处菰草枯黄，芦花盛放，湖面上游弋着野鸭之类，时有白鹭、灰鹭起飞滑翔。而湖水清澈见底，可以看到一群群小鱼穿梭水中，真是别有一种秋意风情。这不就是庄子与惠子游于濠梁之上见到的鲦鱼？鲦鱼从容游于水中，自由自在。庄子说，这是鱼的快乐。惠子表示疑问。两位古人正是站在纯净的秋水边抬上了千古一杠。惠子说："子非鱼，安知鱼之乐？"庄子说："子非我，安知我不知鱼之乐？"而两位唐朝诗人，徜徉于湖面，不时惊起一只只水鸟，他们是否感受到了鸟儿和鱼儿的快乐与自由呢？面对如此美好的景色，孟郊那份郁闷的心情纾解不少。

　　张籍被眼前诱人的景色感染着，又为孟郊的遭遇而感慨，他以《长荡湖》为题，吟道："长荡湖，一斛水中半斛鱼。大鱼如柳叶，小鱼如针锋。浊水谁能辨真龙？"张籍大概有点夸张，一斛水中有一半是鱼，谁能信呢？但他眼前水波里，肯定有成千上万的游鱼。他明明看到一湖清水，看到水中自由穿梭的鱼，何以称之浊水？是他别有寓意吧。浑浊的世道里怎么容得下真正有才华的人才呢？

　　张籍自然读过韩愈的《醉留东野》，记得"吾愿身为云，东野变为龙"的诗句，所以奉行了一回拿来主义，把好友比作真龙了。在三国时，诸葛孔明被称为卧龙先生；到唐朝，大家还把自己佩服的才子比作龙，龙还没有成为皇帝的专用名词。但孟郊笑张籍比得不当，自己怎么可能是真龙，什么都不是，如今的境遇更像是虫了。张籍说：怎么不像龙？心怀家国、忧国忧民的志士，当然是会腾云而起的龙。孟郊接着张籍的话：如此说来，你也是龙了；如果我们是龙，那是两条潜龙在水，期望上天快快生成云朵，让我们一起飞。两个相知的朋友相视大笑，笑声回荡在湖面上，一笑而解千古愁。

　　送走张籍的那天夜晚，孟郊独自对月，那种幽幽的秋思袭上心头，有感写下《寄张籍》一诗：

夜镜不照物，朝光何时升。

黯然秋思来，走入志士膺。

志士惜时逝，一宵三四兴。

清汉徒自朗，浊河终无澄。

旧爱忽已远，新愁坐相凌。

君其隐壮怀，我亦逃名称。

古人贵从晦，君子忌党朋。

倾败生所竞，保全归曈曚。

浮云何当来，潜虬会飞腾。

　　遥望天际，星汉灿烂，但官场如同黄河，难有河清之时。想想自己，官途不顺，亲爱的妻子已经如花般凋零，那种绵绵的爱已经远去，只有秋夜里无尽的寂寞哀愁。希望像古代的君子一样，隐忍还是隐忍，不去攀龙附凤、结党营私。所有的失败都是因为你有所求，所有的保全都是因为难得糊涂，何必强求，顺其自然吧。

孟郊与张籍，不会钻营拍马，不会出卖良心与权贵同流合污，始终保持着独立的本性。你即使是潜龙，但助你腾飞的云在哪里？在专制的时代，两位有志的"潜虬"能在水里游已经很不错了，想要飞腾起来难乎其难。

2

孟郊不知如何又得到了一个去京城长安的机会，难道又被宣州指定为押解官，护送那些读书人上京赶考？反正，贞元十八年（802）的秋冬之际，他和好友韩愈又在长安相见了。

韩愈已经担任四门博士，政务不多，交游不少。孟郊来了，当然少不了诗酒酬唱；孟郊要回溧阳了，还是少不了诗酒送行。但这一次，韩愈深深地为孟郊在溧阳的遭遇感到不平，他自然更多站在诗人的角度观察问题，一个有才华的诗人在县尉任上竟是如此境遇。韩愈为孟郊写下了千古名篇《送孟东野序》。这不只是一篇普通的送别之作，还是文学批评史上的重要文献。韩愈写道：

> 大凡物不得其平则鸣：草木之无声，风挠之鸣。水之无声，风荡之鸣。其跃也，或激之；其趋也，或梗之；其沸也，或炙之。金石之无声，或击之鸣。人之于言也亦然，有不得已者而后言。其歌也有思，其哭也有怀，凡出乎口而为声者，其皆有弗平者乎！

韩愈在这里提出了"不平则鸣"的观点。一般说来，各种事物处于不平之时就会发声：草木本来没有声音，有风的摇动就发出声响。水本来没有声音，有风的震荡就发出声响。水浪腾涌，或有力量激荡起水势；水流湍急，或有东西阻塞水道；水花沸腾，或有火烧煮它。钟磬本来没有声音，有人敲击它就发出音响。人的语言也同样，往往到了不得不说的时候才发言。人们歌唱，是为了寄托情思，人们哭泣，是因为有所怀恋，凡是从口中发出而成为声音的，大概都有其不平则鸣的原因吧！

孟郊的工作和生活出现了波折，韩愈用文字来安慰朋友，但其中的内涵实在太丰富了。韩愈从自然现象说起，说草木，说水，说金石，说人，告诉人们上天选择善鸣之物，借其发声，而人类声音的精华是语言，语言的精华是优美的文辞，上天也要选择善于表达的人，依靠他们来表情达意。他用"不平则鸣"的观点回顾了上古文学史，他怀念上古夏周的六艺传承，点赞春秋战国的百家争鸣，称道秦汉之时名家辈出，唯独吐槽魏晋，即使那些所谓"善鸣"者，也是声音浮泛，节奏急促，言辞过分哀怨，志气松弛无度，简直是杂乱无章。韩愈以一个古文家的身份对六朝文学展开了声讨，而他的意见让人联想到司马迁的发愤著书说，是时代的变幻、生命的磨难给了诗人作家笔触的力量。

随后，韩愈说到唐朝：

唐之有天下，陈子昂、苏源明、元结、李白、杜甫、李观，皆以其所能鸣。其存而在下者，孟郊东野始以其诗鸣。其高出魏晋，不懈而及于古，其他浸淫乎汉氏矣。从吾游者，李翱、张籍其尤也。三子者之鸣信善矣。抑不知天将和其声，而使鸣国家之盛邪，抑将穷饿其身，思愁其心肠，而使自鸣其不幸邪？三子者之命，则悬乎天矣。其在上也奚以喜，其在下也奚以悲！东野之役于江南也，有若不释然者，故吾道其于天者以解之。

韩愈的话题，先说唐朝的诗人们才华纵横，再转到送别的主角，孟郊身处基层，地位低下，但他书写真情实感的诗歌，高处超过了魏晋，直抵上古，一般诗作的水平也在汉朝大家之间。还有李翱、张籍，文章才华也引人注目。

但不知道，上天要他们唱出国家的强音呢，还是让他们贫穷饥饿，愁肠百结，表达自身的不幸呢？他们三位的命运，掌握在上天的手里。身居高位有什么可喜，身沉下僚又有什么可悲！孟东野在江南做一介县尉，心里有不释然的地方，因此韩愈要说说天与命的话，来劝慰孟郊。

朋友的话，对内心孤寂、处境艰难的孟郊来说，是宽慰，是浓茶舒心肺，是美酒暖心肠。孟郊的心胸中，压抑多日的不平之气得以纾解，他的诗歌也在这曲折的人生里日渐升华。

韩愈劝慰朋友很有一套，随后自己碰上麻烦事了。不知为何，韩愈的四门博士忽然被罢免了。他没有后台，何去何从是一个问题。正在他茫然之际，御史中丞李汶举荐他为监察御史，他才如释重负。贞元十九年（803），韩愈坐上了监察御史的椅子。监察御史的官阶比四门博士还低，正八品下，但这个六品以下的敕授官职，按制度不需要守选，有人推举就行。韩愈碰上了爱才的好领导，很高兴地去上任了。

在历史上，韩愈时常急于求官，为人诟病，但一旦戴上官帽，就会不计得失，尽力做事，这就显得非常可爱。当时关中地区大旱，韩愈在查访后发现，灾民流离失所，四处乞讨，关中饿殍遍地。目睹严重的灾情，韩愈痛心不已。作为监察御史，他感到责无旁贷，就仗义执言，上疏纵论天旱人饥的民情，为民疾呼。他的直言得罪了权臣。这一年冬天，他就被贬连州阳山（今广东省清远市阳山县）当县令去了。

这一回，轮到孟郊劝慰朋友了。韩愈被贬的消息传至溧阳，孟郊忧愤万分。贞元二十年（804）早春，韩愈千里跋涉，到达任所阳山，就给孟郊来信，述说自己"莫须有"的冤屈。孟郊自为韩愈的遭遇伤心泪下，要一吐心中的不平之气，作《连州吟》三章。

阳山和溧阳虽然都属于江南西道，但一南一北，相距两千多里。孟郊看到远处连绵的山高高耸立，与苍天相接，他心里念叨的是远在连州的朋友韩愈。在第一首诗，孟郊为朋友的境遇忧心，"哀猿哭花死，子规裂客心"，用哀猿、子规的啼声臆想韩愈远在他乡的伤心感受，又暗用湘妃、屈原的典故，表达对韩愈忠而被贬的愤慨。在第二首诗里，诗人直抒胸臆：

正直被放者，鬼魅无所侵。

贤人多安排，俗士多虚歆。

孤怀吐明月，众毁铄黄金。

愿君保玄曜，壮志无自沉。

这里，孟郊真诚地称颂韩愈如何品德高尚：你正直公允而被放逐，你心底坦荡，鬼魅们也不会来侵扰。你是贤明之人，一定能顺其自然，不会像俗人那样心生虚妄的贪图。你孤高的情操如明月朗照，但众口铄金。但愿你能够对抗谗言的诋毁，内心永葆天赋的光明，壮志在胸永不消沉。

第三首诗写两个朋友心有灵犀，互有感应。孟郊朝思暮想，担心远方的朋友，远方的朋友就鸿雁飞来，"连州果有信，一纸万里心"。但韩愈的心里明显充满了哀愁，"南风嘶舜琯，苦竹动猿音"，似乎听到了玉管悠扬，飘来忧伤的《南风》歌，又如苦竹寒声，牵动了哀猿的悲啼。在诗句间，孟郊还隐约暗示了时局的动荡变幻，"两剑忽相触，双蛟恣浮沉。斗水正回斡，倒流安可禁"。

在此，有必要提一下，一场朝廷内部的革新行动正在酝酿。以王叔文、王伾、刘禹锡、柳宗元等为核心的官员开始策划推动改革，希望抑制藩镇势力和宦官专权，停止横征暴敛。当然，改革遭到了既得利益者的联手反对，最终被扼杀，这是后话。韩愈的政治态度比较保守，遭到王氏集团疏离排挤，是必然之势。孟郊写《连州吟》的时候，唐顺宗还没有登上帝位，王叔文集团虽没有全面推行革新举措，但与反对势力的斗争渐渐趋于尖锐。诗里的"双剑""双蛟""斗水""倒流"，何尝不是当时政治局势的写照。正因为局势如此，孟郊和韩愈被险恶的形势所阻隔，"惊浪隔相寻"。但山水千里，终隔不断两人深契的情谊。这种情谊，给各自曲折的人生带来了无限的慰藉。

3

孟郊自身的境遇一片狼藉，如今一心为官的朋友韩愈也遭受放逐，他为之痛惜，酒自然成了孟诗人排忧解难的媒介。从杜康造酒之后，它一直激荡在人们的欢声中，也流淌在人们的愁肠里。尽管生活不太宽裕，但酒是孟郊生命不可缺少的短暂畅快，他独饮，也和溧阳的文人雅士共醉。

孟郊收到韩愈来信正是梅花时节，但江南的天气还是寒冷，柳色未青，甚至还下了一场春雪。他邀请了溧阳的文人相聚饮酒，特地告知韩愈被贬职放逐的事。席间，文人雅士们自然吟雪颂梅，孟郊完全没有赏景的心情，赋诗《招文士饮》。

他为诗人的命运感慨，"曹刘不免死，谁敢负年华。文士莫辞酒，诗人命属花"，即使像曹植、刘桢这样的诗人都随风飘逝，诗人的命运如同花朵一般，灿烂绽放却随即凋零，大家何不今朝有酒今朝醉，千万莫负易逝的年华。诗中自然要说道韩愈的事，"退之如放逐，李白自矜夸。万古忽将似，一朝同叹嗟"，不管韩愈因直言上书而遭受放逐，还是李白因傲慢而不得任用，诗人的性情千百年来都是相似的，能怎么样呢？只有叹息，只有无奈，只有痛斥天地不公，"何言天道正，独使地形斜"。其实，酒未必能够真消愁，诗人就是多愁多病的命，孟郊如此，韩愈也是如此，"南士愁多病，北人悲去家"。听，箫管已经吹起"梅花落"的曲调；看，窗外的柳树上几只乌鸦，在冷风中"呀"的几声飞走了。大家不要再吟唱这春雪了，拿起酒杯畅饮吧。"相劝罢吟雪，相从愁饮霞。醒时不可过，愁海浩无涯。"清醒的时候只能感受到愁苦如海，漫无边际，可借酒消愁愁更愁呀。

患难见真情。孟郊与韩愈，人生不得意的时刻彼此关心、相互取暖，他们的友情是多么的深厚。

这个春天，孟郊还大病一场，奈何病去如抽丝，直到春尽麦子成熟的五月才好起来。从病中走来的诗人心境大变，生活的遭遇让他体味到世情的凉薄和友情的可贵，有点厌恶官府佐吏的营生，心生起几许隐逸的思绪。他在《病起言怀》的诗里写道：

> 强行寻溪水，洗却残病姿。
> 花景婉晚尽，麦风清泠吹。

交道贱来见，世情贫去知。

高闲思楚逸，淡泊厌齐儿。

终伴碧山侣，结言青桂枝。

他羡慕楚狂人的洒脱，借用古人对州县佐吏的蔑称"齐儿"表示对佐吏生涯的厌倦，希望与青山为伴，与桂枝订约。

贞元二十年（804），孟郊是县尉任期结束之年，也即考满罢官。他不得不考虑今后生活的去向。他让兄弟处置了武康的几亩薄田，用不多的积蓄在溧阳不远处的义兴（即今宜兴，属常州）买了些田地，又购置了一所农房。他给家人安排好新的安身之地，自己也有了一个退身之处。他为何不回故乡武康，而到异乡义兴安家？有点难以理解，或许他认为常州有他可以依托之人。

转眼到了贞元二十一年（805），可继任的县尉尚未到位，他令弟弟孟酆、孟郢服侍母亲先搬迁到义兴庄居，自己则留在溧阳等待新任县尉，准备做好交接工作再离开。前文所提到的《乙酉岁舍弟扶侍归兴义庄居后独止舍待替人》一诗就是当时心境的写照：

谁言旧居止，主人忽成客。

僮仆强与言，相惧终脉脉。

出亦何所求，入亦何所索。

饮食迷精粗，衣裳失宽窄。

回风卷闲箪，新月生空壁。

士有百役身，官无一姓宅。

丈夫耻自饰，衰须从飒白。

兰交早已谢，榆景徒相迫。

惟予心中镜，不语光历历。

诗题中的"兴义"应为"义兴"之误。他依然住在原先居住的官舍，从前是主人，如今倒成了客人，身份的转变让往日的僮仆有些无所适从，想说几句打破这沉闷，但最后还是默默无言。孟郊同样有些无所适从，虽然曾被代理，但毕竟职务还在，如今退职罢官，出门不知要去做什么，进门也无事可做，他不像今人身处一个网络时代，可以微信微博，不出家门能够洞察世事，他有点失落无聊，连吃穿都随意应付了。入夜，起风了，几阵回风旋进门洞，卷起床头的空席，窗外的夜空一轮新月已经升起。铁打的营盘流水的兵，官府衙门也一样，没有永归一姓的官舍。他反观自己，下巴上的胡须被时光染得花白，朋友们一个个谢世而去，桑榆晚景已经迫近。但他的内心雪亮明晰，明镜似的，一切尽在不言中。

新县尉上任，孟郊尽快从县衙的官舍搬出来，在溧阳城北找了一个暂住之处。他整理好家具和衣物，借了一辆车搬家，看看车上可怜的几件家具和物品，他感慨了，几年的小官佐吏生涯真是两袖清风，但经历过太多的曲折磨难，这一点贫穷何足叹息！事后，诗人的《借车》一诗记录了搬家情形：

> 借车载家具，家具少于车。
> 借者莫弹指，贫穷何足嗟。
> 百年徒役走，万事尽随花。

浅近的语言，白描的手法，孟郊叙述了当时的家境和心态。劳劳此生，百年空度，世事无常，随花开落。一切都随缘吧。

那年秋天，在《北郭贫居》的诗中他清楚地表露，"进乏广莫力，退为蒙笼居。三年失意归，四向相识疏"，溧阳尉的经历让他对仕宦之路不再抱有幻想，选择退居而坚守节操，"欲识贞静操，秋蝉饮清虚"，他要如秋蝉一般高洁，清心寡欲，与书为伴，清静无为。当然，他说"三年失意归"并不是实指三年，溧阳生活已经多年。

孟郊没有官职，就没有俸禄，他渐渐感到城内的生活难以为继。到了深秋，母亲捎信希望他回乡，他离开溧阳回到了义兴新家。临行，他的从叔孟简为之送行，其《送孟东野奉母归里序》写道：

秋深木脱，远水涵空，……而孟东野于此时复奉母归乡……
东野学道守素，既以母命而尉，宜以母命而归，应不效夫哭穷
途、歌式微者矣。

那一年，孟简还在仓部员外郎任上，不想竟与孟郊在溧阳有相聚的机缘。
从孟简的序文可知，孟郊在那年秋深奉母之命回到兴义乡里的农居，过起了
乡村生活。但溧阳的五年，是诗人一生中至关重要的五年。他体察民情，懂
得了世道维艰，他遭受挫折，懂得了世事两难全，他忧伤、困惑过，如今他
更清醒，更具生命的洞察力。

在义兴，孟郊过起自食其力的农居生活，倒也悠闲自在：

> 退身何所食，败力不能闲。
> 种稻耕白水，负薪斫青山。
> 众听喜巴唱，独醒愁楚颜。
> 日暮静归时，幽幽扣松关。
>
> （《退居》）

虽然年老力衰，但孟郊乐意和家人一起犁田插秧、上山砍柴，还唱起欢
快的俗曲田歌。日落西山，他休工回家，轻轻地扣上柴门，和家人共进晚餐，
聊聊家常。有时，夜深人静的时候，家事国事天下事萦绕诗人的心头，让他
辗转反侧，难于入眠，他似乎对自身的境遇心有不甘，把忧时愤世、特立独
行的屈原引以为知己，"举世皆浊我独清，众人皆醉我独醒"。读书人的脾气
怎么改得了呢？

诗歌是美好的，但现实很严峻。一家三兄弟都有家室，张口十多人要吃
饭，要穿衣，靠几亩薄田生活自然相形见绌。作为家中长兄，孟郊自然有担
起照顾全家的责任，大家也希望兄长重新出山，毕竟他是老孟家的骄傲。

在窘迫中，孟郊只能寄希望于那些有权势的仁义之士。前文提到过，他
上书给常州卢使君，就是期望在常州能够谋一个差事，有一个衣食之处。他

在《上常州卢使君书》内称："小子常衣食宣武军司马陆大夫，道德仁义之矣。陆公既没，又尝衣食此郡前守吏部侍郎韦（夏卿）公，道德仁义之矣。韦公既去，衣食亦去。道德仁义显其主张，是在阁下……轻重可否倾一言，陈谢诚冀于异日。"孟郊实在是把自己放得很低，自称"小子"，又很懂得借题发挥，把给予衣食同彰显"道德仁义"联系在一起，虽然有点牵强附会，但人听了应该很是受用。信中还提到陆长源、韦夏卿曾如何关照，孟郊还送上一卷诗文，好让卢使君了解他的才华。这封信确实引起了这位常州刺史卢某的重视，而卢大人肯定知晓孟郊的诗才，应该给予了相当的关照。

后来，孟郊离开常州北上，又给卢使君《又上养生书》，畅论养生之道。这一封信，算是朋友之间的临别赠言。孟郊认为，君子养生之道要"法天而行身"，人要效法天道来立身处世，然后"身以及家，家以及国，国以及天下"。归根结底，孟郊的养生之道最后是要以天下为己任。信的最后，他说"恩养下将远辞违，书写至诚之言，不胜惶悚之甚"，点明受到卢使君的爱护关照，写下几句感恩的真心话，不胜惶恐得很。这封信行文顺畅，有理有据，可见孟郊和常州卢刺史的友情之真切。

这两封上书，是孟郊如今仅存的散文。从中可见，孟郊的思想以儒家的伦理道德为宗，他的政治见地与实践就是儒家文化的继承和体现。他提出"道德仁义之言，天地至公之道也"，主张君子应该"法天而行身""以公道养天下""以天道养其人"。这些观点，与儒家修身齐家平天下的思想一脉相承。

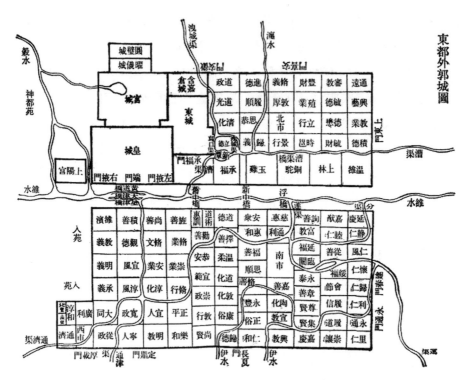

东都外郭城图（引自清徐松《唐两京城坊考》）

第六章

洛阳的快乐与悲伤

向长安

1

贞元二十一年（805），诗人孟郊安居乡里，唐王朝却经历了又一个多事之秋。

这年正月，唐德宗驾崩，唐顺宗李诵即位；唐顺宗即位时已经得了风疾，话都说不了了。到了八月，唐顺宗被迫传位给儿子唐宪宗李纯，自己做了太上皇，到了第二年就驾崩了。

这一年，朝中还有一个重大的历史事件，就是"永贞革新"的失败。唐宪宗即位后，改元永贞，于是贞元二十一年（805）成了永贞元年。永贞的年号只用了几个月，但当年的这场改革还是被称为"永贞革新"。

所谓"永贞革新"，指唐顺宗在位时王叔文、王伾等朝臣推行的一些改革，中坚力量还有著名诗人柳宗元、刘禹锡等。据韩愈后来撰写的《顺宗实录》记载，改革具有积极意义，一是禁了巧取豪夺的"宫市"。"宫市"就是太监们到民间采购日常生活用品，依仗权势强行低价购物，是名副其实的掠夺。二是撤了那些欺行霸市的"五访使"。"五访使"指唐朝宫中雕坊、鹘坊、鹰坊、鹞坊、狗坊的从业人员，服务皇帝打猎而豢养猛禽及猎犬，韩愈笔下称之为"五坊小儿"，常常以特权鱼肉百姓。改革虽取得了一些成效，但朝中各方势力角逐，加上二王的为人遭人鄙薄，等到唐顺宗禅位给儿子，革新派失势，二王被贬又被杀，柳、刘等八人被贬到边陲之地当司马，时称"八司马"。这一场改革就悄无声息了。

局势动荡，官员大量调动，危机中往往蕴含着机遇。唐顺宗即位，大赦天下，被贬的前宰相郑余庆，前谏议大夫阳城等人被召回，郑余庆随后还拜了相。韩愈这样的小官，虽没有马上接到赦免的消息，但过了一段时间得到去郴州待命的通知。到了唐宪宗即位，韩愈就被任命为江陵府法曹参军，负责司法、缉捕等事务。第二年六月，韩愈又接到了调他入京任国子博士的诏书，结束了外放的羁旅生涯。做一名京官，这是韩愈梦寐以求的事，国子博士虽只是相当于国立大学的教授，没有什么权力，但品级要比四门博士高得多，算是从正七品提升到了正五品，是多少人向往的职位。

身处江南的孟郊，守选期的乡居生活自然安逸，但变幻的时局让他感到了人生难得的机遇，不主动出击机遇肯定瞬间流逝。于是，他拜别常州卢刺史和家人，迈开了奔向长安的脚步，到天子脚下去碰碰运气。守选期内无法得到朝廷的任命，但到地方藩镇谋个职位还是很有希望，可以不受铨选制度的制约。

元和元年（806）初，孟郊北游长安，境遇其实并不乐观，曾经赏识他的前辈大多已经作古，朝中无人，就算你写得一手好诗，又有几人会欣赏你呢？孟郊想到了韦夏卿，当朝的太子少保，曾经的常州刺史、苏州刺史，只是韦夏卿一直身体欠佳，在家休养。孟郊曾受过韦的恩惠，得到过生活上的资助，理当前往拜访。

孟郊来到静恭坊（也作靖恭坊）韦宅，探望恩人韦大人。看到韦夏卿身体羸弱的样子，原本希望举荐的话到了嘴边还是咽了回去。作为爱书之人，他参观了韦大人的藏书屋，写了《题韦少保静恭宅藏书洞》的诗。韦夏卿是有名的藏书家，孟郊称他的书屋为藏书洞，感到有点神仙洞府的意味，此处只应天上有，人间能得几回见。这，让我想起阿根廷诗人、小说家博尔赫斯的一句话："如果有天堂，天堂应该是图书馆的模样"，古代的藏书屋就是私人图书馆，神仙洞府就是天堂，古今中外读书人的感觉是相通的呀。

孟郊笔下的韦家藏书屋环境幽美，"仙华凝四时，玉藓生数峰"，珍奇的鲜花四季皆有，院里假山石苔藓长青。藏书自然是丰富，不乏珍贵的古籍文物，

"书秘漆文字，匣藏金蛟龙"，一卷卷的漆书竹简，一匣匣的铸造古印，让人眼花缭乱。当然，孟郊在诗里表达了美好的愿望，希望韦大人身体硬朗起来，重新出道，"洞隐谅非久，岩梦诚必通"。这里用了"岩梦"的典故，殷商时武丁梦到贤相而梦想成真的旧事，孟郊借此寓意韦夏卿一定能够登上相位，到时为朝廷召集选拔有用之才。言下之意，不要忘记我孟郊，如有机会推荐一下。当然，这只是诗人的一厢情愿，到了三月韦夏卿就在东都洛阳去世了。

孟郊兴冲冲地来到长安，但长安并没有给予他更多的希望，心情自然可想而知。他写下的《懊恼》一诗是最好的内心写照：

> 恶诗皆得官，好诗空抱山。
> 抱山冷殑殑，终日悲颜颜。
> 好诗更相嫉，剑戟生牙关。
> 前贤死已久，犹在咀嚼间。
> 以我残杪身，清峭养高闲。
> 求闲未得闲，众诮瞋麒麚。

在长安城，该拜会的人已拜会了，该递送的诗也递送了，但那些一手恶诗劣诗的作者反倒获得了官职，我孟郊一手好诗却只能抱守青山、沦落山野，处处遭受冷落，整天面带愁容。一手好诗，不仅没有得到赞誉，反而遭妒忌，被攻击。这是怎样的世道，但能怎么办？唯有以我老之将至的残躯，养我清高之气、浩然之气。

你看，他依然是诗人性情，不知道如何去迎合权贵，不知道权贵真正在乎的是什么，拿几首自以为是的诗去显摆自己的所谓才华，真是有点不合时宜，也有点天真可爱。他居然还牢骚满腹，抱怨这个世界不懂他。当然，在孟郊的时代，诗与官是紧密联系在一起的，诗人不一定是官员，但官员肯定得会赋诗，因为科举考试考的就是诗歌。孟郊带着阴郁抱恨的情绪，用最直接的方式，把诗与官的命题推到了世人面前。其实，在某种程度上诗只是一块敲门砖罢了。

2

让孟郊最为快慰的是，长安还有诗友，给寂寥的京城浪迹生涯增添了几多温馨。

韩愈回到京城任职，他有职位有文采，又为人率真，很会调动朋友的雅兴，一下子成了诗友们的主心骨。

张籍也到了京城，到掌管礼乐的太常寺担任太祝，参与管理祭祀等相关事务。张籍官位卑微，是一个九品官，只得在京城延康坊西南西明寺后赁居，住所非常简陋，环境脏乱差，用韩愈的话是"君居泥沟上，沟浊萍青青"（《题张十八所居》）。有志青年张彻，正在准备进士考试，韩愈看重其才华把堂侄女嫁给他；后来张彻进士及第，遗憾的是在幽州殿中侍御史任上被乱军所害。

诗友相聚，自然欣喜，尤其是孟郊和韩愈，相交多年，惺惺相惜，如今会合在京城，抚今追昔，感慨万端。于是有了孟郊与韩愈、张籍、张彻四人共同完成的诗作《会和联句》：

> 离别言无期，会合意弥重。（张籍）
> 病添儿女恋，老丧丈夫勇。（韩愈）
> 剑心知未死，诗思犹孤耸。（孟郊）
> 愁去剧箭飞，欢来若泉涌。（张彻）
> ……

这种联句的诗歌形式，孟郊年轻时在湖州皎然和陆羽的诗会上见识过；孟郊远游楚湘，韩愈等人送别时也玩过，共赋了《远游联句》。这一次，张籍首当其冲，定了联句的韵和主旨。韩愈接着，说自己又病又老，丧失了大丈夫的气概，他老是说自己衰老，牙齿都掉了，其实回到京城精神状态不错。年纪最大的孟郊似乎并不服老，"剑心"未死，"诗思"独特。张彻联句有点平淡，毕竟在诗歌造诣上与前三位有距离。他们开始每人一韵两句，联着联着变作每人两韵四句。年轻的诗人张彻只作了二韵四句，就跟不上退出了；张籍作到六韵十二句，也文思枯竭了；只有韩愈和孟郊旗鼓相当，坚持到底，韩愈作一十六韵三十二句，孟郊作十韵二十句。

那次相聚，地点大概在某家乐坊，所以有诗有酒，"诗书夸旧知，酒食接新奉"（韩愈），有阳春白雪的琴，有美女奉上的茶，"雪弦寂寂听，茗碗纤纤捧"（孟郊）。在联诗里，孟郊透露，他得了足肿病，江南农村俗称"大脚风"，是风湿热邪、气血阻塞所致，即西医所说的丝虫病感染引起的下肢淋巴水肿。虽然到了北方，脚肿已经消退大半，"嘉言写清越，瘸病失肮肿"，但并没有好全，"诗老独何心，江疾有余燺"。

孟郊在京城赋闲，韩愈做国子博士工作性事务不忙，两个人经常聚在一起，作联句诗。他们住在一起，写《同宿联句》；他们夏天纳凉，写《纳凉联句》；他们一起赏秋雨，作《秋雨联句》；他们有共同的诗友，孟郊的从叔孟简也是韩愈的好友，此时已从仓部员外郎转到刑部任职，不便打扰就寄上诗句，两人在秋雨中写下《雨中寄孟刑部几道联句》。他们既关注国家大事，写《征蜀联句》，也喜欢观赏玩物游戏，写《斗鸡联句》。

《征蜀联句》写的是元和元年（806）唐军平叛刘辟的历史。西川（今四川成都）节度使刘辟反叛，唐宪宗命神策军节度使高崇文、兵马使李元奕等出兵讨伐，连战连胜，攻克成都，并且街市不惊，秋毫无犯，然后乘胜追击擒获刘辟，押送长安斩首于独柳之下。孟郊和韩愈听到王师捷报频传，叛军即将被平定，两位诗人以联句的形式大胆想象，恣意铺陈，用奇崛的意象描述破敌的声势，用奇奥的词句铺叙血腥的战争场面，气势恢宏，恢宏间又布满了残忍的杀气。那种战争的残酷，两位诗人书写得淋漓尽致。

而《斗鸡联句》中，韩孟以丰富的想象力和高超的文字驾驭力把小小的斗鸡场面描绘得活灵活现。韩愈首先开笔，"大鸡昂然来，小鸡竦而待"，斗鸡有大有小，大鸡昂首走来，小鸡严阵以待。孟郊顺着思路，"峥嵘颠盛气，洗刷凝鲜彩"，两只鸡精神抖擞，盛气十足，鸡冠鸡毛十分鲜艳干净，如同洗刷过一般。孟郊还写到了斗鸡的眼神，"精光目相射，剑戟心独在"，简直是两位剑客侠士狭路相逢，要一争高下……斗到中间休息时间，依然不分胜负，"中休事未决，小挫势益倍"（韩愈）。但更为惨烈的战斗还将进行，"裂血失鸣声，啄殷甚饥馁"（孟郊），相互啄斗头破血流，甚至鸣叫也失声了，还是不依不饶，啄向对方殷红的鸡冠，似乎饥饿极了要将对方吃掉。"毒手饱李阳，神槌因朱亥"（韩愈），把历史人物也搬出来了，这场争斗犹如晋朝的李阳为争地而遭石勒一顿拳脚，又如战国时的朱亥毫不留情下死手，用四十斤的铁锤击杀晋鄙。斗鸡的场面非常热闹，"争观云填道，助叫波翻海"（韩愈），人们争相前来围观以至于道路堵塞，助威声、喝彩声如海浪此起彼伏。"事爪深难解，嗔睛时未怠"（孟郊），鸡爪奋力地抓向对方，一地鸡毛，难解难分，瞪着愤怒的眼睛，毫不懈怠。最后斗得伤痕累累，头上的鸡冠如同破碎的丹砂，翅膀上漂亮的鸡毛也零落不少。但它们有一颗勇敢的心，即使斗死，也胜过被斩杀的命运，"英心甘斗死，义肉耻庖宰"（孟郊）。

斗鸡的习俗早在春秋战国时已经盛行，《左传》《战国策》都有记载；唐玄宗非常热衷，杜甫有"斗鸡初赐锦"的诗句。古今有不少诗文赋咏这一游戏，但韩孟写得如此精到，让人有身临其境之感，真是难得。所以，编撰《韩昌黎诗集编年笺注》的清朝人方世举说："然摹写精工，无逾斯作矣。"在方世举看来，写斗鸡的文学作品，韩愈孟郊的《斗鸡联句》古今第一，无出其右。赵翼也赞之为"通篇警策"。

韩孟联句最蔚为大观的，是《城南联句》。有多少韵？153韵。在元和元年（806）的深秋，孟郊和韩愈在长安城南韩愈的别墅里创作了这首长诗，可谓前无古人，后无来者。他们还创新了联句的方式，即采用跨句联法，两人合作一联，孟郊作了第一句，韩愈要对孟郊的上句，并起下一联的上句，留给孟郊去找下句。

孟郊先作第一句：

竹影金琐碎，

韩愈作第二、三句：

> 泉音玉淙琤。琉璃剪木叶，

孟郊又接第四、五句：

> 翡翠开园英。流滑随仄步，

如此轮番写下去，直到最后，韩愈收尾：

> 毕景任诗趣，（孟郊）
> 焉能守翛翛。（韩愈）

这是挑战，极大的挑战，是斗诗，斗才华，更是斗智斗勇。这，不仅要注重形式合拍合韵，诗意内涵也要承前启后，要先补足对方出句的诗意，然后提出下一联要表达的诗意，让对方去补足。自从韩孟创造这种联句形式后，后来唐代陆龟蒙、皮日休等人的《报恩南池联句》玩过这个联法，只是联了十多个韵就罢了。难怪张籍、张彻没有参与，是跟不上，如同围棋高手，段位相差太多，无法过招。

《城南联句》历叙了诗人游城南所见的景物，大处着眼、小处入手，有虚有实、虚实互补，一半是所见，一半是想象，洋洋洒洒，如长河流水一般源源不绝。用方世举的话是，"其铺叙之法，仿佛《三都》《两京》，而又丝联绳牵，断而不断，如韩信将兵，多多益善，非其才大，安能如此？"确实，孟郊、韩愈虽然诗风有所不同，但才华不相上下，所以能够如此潇洒协调，他们是真正的知音，如同弹奏了一曲双人协奏曲，争奇斗艳，又声声相应，呈现出无限的谐和之美。

关于联句，方世举有过介绍：沈括所说"虞廷《赓歌》，汉武《柏梁》，是唱和联句之所起"，是联句的最早源流；后来晋朝贾充与他的妻子李氏作过联句，陶渊明、谢安等人也偶作联句，但没有引起重视而流传下来；"唯韩、孟天才杰出，旗鼓相当，联句之诗，固当独有千古"。陆侃如、冯沅君的《中国诗史》中认为，沈括提到《赓歌》及《柏梁》诗都是后人伪作，到贾充、陶潜、何逊时才算有真的"连句"，但篇幅短，文义不连贯。所以，联句这种体裁虽不是韩、孟的发明，但成于韩、孟之手，并发扬光大。可见，韩孟联句在诗歌史上是何等的独特。

当然，有人认为韩孟联句写得实在太好了，好像出自一个人的笔下，认为是韩愈替孟郊做了润色，甚至有可能这些联句都是韩愈所作，而署名与孟郊合作而已。但另一种观点截然相反，韩愈忙着做官，而孟郊穷而有闲，润色者很有可能是孟郊。宋代吕本中《童蒙诗训》就记载了这样一段话："徐师川问黄山谷曰：'人言退之、东野联句，大胜东野平日所作，恐是退之有所润色。'山谷云：'退之安能润色东野？若东野润色退之，即有此理也。'"看来黄庭坚是孟郊的忠实粉丝，坚定地挺了孟郊一把。从韩愈对孟郊的尊重甚至有点崇拜来看，孟郊是无须老友来润色的。

在韩愈城南别墅，孟郊某个夜晚还创作了《游城南韩氏庄》，并题在墙壁上：

> 初疑潇湘水，锁在朱门中。
> 时见水底月，动摇池上风。
> 清气润竹林，白光连虚空。
> 浪簇霄汉羽，岸芳金碧丛。
> 何言数亩间，环泛路不穷。
> 愿逐神仙侣，飘然汗漫通。

孟郊笔下的韩愈城南别墅，占地好几亩，有大池还有小河，有竹林也有鲜花，真是别有洞天。夜晚，可以赏月；白日，可以泛舟，可以赏花。孟郊还看到了天上一群鸟儿飞过，水中群鸟的倒影同步掠过。他把韩愈别墅写得曲径通幽，风景宜人，令人向往，韩愈的生活真如神仙一般。

3

在长安，孟郊闲人一个，没有经济收入，日子清苦得很，但有韩愈等诗友在，经常一起赋诗饮酒，倒也心情舒畅。此时，韩愈的朋友张署回到京城，担任司录，即京兆尹属官，掌管府事，相当于如今首都市政府秘书长的职位。于是，韩愈、孟郊和张籍到张署家相聚，有酒自然少不了诗。如今只有韩愈的《醉赠张秘书》流传下来。为什么称张署秘书，因为张署最早当过秘书郎，掌管图书经籍及抄写事务。

韩愈为朋友们的诗作点赞一番，说张署的诗如同春天的云彩飘在天际，姿态万千，舒卷自如，"君诗多态度，蔼蔼春空云"；评孟郊的诗奇崛惊俗，如天界奇花，散发着特别的幽香，"东野动惊俗，天葩吐奇芬"；而张籍的诗，古朴淡雅，如鹤立鸡群，"张籍学古淡，轩鹤避鸡群"。但韩愈对长安的权贵子弟，显得不屑一顾，极尽讽刺与嘲笑，说他们"不解文字饮，惟能醉红裙。虽得一饷乐，有如聚飞蚊"，不懂得作诗以助酒兴，只会沉醉在歌伎的石榴裙下，即使一时欢愉，那些饮酒喧闹如同一群蚊子嗡嗡嗡。然后，他大大地自赏了一番，说朋友几个诗才了得，"险语破鬼胆，高词媲皇坟"，奇险的诗句令鬼神破胆，高妙的文辞可媲美古代伏羲、神农、黄帝三皇的伟大著作《三坟》，并且"至宝不雕琢，神功谢锄耘"，他们的诗是最美的宝石，无须雕琢；是神功技艺，不费辛劳耕耘。韩愈真是性情中人，敢想敢说，但贬斥他人难免落人口实，为自己带来不必要的麻烦。

正是韩愈有如此性情，不计得失，才会与孟郊结下深厚的友谊。他是一个能为朋友两肋插刀的人，朋友有难处肯定毫不犹豫地出手相助。孟郊在长安生活难以为继，甚至有打道回江南的打算，他太需要一份稳定的收入。一旦有机会，韩愈就会极力举荐，帮他谋差事。没有想到，孟郊的机会很快来到。这得从宰相郑余庆说起。

郑余庆（745—820），字继业，河南荥阳人。史书对这位唐朝宰相的评价颇高，"砥名砺行，不失儒者之道；清俭率素，终始不渝"（《旧唐书》），他清廉节俭，又是诗人作家，著有《郑余庆集》50卷。并且，郑余庆性格率直，这性格让皇帝对他放心，有时也难免得罪人遭人诟病。就在韩愈担任国子博士之后，郑余庆罢相，贬为太子宾客，元和元年（806）九月改任国子祭酒，相当于国立大学的校长。郑余庆成了韩愈的顶头上司，两人惺惺相惜、趣味相投。韩愈看到有机会，就给郑大人郑重其事地写了一首长长的举荐诗《荐士》，把孟郊好好地赞了一番。

虽然诗是推荐孟郊，但历数了诗歌发展史，把孟郊放在诗歌发展长河中来观察。从先秦说到盛唐，五言诗在汉朝已经出现，"建安七子"卓荦不群，改变了五言诗的格调；到东晋、刘宋时代，建安风骨不再，唯有鲍照、谢灵运的诗清新飘逸；以后的南朝和隋朝，人们伤春咏花，格调不高。进入唐朝，陈子昂推动诗歌变革，李白、杜甫的诗登峰造极，领一代风骚。这些诗论极有见地，但关键是要托出孟郊。李杜之后虽不乏达到深微境界的诗人，但孟郊的出现让人特别瞩目：

有穷者孟郊，受材实雄鳌。
冥观洞古今，象外逐幽好。
横空盘硬语，妥帖力排奡。
敷柔肆纡余，奋猛卷海潦。
荣华肖天秀，捷疾逾响报。
行身践规矩，甘辱耻媚灶。
……

孟郊穷困潦倒，但他是天赋之才，如同骏马一般雄健出众。他深察古往今来，又超然物外，追求深幽美好的境界。他的诗横空出世，语言艰深硬朗，又稳妥合宜，充满了力感，似乎可以推开古代那个名叫奡的大力士；但并非一成不变，柔美处含蓄婉转，强劲时海浪翻卷。孟郊真是天界奇葩，富于辞藻，文思敏捷，并且立身行事规规矩矩，甘于贫贱，从不阿附权贵。

韩愈不愧为孟郊的铁粉，对孟郊的评价实在是高，不仅诗才了得，而且为人真诚靠谱，是不可多得的人才。但世间又有几人了解他呢？"俗流知者谁，指注竞嘲傲"。俗流之辈只懂得指指点点，竞相嘲弄轻侮他。孟郊求官久而无成，已经作归乡之计。最后言归正传，提出写这首诗的主旨，请贤明的老宰相提携孟郊一下，赏他一口饭吃，善待孟郊肯定是神明所嘉许的。

韩愈写《荐士》时，郑余庆刚刚就任国子祭酒。国子祭酒的椅子还没有坐热，当年十一月郑余庆就赴洛阳出任河南尹、水陆转运使。不要小看这河南尹，是仅次于京兆尹的官员，是东都有实权的行政长官。李翱当时分司东都洛阳，做着国子博士，他在郑余庆面前又推了一把，孟郊的工作总算得到落实。郑大人向朝廷奏请，任命孟郊为河南水陆运从事、试协律郎。试协律郎是个虚衔，没有实际职事，但其品级是正八品，比县尉级别高；水陆运从事是实职，协助转运使管理运输事业。这样，孟郊既有实权又有虚名，可谓得偿所愿。当然，如果没有韩愈和李翱的举荐，孟郊未必能得到郑余庆的青睐。真是多个朋友多条路。

洛阳的快乐时光

1

东都洛阳，是唐朝的次政治中心、经济中心，但绝对是最为重要的交通枢纽，是大运河的中心城市。洛阳，通过大运河辐射南北，有通济渠向东南联通江南，有漕渠连接永济渠向东北可达幽州（今北京），西向长安自然有通衢驿道。这里水陆交通便利，成为南北物资的重要集散地，城内建有著名的含嘉仓。孟郊到洛阳任职，就是去协助转运使管理运输工作。

作为东都，和长安一样建有宫城和皇城，也设置了一套中央分司衙署。宫城又称紫微城，是皇帝巡幸时办公和生活的地方；皇城又称太微城，围绕在宫城的东、南、西三面，是东都各分司机构办公所在地，东面的部分称为东城。唐玄宗之后，皇帝不再巡幸洛阳，东都留守代表中央主持日常工作，其统领的中央分司机构，有尚书省及所属六部、御史台、国子监等。洛阳还和长安一样实行夜禁制，晨鼓声起，居民允许出动；暮鼓声响，关闭坊里大门，禁止百姓无证夜出。有时，科举考试和选官也在洛阳举行。但皇帝不来了，洛阳的宫殿依然得维修和护卫，夜禁照样。孟郊的朋友张籍所写《洛阳行》中说："御门空锁五十年，税彼农夫修玉殿。六街朝暮鼓冬冬，禁兵持戟守空宫。"诗里所写是当时洛阳的情景。

洛阳的外郭城有103个坊、3个超级市场。三分之一的坊和宫城、皇城一起分布在洛水以北，大部分在洛水以南。洛水以北，居民以贫寒人家为多，设有北市。贺知章看到这里多是贫苦百姓，把这里看作"糠市"，稻谷碾成米剩下了砻糠，口袋瘪瘪的，倒也形象。而洛水以南，多是达官贵人的宅邸，还营建了不少园林，设有南市和西市。李绅居住的宣教坊、白居易居住的履道坊、斐度居住的集贤坊都位于洛水以南的富人区。洛水之上建有天津桥、中桥、利涉桥等，方便官民通行。

孟郊来到洛阳，就任水陆运从事，在立德坊营建了新居。立德坊位于洛水之北。《元河南志》引《洛阳志》，称："洛水之北，东城之东，第一南北街，立德坊以下凡四坊。……次北立德坊，在宣仁门外街南。"《元河南志》还记载："漕渠……自斗门下枝分洛水。东北流至立德坊之南，西溢为新潭"，又称："立德坊北街，有泄城渠。至宣仁门南屈而东流，经此坊之北，至东北隅，绕此坊屈而南流入漕渠"，"又，坊西街写口渠……循城南流，至此坊之西南隅，绕出此坊，屈而东流入漕渠"。总之，立德坊在洛阳非常独特，四面环水，坊北、坊东有泄城渠，坊西是写口渠，南面有分洛水开凿的漕渠，还有一片开阔的水域：新潭，为漕运粮船货船的集散地。

立德坊虽然位于洛水以北的贫民区，但与东城近在咫尺。孟郊在此生活与工作较为便利，只要跨过泄城渠，走过第一南北街，即官街，就到了办公场所，而洛水就在不远处，水路四通八达。孟郊住在立德坊，算是顺心顺意了，他的《立德新居十首》，用诗的语言记录了他的生活环境、工作状况，以及他的所思所感。

立德坊地势较高，位于皇城东边外郭城的西南隅，"立德何亭亭，西南耸高隅"（其一）。

孟郊的住宅自然得天时与地利，开门见水，洛水流来的漕渠绕宅而过，远望看得见山，嵩山时常云雾缭绕，"开门洛北岸，时锁嵩阳云"（其二）。

他的职位不是很高，只是太常寺的八品协律郎，水陆运从事的工作压力似乎不大，日子过得舒心，"寺秩虽未贵，家醪良可哺"（其一），还可以喝一点自家酿的小酒。

他的薪俸不高，但心满意足了，没有其他的念头，自己节约一点，建房时借的钱可以慢慢还上，"清贫聊自尔，素责（债）将如何。俭教先勉力，修

225

襟无余它"（其三）。

他徜徉在洛阳山水间，为之陶醉，去登高探胜，去水边寻幽，"崎岖有悬步，委曲饶荒寻"（其五），在他的眼里，洛水之景犹如潇湘之美，"空旷伊洛视，仿佛潇湘心"（同上）。

他的家建在高地上，能够俯视万家屋顶，有地可以耕作种菜，两亩地足够一家人享用了，"突出万家表，独治二亩蔬"（其七）；每十天只有一天要拿着手版去谒见上司汇报工作，十天中有九天可以抽出一段时间打理菜园，"一旬一手版，十日九手锄"（同上）。孟郊有点陶渊明的样子，半田园生活的状态，内心得到了极大的满足。

他也有一点烦恼，要面对子女教育的难题，儿子不喜欢读书，如同车辕下的马驹不愿犁田，"品子懒读书，辕驹难服犁"（其六）；只怕儿子养成坏习惯，只会纵情玩乐，骄逸傲慢，最后遗憾终生，"畏彼梨栗儿，空资玩弄骄"（其八）。

孟郊想念亲人，就让弟弟孟郢把母亲及妻子儿子送到了洛阳，让老人家乐享晚年，让儿子有一个良好的成长环境。

元和二年（807）的冬至日，他的上司郑余庆乘着车马登门拜访，探望孟母，他早早把家里的座席擦拭干净，等候老相的车驾。"玉蹄裂鸣水，金绶忽照门。拂拭贫士席，拜候丞相轩"（其九）。孟郊在诗后补记了这件事："冬至日郑相至门，以属意在焉。"韩愈后来为孟郊写的墓志铭里也有记录："故相郑公尹河南，亲拜其母于门内。"上司老相临门探望老母亲，孟郊引以为家族的荣耀，"岂唯耀兹日，可以荣远孙"（同上）。这应该是孟郊进士及第之后最值得开心的事了。确实，郑余庆是孟郊后半生的重要依靠，孟郊对郑余庆的感激之情溢于言表，"此地足文字，及时隘骖騑"（其十），洛阳真是文章隆盛之地，幸运自己赶上了好时运，迎来贵宾的车马，那种礼遇将铭刻在心。

在洛阳东都，诗人孟郊终于过上了安稳日子，衣食无忧，住有所居，母子有所养，又在官府任职，深得上司信赖，他迎来了后半生最为快乐的时光。

他在新居附近的溪水边建了一个亭子，命名为生生亭。这个亭名，取自《易经》的"生生之谓易"，希望事业精进不已、生生不息吧。他在《生生亭》

诗里说"置亭嶙峋头，开窗纳遥青"，可知生生亭建在高地之上，面向溪水。当然，这亭并非四面通的凉亭，而是有窗可观景的建筑。孟郊在亭中开窗遥望嵩山，远山如画，嵩少三十六峰如同扇屏一般展开。他对未来充满着希冀，希望自己内心强大，意志能像嵩山的中峰一样挺拔，也希望郑余庆这样的大人君子一如既往地给予关照。

2

让孟郊感到意外惊喜的是，韩愈也来到洛阳。

元和二年（807）六月，韩愈分教东都，任洛阳国子监的国子博士，到国立大学的分校任教授了。这一职务和他在长安的职掌相同，不过是换了一个地方。按照唐朝的体制，东都置六馆，学与京师相同，掌职者称为分教。韩愈为何分教东都？一是要躲开那些流言蜚语。有才华的人往往锋芒毕露，锋芒毕露必定会受到诋毁攻击，韩愈在长安就遭到了"莫须有"的攻击，写文章声明解释也没有用，索性换一个地方反省一下，给自己一点空间和时间。他自己提出申请分教洛阳，所以内心平静，没有任何怨言。二是要照顾族兄韩俞的子女。族兄曾任开封县尉，不幸的是韩俞夫妇早逝，五个未成年孩子一时失怙，孤苦无依，急需韩愈的抚养。韩愈做主给族兄长女找了夫家，嫁给了及第进士周况，但还有四个孩子尚且年幼呢。还有一个原因，应该是洛阳有一帮好友，有郑余庆，有孟郊，有李翱……

韩孟友情最笃，虽分别只有半年，但两位挚友的相思相契非比寻常。韩愈暂时洛阳独居，家眷还没有接来，孟郊时常前往拜会，畅饮之余少不了诗赋。一个明净的夜晚，月光如流水一般倾泻在庭院里，时有浮云飘过，偶尔遮断了月光的流泻。孟郊和韩愈即兴赋诗联句，即《遣兴联句》：

> 我心随月光，写君庭中央。（孟郊）
> 月光有时晦，我心安所忘。（韩愈）
> 常恐金石契，断为相思肠。（孟郊）

平生无百岁，歧路有四方。（韩愈）

四方各异俗，适异非所将。（孟郊）

鸳蹄顾挫秣，逸翮遗稻粱。（韩愈）

时危抱独沉，道泰怀同翔。（孟郊）

独居久寂默，相顾聊慨慷。（韩愈）

慨慷丈夫志，可以耀锋铓。（孟郊）

蘧宁知卷舒，孔颜识行藏。（韩愈）

朗鉴谅不远，佩兰永芬芳。（孟郊）

苟无夫子听，谁使知音扬。（韩愈）

好一句"我心随月光"，这正是诗人孟郊内心世界的自然袒露。月光，自然地流淌，她皎洁光亮，纯净明澈；月光，冷静地映照，她深邃神秘，幽怨孤寂。孟郊的心，要追随月光，要与月光共舞，探寻生活的光与亮，和友人一起书写人生的寂寥与慷慨；但月有阴晴圆缺，生命中充满了许多不确定的因素，流离的乡思，前路的迷惘，为稻粱谋的进退无据……

孟郊和韩愈的友谊是金石之交，彼此可以畅所欲言，披肝沥胆。在月光下，他们遣兴联诗，共抒怀抱，他们对时势有共识，时局不利就持守自身，国家安泰就慷慨出道，像古人蘧伯玉、宁武子等懂得人事之进退屈伸，如孔子、颜回等深悟出仕和退隐的道理。他们的心，如明月，如明镜，愿永葆佩兰之芬芳。韩愈和孟郊是真知音，那种心灵的相知体现在联句的字里行间，字字情谊，行行敬重。

他们一同欣赏剑客李园的宝剑与剑术，赞不绝口，希望李园以高超的武功报效国家，获取功勋，一起写下《赠剑客李园联句》。

在洛阳平静温馨的日子里，孟郊又喜得贵子。如今，大儿子已经到了读书识字的年龄，又添新丁，看到孟家后代繁衍，孟郊抑制不住内心的欣喜，这种欣喜之情、得子之福倾注在《子庆诗》的诗里。他联想到东晋的大家族王家，出将入相，盛极一时，到了王羲之一代依然繁盛不已，王羲之和他的儿子王献之都是书法名家；他联想到自己孟氏的祖先——春秋时鲁国大夫孟献子，家族世系绵延，家庆无涯；他联想到孔子和他的儿子孔鲤，小小年纪已经学诗……再看看自家的小儿，甚为可爱，如同豫章树的幼芽，有玉树小巧的风姿，"小小豫章甲，纤纤玉树姿"；只是孩子尚在襁褓，混沌未开，一个劲地仰头吃奶，连母亲尚未认识；做父亲的正要为小儿挑选一个乳母，希望找到一位心肠慈爱的人。

老来得子，这是人生莫大的欢喜。下一年春，孟门郑氏又生下一个儿子，孟郊有了三个儿子，一时孟门欢天喜地。

3

一个诗人拥有相对安定的生活，能以诗言志，我手写我心，是人生莫大的幸福。诗人孟郊在洛阳的诗生活，无疑是悲苦人生中一段难得的纯净岁月。

他始终以清醒的目光审视世事，以一颗悲悯之心关注民间疾苦。那首著名的《寒地百姓吟》，叙写了寒夜里百姓瑟瑟发抖的悲苦生活，倾注了对百姓无限的同情，对世道无穷的愤慨：

> 无火炙地眠，半夜皆立号。
> 冷箭何处来，棘针风骚骚。
> 霜吹破四壁，苦痛不可逃。
> 高堂捶钟饮，到晓闻烹炮。
> 寒者愿为蛾，烧死彼华膏。
> 华膏隔仙罗，虚绕千万遭。
> 到头落地死，踏地为游遨。
> 游遨者是谁？君子为郁陶。

这首诗用现代汉语翻译如下：

> 没有柴没有火，屋里冰冷的地与床

夜半，叫冷的泣号声声

寒风如冷箭，不知何处射来

荆棘的针刺，呼啸着侵袭肌骨

霜的气息透过破壁

无处逃遁，那冷的苦痛

富贵的高堂夜宴，乐声通宵达旦

酒肉烹香，诱人的气味弥散在拂晓的街头

挨冻的人，多想做一只飞蛾

扑向烛火，为瞬间的火热

华彩的灯烛上笼着纱罗灯罩

千万次的飞扑徒劳

飞蛾累了冷了，落地死了

被乐游的人们践踏

那些乐游的人是谁呢

君子呀，你一定会忧思，忧思

　　孟郊写北方冬夜里的贫苦百姓，可谓鞭辟入里。那一种人间的悲凉，那一种意境的凄凉，那一种情感的忧愤，给人太强的冲击力，让人情不自禁想到杜甫的诗"朱门酒肉臭，路有冻死骨"（《自京赴奉先县咏怀五百字》）。两位诗人，虽处不同时期，但他们都长期陷入贫困的生活，对穷苦百姓的遭遇感同身受，于是，笔下贫富悬殊的画面有了异曲同工之妙。

　　诗题下，孟郊自注："为郑相其年居河南，畿内百姓大蒙矜恤。"郑相，就是指郑余庆，孟郊的顶头上司。郑余庆有才情，为官廉洁自律，品行高洁，算是官声较好的领导。郑余庆贵而能贫，把俸禄和赏赐都分给下属，或急人所急，扶危济困，而自己过着清贫的生活。那时，出任地方长官，太监前来宣旨，都要给予金帛厚礼回报，但郑余庆是有名的清官，以至于他出任东都长官时皇帝要告诫太监们说："余庆家贫，不得妄有求取。"面对百姓普遍的困苦，郑余庆虽竭尽所能，所辖百姓得到了一定抚恤，但仍有不少在寒潮中挣扎，这是孟郊生活的中唐时代严酷的现实。他希望能够唤起那些有钱人，在豪华的娱乐享受中清醒过来，他希望官员都能够像郑余庆那样心怀良知，忧天下之所忧。

让人感到震撼的是孟郊的《寒溪九首》，组诗的写作更臻于完美。寒溪是自然界失衡的画面，是时代无序混乱的象征。这首大约作于元和二年（807）、三年（808）冬春之际的诗作，表达了诗人孟郊以君子的风范，以个人的坚定信念对抗无序失衡的世界，明知无力为之而奋力为之。他把人与鸟兽、社会与自然、写实与虚拟杂糅在一起，一半是寓言，一半是现实，虽无寓言的轻松幽默，但有刻画时势艰难的深沉。中唐时期战祸连连，大地满目疮痍，人们遭受离乱，朝臣无力拯救。孟郊热切地希望国家能够中兴，皇帝虚心纳谏，铲除叛逆和谗佞，但现实依然冷酷。他的《寒溪九首》（其一）写道：

> 霜洗水色尽，寒溪见纤鳞。
> 幸临虚空镜，照此残悴身。
> 潜滑不自隐，露底莹更新。
> 豁如君子怀，曾是危陷人。
> 始明浅俗心，夜结朝已津。
> 净漱一掬碧，远消千虑尘。
> 始知泥步泉，莫与山源邻。

这第一首似乎是总起，回顾了诗人在寒溪上的经历和感悟。溪水明净清澈、水色空明，但冷气袭人，溪中只见小鱼在游弋。诗人来到这虚空之镜的水边，看到溪"镜"中老病之躯，思绪万千。溪水从不隐蔽潜藏什么，让人一目了然，如此透明，如此晶莹。这清澈透底的溪水，豁达如君子之怀，而如水纯澈的君子，却总与世态炎凉的社会格格不入，常常陷于遭受嫉恨迫害的险恶境地。那些浅俗之心，常会随机应变，有如这寒溪，夜晚冰冻，早上消融。孟郊内心充满了无限的身世感伤，以及身处幽暗时代的无可奈何。他没有心烦气躁，捧起澄碧洁净的溪水，洗漱一下脸面，把尘土般的忧虑，统统洗涤干净。最后，他联想到，路边任人践踏的污浊之水和清流山泉，两者千万不要为邻，否则清泉难免遭受污染。这里的"泥步泉"，不就是暗喻悦世媚俗、取宠求荣的小人？"山源"不就是远世避俗、洁身自处的君子？说穿了，诗人就是以高洁的君子自居。

第二首，写了诗人在自家门前观看洛水边的景象，"洛阳岸边道，孟氏庄前溪"（其二）。寒溪之上，"绿水结绿玉，白波生白珪"（同上），船行寒溪，冰面碎裂，似乎是美玉发出嘶哑凄楚的声音。诗人侧足而行，走在缓缓抬升的曲折斜坡之上，手引枯枝，听到失去同伴的鸟在树枝间哀啼。寒气渐渐消散，冰冻之景依稀可辨。索性傻坐会儿，听听那鸟的啼鸣，再起身前行，似乎迷了路，碰见水边一个孩童正在打柴，言语间说起悲凉的遭遇。

第三首诗，诗人早起，喝了一杯酒驱寒，走过白雪覆盖的洛水冰面，看到了完全不同的冰雪世界：溪水的波澜化为冰面上的冰刀，死去的水鸟一片狼藉。野鸭与水鸥们误以冰面为水面，飞翔着陆时身体被冰刀割裂，于是血羽横陈，"宿羽皆翦弃，血声沉沙泥"（其三）。这冰冻的血色是否会带来一个血色的春天，血色的春天会开满血色的花朵？树枝上孤鸟在哀啼，荒村里荆棘丛生，冰冻的土地怎么也无法耕种。

第四首所写场景是，船在冰溪里行进，船工奋力敲击浮冰，冰花四溅，留下一条铺满冰屑的水路。无以耕种的人们捕鱼和狩猎，又是杀戮和毁灭。碧波凝冻，飞鸟飘零，鸟兽无处藏身，"哮嘐呷唅冤，仰诉何时宁"（其四），动物们发出了诉冤的鸣叫，那种悲凉的叫声何时才会安宁？诗人笔下受害的鸟兽，何尝不是饱受战乱百姓之象征，那些鸟兽的诉冤何尝不是百姓的呐喊？诗人要做一个拯救者，但如何匡扶受害者呢？

第五首诗里，面对如白龙般冰封的洛水，诗人萌生要为被残害的鸟兽上书的念头，希望官府禁止田猎，自然一定能恢复生气，日月为之明亮。诗人"独立两脚雪，孤吟千虑新"（其五），意欲进谏，结果谏议书已经写好，但"古义终难陈"（同上），终无用武之地。

第六首，诗人还是斥责那些田猎者贪得无厌，以刀兵残害生灵。这根本不像叙写猎杀鸟兽的景象，完全成了仁义的宣言，反对战争的宣言，儒家思想的宣言。即使战争被赋予了崇高的意义，也坚决反对，因为"刀头仁义腥，君子不可求"（其六）。

第七首，那些被冰凌残害的鱼，仿佛山中的精怪魑魅，似乎在无声地诉说这被宰割的痛苦。这些被宰割的鱼分明就是被杀的小民。是谁驱使这漠北的寒气，来侵袭这中原大地，剪尽了一月的春光？"仰怀新霁光，下照疑忧愁"（其七），诗人仰头盼望着晴日的暖阳，快来拂去心头的忧愁。

第八首，诗人自称"溪老"，看到眼前禽鸟死亡的景象惨不忍睹，"飞死走死形，雪裂纷心肝"（其八），他老泪纵横，"常闻君子武，不食天杀残"（同上），即使贫寒，也不吃冻死的鱼鸟，他收拾起那些残存的尸骸，挖开冰冻的泥土，一一掩埋。他掩埋鱼鸟的尸体，更希望掩埋这残忍的世道。

写到第九首，春回大地，"溪风摆余冻，溪景衔明春"（其九），冰雪融化，"玉消花滴滴，虬解光鳞鳞"（同上）。明丽的阳光，温和的水流，还有没有死亡的"芳津"，"寒溪"获得了新生，创伤已经愈合，如同身经百战的战士，挥发出无穷的生命活力。

《寒溪九首》是自然的刻画，更是中唐社会的投影和诗人心灵的写真。孟郊借寒溪诅咒世道人心之险恶，盼望天下安宁，温煦如春。

同一时期，孟郊还写了《晚吟雪》《洛桥晚望》等诗。《晚吟雪》是孟郊在大雪之时写的政论诗，洛阳东都的官民盼望皇帝东巡，而诗人认为皇帝仍应"多忧焦"，为天下苍生想，多体察百姓疾苦，以期国泰民安。而诗句"小儿击玉指，大羹歌圣朝"，透露了诗人的家庭信息，尚未长大的儿子对下雪兴致很高，正敲屋檐下玉指一般的冰凌子，诗人看在眼里，享受天伦之乐，感恩朝廷。

萧瑟的雪后之夜，诗人来到洛水之上的天津桥头。此时，洛水冰封，路上行人断绝，萧疏的榆树与柳树，掩映着静谧的楼台亭阁，万籁俱寂，悄无人声。诗人站在桥上看冬夜之景，明月映照着诗人，也映照着洛水的冰面，以及洛阳鳞次栉比的大房子小房子。在明净的月光下，诗人抬望眼，一眼看到了嵩山之巅那皑皑的白雪，感受到极度的快意和美感，吟出《洛桥晚望》：

　　　　　天津桥下冰初结，洛阳陌上人行绝。

　　　　　榆柳萧疏楼阁闲，月明直见嵩山雪。

　　此时，夜空与山峦，月光与雪色，交相辉映，那种夺目的灿然，那种恍惚的浮光，呈现出时光的通明与纯净，真是美美哒。

　　七言绝句《洛桥晚望》是孟郊屈指可数的几首格律诗之一。诗中所写天津桥，是洛阳交通枢纽，连通皇城端门与城南片区的要道，也是唐朝人由西京长安到东都皇城的必经之路。按照《两京城坊考》，洛水在此地分渠三股，水上原本桥有三座，天津桥北有黄道桥，南有星津桥，开元年间星津桥拆除，与天津桥合为一体。这里不仅是重要通道，而且风光优美，人们常常到此一游，或迎来送往，甚至一些官方活动也在此举行，平时车马行人川流不息。但孟郊恰恰选择了一个特殊的季节和时间，在天津桥看到了他人眼中没有的景象。学者尚永亮先生说："诗人从萧疏的洛城冬景中，开拓出一个美妙迷人的新境界，而明月、白雪都是冰清玉洁之物，展现出一个清新淡远的境界，寄寓着诗人高远的襟怀。"

悲伤总是难免

1

说到人生，当下的鸡汤文会说，快乐是一种心境，跟财富、年龄与环境无关。一个人有安贫乐道的心态，快乐肯定会多一些。但，快乐总是短暂，悲伤总是难免。人生就是一条流淌的河，目的地不明，即使命运的一粒尘落下，也会激起滔天巨浪。

在洛阳，孟郊平静快乐的日子很快就流逝了，不幸的巨石砸在诗人的生命之河，随之而来的是悲伤汇成逆流。那是元和三年（808）的初春，孟郊58岁。

诗人年幼的长子竟不明不白地死去，孟郊满怀哀痛，亲手把他埋在洛阳城北的邙山原上，作了《悼幼子》：

> 一闭黄蒿门，不闻白日事。
> 生气散成风，枯骸化为地。
> 负我十年恩，欠尔千行泪。
> 洒之北原上，不待秋风至。

养育了十年的长子，已经到了识字读书的年龄，竟夭折了，化为黄土一堆，孟郊痛心不已。

真是祸不单行。不幸的事再一次袭来，刚刚学会走路的二子也不明不白地死去。更让诗人绝望的是，出生没满月的小儿也没能幸免，来不及叫一声父母就走了。孟郊被彻底击垮了。他不知道做什么，也不知道说什么，只是傻傻地看着门前的洛水，这条悲伤的河流。

现在我们难以明白是什么疾病夺走了孟郊的三个儿子。是一场病毒性感冒？还是一次天花传染？唐史没有记载东都洛阳元和三年（808）有过疫情，只有元和元年（806）夏天浙东爆发重大疫情，死者大半。从孟家一户失去三个儿子看，当年洛阳肯定发生过疫情，只是没有记载罢了，难道为了避免恐慌地方官瞒报疫情？这有待于史家进一步考查。

老年丧子是人生的最大悲痛之一，连丧三子更是莫大打击，孟郊悲痛欲绝，欲哭无泪。同在洛阳的好友韩愈同情他，安慰他，写了构思奇特的《孟东野失子》一诗。诗序说："东野连产三子，不数日辄失之，几老，念无后以悲，其友人昌黎韩愈惧其伤也，推天假其命以喻之。"韩愈看到好友一下子失去了三个儿子，似乎一下子变老了，怕他怨恨，怕他伤心过度，就把孟郊失子归咎于上天，愤然发出责问：

失子将何尤，吾将上尤天。
女实主下人，与夺一何偏。

你老天爷主宰万物，掌管人间生死，夺走孟郊三个儿子，是不是有失偏颇？

韩愈为探个究竟，唤来大灵龟乘风驾云到天门去叩问，为什么天帝对人厚薄不均？天帝说，天、地与人从来不相干，我能悬日月，也能系星辰，可日月会相互吞噬，星辰也时隐时现。世间万物都有定数，我怎么能随意夺走孟郊儿子的性命？并且，有子与无子，福祸难料。

有子且勿喜，无子且勿叹。
上圣不待教，贤闻语而迁。
下愚闻语惑，虽教无由悛。

有子且不必欢喜，无子固然无须悲叹。圣人不用教诲，孟郊定能自觉地改变自己的命运，若是下愚之人，即使教导他也不会改悔。最后，韩愈构思了灵龟传达上天旨意的神话寓言，灵龟托梦孟郊。孟郊晚上做了梦，梦见了一个玄衣人再三解释天帝的话，于是转悲为喜。

韩愈用寓言诗来开导好友，他的诠释显然想要孟郊强颜欢笑，告诉好友如若不顺从上天的教诲，那就是不可救药的"下愚"。

孟郊自然理解韩愈的用意，但心中的伤痛岂能说消除就消除，只有让时间去慢慢磨平这隆起的伤疤。这种伤痛，一直滞留在诗人的心里，慢慢发酵。伤痛发酵，于是有了孟郊的《杏殇九首》。他为悲悼幼婴的早殇，也为宣泄自己的悲惨境遇。

《杏殇九首》的诗序说："杏殇，花乳也。霜翦而落，因悲昔婴。故作是诗。"诗人把早夭的孩子比作遭受霜打凋零的杏花花苞，反复的悲吟声里，包含了对小儿多少的珍爱，以及失子的无限痛惜，其情悲凉彻骨。

其　一

冻手莫弄珠，弄珠珠易飞。

惊霜莫翦春，翦春无光辉。

零落小花乳，斓斑昔婴衣。

拾之不盈把，日暮空悲归。

冰凉的手莫要去玩弄珍珠，珍珠很容易飞滚而去。寒霜莫要来伤害春天，春天也会失去光辉。地上零落的小花苞呀，是我那婴孩斓斑的衣裳。拾了一朵又一朵，还不满一把，日暮时分，诗人迈着悲伤的脚步回家。

其　二

地上空拾星，枝上不见花。

哀哀孤老人，戚戚无子家。

　　　　　　　　岂若没水凫，不如拾巢鸦。

　　　　　　　　浪鷇破便飞，风雏袅相夸。

　　　　　　　　芳婴不复生，向物空悲嗟。

　　捡拾地上星散的残花，枝头已经空空如也。一个悲哀孤独的老人，可怜的丧子之家。哪里比得上水中的野鸭，能自由地戏水，也不如拾柴筑巢的乌鸦，有一个温暖的家。待哺的野鸭破壳而飞，乌鸦的孩子在呱呱地叫。那如花的婴孩再也不能复活，看世间万物，徒留悲伤一片。

其　三

　　　　　　　　应是一线泪，入此春木心。

　　　　　　　　枝枝不成花，片片落霜金。

　　　　　　　　春寿何可长，霜哀亦已深。

　　　　　　　　常时洗芳泉，此日洗泪襟。

　　这是怎么回事呢？诗人用臆想作了诠释，应该是我的一"线"悲伤的泪，穿入到了春天杏树的"心"，以至于造成这杏蕊之殇。春天的寿命怎会延长，寒霜酿成的悲哀深入骨髓。平常洗脸的清泉水在哪里？今天怎么让我以泪洗面，泪流满襟。

其　四

　　　　　　　　儿生月不明，儿死月始光。

　　　　　　　　儿月两相夺，儿命果不长。

　　　　　　　　如何此英英，亦为吊苍苍。

　　　　　　　　甘为堕地尘，不为末世芳。

　　孩儿出生的时候没有月光，孩儿死去的那晚呢，一弯眉月闪着凄清的光。孩儿和月亮怎么相克相夺，是月的光盈夺走了孩儿的性命，孩儿果真命运不

238

长。那杏枝上俊美待放的花苞，心甘情愿坠落化为尘泥，也不愿在乱世里芬芳。悲伤让诗人的臆想到了无以复加的地步。

其　五

踏地恐土痛，损彼芳树根。

此诚天不知，翦弃我子孙。

垂枝有千落，芳命无一存。

谁谓生人家，春色不入门。

脚踏土地，生怕泥土会痛，小心翼翼地，怕伤了杏树的根。上天果真不知我的赤诚之心，竟夺走了我的子孙。我倍加呵护这杏树，上天却如此不仁。千千万万的垂枝之上，没有存活一朵杏花。谁料百姓之家，春色竟然拒不进门。

其　六

冽冽霜杀春，枝枝疑纤刀。

木心既零落，山窍空呼号。

班班落地英，点点如明膏。

始知天地间，万物皆不牢。

冽冽的寒霜挥刀杀春，杏树的枝条好像都挨了刀。"木心"已经零落，只听到山风怒号。斑斓的落花，宛如点点明灯。这天地之间，万物代谢，没有牢固不变的东西。诗人似乎为自己找到了解释，也理解了韩愈说的顺应天意。

其　七

哭此不成春，泪痕三四斑。

失芳蝶既狂，失子老亦孱。

且无生生力，自有死死颜。

灵凤不衔诉，谁为扣天关。

不成气候的春色，让诗人洒落一行行眼泪。没有花蜜可采的蝴蝶，发狂乱串，失去了孩子的老人，显得多么屡弱。再也没有勃勃的生气，只有衰病落寞的容颜。灵凤不肯帮我诉冤，谁来敲开天帝的大门。

其 八

此儿自见灾，花发多不谐。
穷老收碎心，永夜抱破怀。
声死更何言，意死不必喈。
病叟无子孙，独立犹束柴。

这孩儿遭灾而亡，即使花开，也不再和合完美。穷困的老人收起破碎的心，无眠的长夜里，独抱伤悲。悲伤无声，夫复何言，心灰意冷到了不会哀哭的地步。衰病的老人从此没有子孙，孤零零地遗世而立，瘦瘦的像一捆干柴。

其 九

霜似败红芳，剪啄十数双。
参差呻细风，噞喁沸浅江。
泣凝不可消，恨壮难自降。
空遗旧日影，怨彼小书窗。

霜冻还在继续，伤害着春天里的红花，似乎用刀剪、用嘴啄，无数的生灵被摧残。万物仿佛在微风中呻吟，宛如鱼嗫在浅水里浮动，随时可能毙命。眼泪挂在诗人的脸上，源源不断，太多的怨恨，难以抑制。往日的身影，在小小书窗口隐现，又一种哀怨升起。那是杏树的影子，那是孩子的影子。

诗人抱怨呀，抱怨上天的不公，反复言说自己失子的悲惨，喋喋不休，有时似乎又获得了合理的诠释，有时又怀疑那冥冥之中掌控一切的意志，显得暧昧不清。这让人想起奥地利音乐家马勒，他曾根据德国诗人吕克特的诗创作了《亡儿之歌》，这有点挑战命运之神的艺术套曲竟成了谶语。他似乎被厄运诅咒，他的孩子一个个接连死去，甚至他与妻子的婚姻也走到了尽头，本人在饥寒交迫中悲惨病逝。马勒的音乐，追忆着逝去的生命篇章，柔板的乐章中充满悲凉的抒情，让人感到难以排遣的悲痛感，以及命运无情的阴暗力量如影随形。孟郊，一个东方的唐朝人；马勒，一个西方的近代人。他们的文化背景各异，对于死亡的想象也各不相同，但对伤痛的反刍如出一辙。他们都失去了孩子，孤独与无奈，但音乐与诗歌支撑起他们悲伤的灵魂。

《杏殇九首》写得太悲切太感人了，诗句不胫而走，很快传遍洛阳，全城人都知道了诗人的不幸遭遇。后来，诗人王建写道："但是洛阳城里客，家传一本杏殇诗。"王诗人记述的就是印象中"杏殇诗"流传的境况。

为开解孟郊，韩愈陪好友沿着洛阳到长安的驿道一游，来到城西永宁县（今河南省洛宁县）地界。他们入住驿道上的莎栅馆驿，韩愈提议联诗，想以联诗的游戏让孟郊放下丧子的悲伤，起了一个头：

冰溪时咽绝，风栌方轩举。

冰封的溪水不再呜咽，风吹向栌树（即栎树），树枝高高地飘举。韩愈的起句挺有意味，给接下去联句留了很大的空间，可孟郊来了一句：

此处不断肠，定知无断处。

或许孟郊从自身的遭遇想到了南朝诗人鲍照的诗"野风吹草木，游子心肠断"，浓重的心事奔袭而来，痛断肝肠，一下子从韩愈的写景转到了抒情。孟郊的一联，实在没有回旋的余地，一语说死，连韩愈这样才华横溢的人也无以为继。于是，《莎栅联句》刚开始就结束了。

到了清明节前的寒食，孟郊又到黄河北岸的济源踏春散心，以消减丧子后的内心悲伤。孟郊出洛阳城的上东门，走驿道来到黄河岸边。河上有浮桥，因河中沙洲，河水分南北水道，浮桥也是南北两座，浮桥用船连接而成，上面用毛竹固定。这是当时黄河上的大桥，连接南北的交通枢纽。孟郊轻轻松松地过了黄河，再过河阳，来到济源地界。

济源，顾名思义，是济水的源头所在。济水之滨，风光旖旎，自然是济源胜景。济源还有枋口等名胜。据记载，秦代在此开山凿渠，引沁河水灌溉，以枋木为闸门，所以称为枋口；还有一种说法，枋口其实是一段巨河，水流像枋形而出，民间称之枋口。枋口绿水湾环，犹如盘龙卧深山，四周青山重叠，如同翠屏耸立，水岸峭壁百仞，好似斧劈刀削。

诗人行走在济源的春天里，繁花似锦的春色也难以掩去他内心的感伤。他看到树枝上鸟巢在风中摇晃，听到鸟儿在"鸦鸦"的鸣叫，不禁发出了嗟叹声，"风巢袅袅春鸦鸦，无子老人仰面嗟"（《济源寒食七首》其一）。他徘徊在原野上，双脚没入花草中，一直走到肚子咕咕叫，夕阳西下了，他让书童把树下的落花扫拢喂马，独坐济水边，端起酒壶小酌几杯，"饥童饿马扫花喂，向晚饮溪三两杯"（其三）。他看到一口老井，井圈上莓苔青青，只是打水的辘轳绳子不知断在哪里了，老井边的老人在想什么？"酒人皆倚春发绿，病叟独藏秋发白"（其四），春色和酒并没有能够给人青春勃发之感，反而增添了无限的悲愁……那一次，他自然也到枋口一游，写下了"为取山水意，故作寂寞游"（《游枋口二首》）的诗句。

2

即使生活再难，日子总要过下去，该上的班还得上，该做的事还得做。孟郊沉沦于下层幕僚，感叹自身的卑微与老病，"局促尘末吏，幽老病中弦"（《送魏端公入朝》），但他依然心怀青云之志。诗人有诗人的理想，他没有机会获取更高的职位一展抱负，但希望诗作能够传之后世，对后人有所教益，"何当补风教，为荐三百篇"（同上）。不管身处何等悲苦之中，孟郊依然有诗歌的寄托，何尝不是好事一桩？这是他为侍御史魏端公送行时的心灵自述。

但诗人的命运真是太惨了，丧子的悲伤尚未平复，母亲又去世了。元和四年（809）正月，孟郊的母亲裴氏去世。父亲去世较早，母亲把孟郊兄弟三人拉扯大，十分不易，母子感情非常之深。孟郊曾作过《游子吟》，表达对母亲的拳拳深情，如今失去慈爱的母亲，诗人再一次蒙受了沉重的打击。

按照唐朝"五服"的丧仪，不同辈分所穿的"丧服"形式不一样，要求也不同，有斩衰、齐衰、大功、小功、缌麻五种，具体穿哪一种及穿着时间长短，要看与死者关系亲疏而定。斩衰，"五服"中最重的丧服，用最粗的生麻布披在身上，也不缉边，服期三年。齐衰，以粗麻布制成，断处缉边，服期看情况定。大功，用粗熟麻布制作，服期九个月。小功，用稍粗熟麻布做成，服期五个月。缌麻，"五服"中最轻的一种，用较细熟麻布裁剪而成，服期三个月。

母亲过世，孟郊自然要服斩衰，他披麻戴孝，毫不修饰以尽哀痛，需要服丧三年。按照朝廷规矩，丁忧守丧，官员要辞官。对于家产不丰的诗人，辞官意味着生活来源成了问题，但这是自古就有的礼仪，不遵守不行，违反礼仪是要遭到质疑惩罚的，今后也不用想在官场上混饭吃了。

孟郊在洛阳城东北邙山地界的凤凰保买了墓地，过了"三朝"，即停灵三天之后，就出灵安葬了母亲。北邙山横亘在洛阳城北，一直延伸到城东，这里是历代帝王达贵名人的墓葬区。时有"生在苏杭，葬在北邙"之说，活着以享受苏杭的富庶为荣，死后以葬在北邙山为贵。死后葬身北邙山，是洛阳人对身后的一种期待。北邙山，是逝者的栖息地，更是生者希望的安放处。孟郊把母亲埋在北邙山，也算尽了一份孝心。

好友李翱，即韩愈的侄女婿，前来探望慰问了服丧期间的诗人孟郊。李翱的日记《南来录》记载：元和三年（808）十月，李翱接受了岭南节度使杨于陵的邀请，准备前往担任使掌书记，大概如今秘书之类。直到元和四年（809）正月，他才启程南下。己丑日，他从洛阳旌善坊的家里把行装和家人安顿到漕河的船上，过了几天水上日子。乙未日，才离开洛阳。韩愈和另一名士石浚川借船送行。第二天，他们到了洛阳以东，先到了孟母的墓地，"吊孟东野"，祭奠孟母，安慰守丧的孟郊。石浚川因妻子生病急着从漕河口先回城，孟郊随韩愈、李翱同行，黄昏时分到达景云山居入住，明日一早登高到佛寺一游，南望嵩山，并在佛寺的墙壁上题名记游，相当于现在人们的网红地打卡。吃过早饭，韩愈、孟郊目送李翱南下。韩愈西回，孟郊没有回洛阳，滞留墓地，或许还有需要做的法事，或许要多陪陪母亲而守墓。

没有经济来源，孟郊的生活陷入了困境，几乎到了绝境。这一时期，他创作的《秋怀十五首》，是诗人疾病交加、穷愁困厄景况的真实写照。

他衰老，"老泣无涕洟，秋露为滴沥。去壮暂如翦，来衰纷似织"（其一），在秋夜，他彻夜难眠，欲哭无泪，感到生命的逝去如同突然被利器剪除，衰老的感触千头万绪交织而来。

他贫穷，"秋至老更贫，破屋无门扉。一片月落床，四壁风入衣"（其四），他为母亲守墓，茅屋破了连门都没了，风从四壁吹入，月光照在床头，不知是否想起李白的"疑是地上霜"。

他多病，"席上印病文，肠中转愁盘"（其二），久病卧床，身体在床席上留下了轮廓，愁肠车轮转；"老骨坐亦惊，病力所尚微"（其三），一把老骨头坐起来自己也感到心惊，心志病衰，对什么都无所谓；"病骨可剸物，酸呻亦成文"（其五），老病又营养不良，骨头枯瘦一根根突出，像刀一般，可以拿来割东西似的，诗人心酸的感慨化为了诗句。

他饥饿与寒冷，"锄食难满腹，叶衣多丑躬"（其十），自食其力难以填饱肚子，衣衫褴褛如同身上挂满了树叶，要多难看就有多难看；"霜气入病骨，老人身生冰。……瘦坐形欲折，腹饥心将崩"（其十三），秋气寒冷刺骨，身上似乎长了冰块，人坐起来，身体像树枝一般硬，似乎快要折断，肚子饿得咕咕叫，内心快要崩溃了。

他思念江南的故乡，"南逸浩淼际，北贫硗确中。曩怀沉遥江，衰思结秋嵩"（其十），早年在湖州武康曾有过闲适安乐的生活，一切都是那么遥远，如今身在北方，生涯艰难，如同置身于贫瘠之地。昔日的激情沉沦在南方的江水里了，失落的哀思呢，凝结在秋日萧索的嵩山之上。

他更心怀古道，所有的贫穷、病弱、寒冷与饥饿都不足以淹没诗人心中的理想。他只是一个干瘪的老头，身上长的疮还没有痊愈，寒冷天躲在墙角晒晒太阳，一群讨厌的苍蝇飞来嗡嗡嗡，"日中视余疮，暗隙闻绳蝇"（其十三）。但他的内心没有干瘪，中华文化的传统在他的内心沉淀，化为无限的力量，于是所有的困惑消失：

其十四

忍古不失古，失古志易摧。

失古剑亦折，失古琴亦哀。

夫子失古泪，当时落濉濉。

诗老失古心，至今寒皑皑。

古骨无浊肉，古衣如藓苔。

劝君勉忍古，忍古销尘埃。

诗人面对秋天的残忍，衰老与疾病的无奈，以及人生的短暂，他明白只有一种事物可以让诗人永恒，那就是传统，儒家文化崇尚的"古道"。只有持守古道，让自身化为传统的一分子，你才能永葆高洁的情怀。

孟郊从生活的困顿中抽身而出，转而成为一名传道者。让误解者去误解，让谩骂者去谩骂，"詈言不见血，杀人何纷纷"（其十五）。谩骂诋毁，这是杀人不见血的勾当。我们无法知道孟郊遭受了怎样的攻击，他愤慨，痛斥他们是狗叫、是鬼哭，是人类丑恶的行径，对之嗤之以鼻。

作为文化传统的守护者，孟郊一直对诗与歌有截然不同的态度，诗是庄严的，关乎诗教，是雅正之声；而歌，只供娱乐，是世俗之音，不宜过分重视。但他所见所闻呢，娱乐至上：一个十岁的教坊歌童，因为歌唱得好，竟然受到皇帝的召见，这种厚遇是读书人不敢想象的；教坊的乐师歌女，传唱起巴楚一带的竹枝词，确实声音婉约动人，竟然得到长安寺院的供养，有点反常。他写了《教坊歌儿》，感慨"六十孤老人，能诗独临川"，诗人只能临川羡鱼，"能诗不如歌，怅望三百篇"，诗人不如歌儿伶女，满怀失望与不平。当然，若干年之后，刘禹锡、白居易新乐府派写的《竹枝词》《杨柳枝词》问世，世俗的声音，通俗的表达，洒脱得很，为世人普遍接受。孟郊对诗有独特的理解，但对民间歌谣的态度有失偏颇，少了一份兼收并蓄的胸怀。

他时常处于失落的纠结中，哀哀戚戚，这是诗人的敏感与独特。他在《老恨》一诗里说："无子抄文字，老吟多飘零。有时吐向床，枕席不解听。"丧子之后，他没有儿子帮着抄诗，知音也难觅，老病之身在床头吟诵，席枕怎么听得懂呢？他想到了《世说新语》里的故事，东晋将领殷仲堪的老父亲，病中听到床下蚁动，以为是牛斗。在他人眼里，吟诗微不足道，就如蚁动之微，但诗人认为诗歌是藏之名山的大事，像殷父把蚁动听作牛斗一样。"小大不自识，自然天性灵"。这是诗人的天性，我行我素，高傲，永不妥协。

3

孟郊的弟弟孟酆、孟郢远在江南，母亲离世也未能前来奔丧。或许路途遥远路费难筹，或许孟郊和弟弟之间有过嫌隙，孟郊对此一直耿耿于怀，深感羞愧。他思念远方的弟弟，希望弟弟能够北上，到母亲的坟前尽尽孝道，也希望弟弟能够留在洛阳，让自己践行一番孝悌之道。这种情感体现在《忆江南弟》的诗里：

> 白首眼垂血，望尔唯梦中。
> 筋力强起时，魂魄犹在东……
> 孑然忆忆言，落地何由通？
> 常师共被教，竟作生离翁。
> 生离不可诉，上天何曾聪。
> 未忍对松柏，自鞭残朽躬。
> 自鞭亦何益，知教非所崇。
> 努力拄杖来，余活与尔同。
> 不然死后耻，遗死亦有终。

诗人满头白发，盼望见到江南的弟弟，望穿了眼，眼睛似乎要流出血来。夜晚，他梦回江南，梦见弟弟，梦里与弟弟相聚一起，而梦醒时分，魂魄似乎还留在江南。他辗转难眠，起身仰望夜空，兄弟之间的种种往事浮现眼前，曾经同盖一条被子的兄弟，到老了竟然生生分离。诗人不知向何处求告，上天怎么如此不明察呢？是上天失聪了吗？诗人对冥冥之中掌控一切的意志和力量发出了怀疑的质问。

一家人南北分离，孟郊不能尽孝悌之道，他感到痛楚，愧对死去的父母，站在母亲的坟前不敢直面那挺立的松柏。诗人盼望弟弟"努力挂杖来"，为母亲尽尽孝，能够在一起共度余生。他觉得，这一意愿如若不能实现，真是愧为兄长，羞愧至极。母亲的三年服丧期很快就会过去，他希望弟弟摈弃前嫌，快来洛阳。

弟弟孟郢终于来了，兄弟两人一起在母亲坟前焚香祭拜，又在洛阳城里盘回了几天，弟弟就要南回。孟郊是诚心诚意要留住弟弟，至少多住些时日，但义兴有田地需要打理，孟郢执意要走。孟郊写了《留弟郢不得送之江南》：

> 刚有下水舡，白日留不得。
> 老人独自归，苦泪满眼黑。

弟弟远去，诗人苦泪纵横，满眼发黑。短短二十字，平平常常，简简单单，却深藏了诗人多少的怅惘与离情。这里面，既有生活的无奈，又有对亲人的思念，更有对生命的悲叹。贫困人家的日子，有时吃了上顿没下顿的，弟弟知道哥哥的不易，不忍再给哥哥增加负担吧。

孟郊在另一首《送（从）弟郢东归》叙写了兄弟之间那种分别时的情景：

> 尔去东南夜，我无西北梦。
> 谁言贫别易？贫别愁更重。
> 晓色夺明月，征人逐群动。
> 秋风楚涛高，旅榜将谁共？

诗题里对弟弟以"从弟"相称，"从"字肯定是衍字，因为孟郢就是孟郊的弟弟，没有疑义。弟弟东南行，回家了，孟郊的思绪随之而去。谁说穷人分别更容易？穷人离别更加愁苦，明明想留下来，但无奈呀，衣食有忧。秋风萧瑟，江河风急浪高，旅途遥远，谁人能与弟弟同船而行呢？关爱兄弟之情溢于言表。

在古人的心目中，"不孝有三，无后为大"的观念根深蒂固，孟郊失去了三个儿子，没有了子嗣，就成了"绝户头"，是家庭需要面对的大事。有没有办法解决？有，可以从同宗兄弟那里过继一个孩子来开门立户。孟郊的兄弟没有儿子可以过继给孟郊，就退而求其次，认一个女儿。孟郊和他的弟弟，在过继儿女上可能有过争议，导致他们之间的矛盾。孟郊的继女尚在襁褓，生活在弟弟家，托他们抚养。他在《寄义兴小女子》里表达了对继女的无限关爱。他说，"小女未解行，酒弟老更痴"，小女还没有学会走路，弟弟嗜酒成性，有点老糊涂，担心照顾小女不周；其他人呢，都是粗人，"渔妾性崛强，耕童手皲厘"，让他们抚育婴孩怎么放心呢？

他想到了元鲁山，这位天宝年间名叫元德秀的高士，因当过鲁山县令而被尊称元鲁山，孟郊曾为他写过《吊元鲁山十首》，来纪念元高士。元德秀的哥哥嫂嫂过世，留下儿子在襁褓里，没有钱请奶妈，就自己给他喂乳，几天之后居然有乳汁流出来了。这肯定不可能，一个男人怎么会生出乳汁给孩子喂奶呢？但孟郊相信了，"我咏元鲁山，胸臆流甘滋"，他愿像元鲁山一样，"终当学自乳"，把更多的爱奉献给小女，"起坐常相随"，希望时刻在一起。

从现有的文献资料看，小女终究没有来洛阳，与孟郊一起生活。这，或许是孟郊生活艰难，弟弟始终没有将女儿送来洛阳吧。

孟郊丁忧服丧，辞官就失去了经济来源。本来有薪俸，小日子还是舒畅的，但坐吃山空，办丧事花了不少钱，平日的柴米油盐都要钱，生活日益窘迫，连弟弟孟郢也留而不得，黯然离去。

韩愈、郑余庆先后回长安任职之后，孟郊在洛阳彻底失去了依靠，生活变得更糟，《雪》一诗里说："官给未入门，家人尽以灰。将暖此残疾，典卖争致杯"，没有办法，只能典卖东西，而这点东西连买酒的钱也不够。天气寒冷，家里的存炭已经烧完，刺骨的寒风透过门缝瓦缝，诗人瑟缩难耐，多亏山中朋友送炭来，家里才有了一片春的感觉。友情真是冬天里的炭火，倍感温暖，珍贵无比：

> 青山白屋有仁人，赠炭价重双乌银。
>
> 驱却坐上千重寒，烧出炉中一片春。
>
> 吹霞弄日光不定，暖得曲身成直身。
>
> （《答友人赠炭》）

生活难以为继，怎么办？孟郊有一首《寄陕府窦给事》，其中有这样几句："戆人年六十，每月请三千。不敢等闲用，愿为长寿钱。"孟郊自谦自己是"戆（gàng）人"，吴方言中叫"戆（gàng）头"，指迂愚而刚直的人。他年纪60多岁了，希望窦给事给予生活支助，每月给他三千文钱就可以。这钱不会随意花，是作为活命钱的。孟郊没有办法，只能乞食了。

在中唐时期，这三千文钱是一个什么概念？范新阳先生在《孟郊诗研究》中做了详细的考证，三千文钱只够维持最低的生活保障。范先生引用了洪迈《容斋随笔》关于白居易月收入的记录，从白诗人自己的诗里得知，做校书郎时月收入是一万六千钱；做左拾遗时年收入三十万，即月入二万五千；做京兆户曹，月入四五万；贬为江州司马，月入还提高到六七万；后来为宾客分司，月入八九万；最高是当太子少傅时，官居二品，月入百千，即十万。孟郊与白居易都是中唐诗人，生活的时代大致相当，做官的薪俸应当可以比照。孟郊在洛阳任水陆运从事、试太常寺协律郎，是正八品，而白居易门下省左拾遗是从八品上，京兆户曹是正七品下。孟郊洛阳为官的月俸应该在左拾遗和京兆户曹之间，比照白居易的收入，也就是在二三万至四五万。唐朝的薪俸一般外官比内官高，有点像当今基层公务员的收入要比省市公务员高一些。可见，唐朝官员的薪俸还是比较丰厚，孟郊做八品官的时候月入三四万钱，按一千钱一贯，就有三四十贯之多，生活绰绰有余。

这样看来，孟郊提出的每月三千文（三贯）的请求不可能是薪俸，只能是穷困潦倒时的乞食。孟郊一生穷苦，曾多次向人乞食，上一次就是向常州卢刺史乞食。当然，古代中国人有衣食他人的传统，能够衣食他人的大多是有本事的人，不算丢人。那时的贵族确实古道热肠，愿意接纳衣食无依的文武人才，在他们看来既是助人，更是帮己，可以赢得礼贤下士的好名声，关键时刻这些人才能够为己所用，如战国四公子孟尝君、春申君、平原君、信陵君，每一家都养了众多门客。孟郊在万般无奈的情况下，向昔日的熟人窦易直写了求助的诗。窦曾任给事中，是门下省的要员，元和八年（813）到陕州（今河南三门峡市西）出任陕虢都防御观察使，孟郊以京官职位称他为给事。只是孟郊的诗里没有了战国食客的豪迈，有点凄凉可怜。他在诗里说："曾是此同眷，至今应赐怜。磨墨零落泪，楷字贡仁贤。"他恭恭敬敬用楷书写下了这一首乞食诗，呈送给窦大人，提出了维持生活的最低要求——"每月请三千"。

靠乞食过日子，孟郊晚年的生活可谓凄惨到了极点。

第七章　声名万古传

韩孟诗派

1

在洛阳，孟郊有过人生的欢愉，更多的是生活的困顿与悲凉，他丧子丧母，甚至到了穷饿不得其养的地步。人生的不幸真是到了极点。让人感到欣慰的是，在悲苦落寞的境遇中，孟郊还有一帮志同道合的朋友，有一个后人称为韩孟诗派的诗歌圈，给孟郊寂寥的生活增添了许多的暖色与趣味。

韩孟诗派没有明确的组织，没有宣言，是诗人们不自觉的组合。诗派草创于贞元年间孟郊与韩愈的长安订交，两人汴州相聚，诗派得到了发展；至元和元年（806），孟郊、韩愈长安会合，与张籍、张彻、张署等人多次联句，诗派得到了巩固；随后，孟郊、韩愈先后到东都洛阳任职，又有李贺、贾岛、卢仝、刘言史等诗人的加盟，韩孟诗派进入了鼎盛时期。这些诗人，有着相似的微寒出身和曲折经历，有着共同的诗歌理想和文学趣尚，他们吟诗酬唱，诗酒往还，相互欣赏，相互扶持，一群诗人营造了一段美好的洛阳时光。

韩愈、孟郊自然是韩孟诗派的最重要代表诗人，而孟郊无疑是韩孟诗派的奠基人。孟郊年长韩愈17岁，韩孟订交时，孟郊奇险脱俗的诗歌风格已经形成，韩愈还是一个在诗歌道路上上下求索的文学青年，他的诗歌还显得稚嫩。从他们相识开始，韩愈就为孟郊的才学倾倒，尊孟郊为前辈，视之为楷模，效法孟郊的诗歌写作。当代学者戴建业在《孟郊论稿》里说："孟郊尚奇尚古的诗歌理论和创作实践不仅影响了韩愈，也影响了韩孟诗派的其他诗人。

毫不夸张地说，没有孟郊，韩孟诗派的形成是不可思议的。"

韩愈历史上说他"狷直""狂疏"，他恃才傲物，清高自许，看不上那些肥头大耳的颟顸官员，但对孟郊特别友爱。他从来不掩饰自己对孟郊的崇拜，在《醉留东野》的诗里，把东野比作龙，把自己比作云，愿意围绕孟郊，为他驱使。他对孟郊的高古不凡心醉神往，《孟生》诗里说："孟生江海士，古貌又古心。尝读古人书，谓言古犹今。作诗三百首，窅默咸池音。"韩愈是真正懂孟郊的人，他知道孟郊的诗与众不同，《荐士》诗里说"横空盘硬语，妥贴力排奡"，那种硬朗奇崛的诗语是中唐时代所欠缺的。正是孟郊，远溯上古，上承李白、杜甫、元结等人强调的"寄兴""比兴"的诗歌传统，一反大历年间以来诗歌的软熟庸弱与无病呻吟，学古用古，喋喋不休地用五言古诗赋予了中唐诗歌不一样的力与美，引领一代诗风，在文学史上开创了新的诗歌流派。

韩与孟在文学上志趣相投，相互倾慕，是可以敞开心扉的知己。在洛阳，两位诗人共同拥有了一段美好时光，这是他们一生中时间最长的一次相聚，也把韩孟诗派发展成中唐最有影响力的诗派。当孟郊遭受了人生的极大不幸时，首先出现在他面前的一定是韩愈，有韩愈的劝慰与帮助，孟郊度过了那些艰难幽暗的日子。

元和四年（809）六月，韩愈任都官员外郎，分司东都。他的一项职责是管理洛阳的寺庙道观，但洛阳和长安一样有一个怪现象，城内的寺庙道观由宦官功德使管辖。办事认真的韩愈与宦官有了冲突，他的一系列措施遭受他们的嫉恨，倍感工作压力，不得不向已经升任东都留守的郑余庆提出辞呈。第二年冬，韩愈被任命为河南令。东都洛阳，以洛水为界，水北为洛阳县，水南为河南县，河南县是高级别的赤县，县令是堂堂五品官。当然，作为一县主事之人，县内事无巨细都要韩愈把关操劳。

韩愈治理地方威严有加，名不虚传。一次，诗友卢仝的家人前来告状，说邻家恶少常常爬上卢仝家的屋顶，通过破屋的漏洞偷窥卢家的隐私，卢仝的妻子发现了，急忙躲避偷窥，不慎脚趾骨折。韩愈知道后发怒了，"嗟我身为赤县令，操权不用欲何俟"（《寄卢仝》），有权怎么能不用？要将恶少判处死刑。按照唐朝的刑法，偷窥他人女眷属于"不道"，丧失了基本的道德，可以理解为十恶不赦，韩愈判一个死刑是严了一点，也说得通。但卢全认为过度严厉，就劝韩愈不要施行猛政，办案要懂得节制，才没有施行。对于为官之道，孟郊有着自己的理解，始终忠于儒家的仁政之道。他写了《严河南》一诗，规劝韩愈为官不应过于严苛，宽厚为好。

孟郊看来，韩愈作为赤县河南令，行事有点严苛，说话也冷若寒霜，一点也不讲面子。其实，不必太威严，你坐在公堂之上，人家见了你已经毫毛管子竖起来了。我老孟有心为百姓办事，只是当不上你韩愈一样的赤县令。洛阳百姓经历了战乱，萧条已久，需要的是体恤与抚慰。"苦竹声啸雪，夜斋闻千竿。诗人偶寄耳，听苦心多端。多端落酒杯，酒中方得欢。"诗人书斋夜坐，听萧萧苦竹在风雪中呼啸，似乎听到的都是民间疾苦之声，纵有感慨万千，又能如何？只有借酒浇愁，随意寻找一处市井酒肆，沽酒买醉尽兴。最后，孟郊在诗里说"丈夫莫矜庄，矜庄不中看"，劝诫老友为官不要一味地维护官威而故作矜持，老是板着脸威严庄重的样子一点也不好看的。孟郊笔下的韩愈竟然有这样的面目，是我们意想不到的，他似乎很少这样写诗，这样无所顾忌，或许是老朋友之间的坦诚相待吧。他的《严河南》一诗，无疑为我们提供了关于韩愈生动可靠的历史资料，从中也足以证明，孟郊的创作与百姓生活保持着千丝万缕的联系，他的这种悲天悯人的情怀与杜甫一脉相承。

孟郊的直言不讳并没有影响与韩愈的友情，韩愈对他太了解了，怎么会怪他？同样，对于韩愈长子韩昶，孟郊的赞美适可而止，寄语非常中肯。历史上，韩昶是一个早慧的孩子，小名为符，所以孟郊称他符郎，他六七岁就出口成文，到十一二岁就能赋诗，韩愈的朋友没有一个不惊奇的，张籍、樊宗师大为赞赏，叹为奇人。孟郊当然也为韩愈儿子的聪慧高兴，作了《喜符郎诗有天纵》，赞扬韩昶是诗文天才，小小少年如幼鲸摆尾，遨游海中，但他反对一味地赞美表扬，希望对韩昶的诗文写作适当限制并加以引导，防止他养成恣意轻狂的个性，"幸当禁止之，勿使恣狂怀"。当然，孟郊看到朋友的孩子如此聪慧，情不自禁悲叹自己是无子老人了，为朋友欣喜的同时内心还是有一点小嫉妒，"自悲无子嗟，喜妒双喈喈"。

当代作家潘向黎在《做韩愈的朋友》的文章里写道，在韩愈的生活和心灵里，朋友占据了非常大的空间和很重要的地位，她举了张籍、张署、孟郊等的例子，韩愈都以诗相赠。如果你做韩愈的朋友，哪怕你只是一个才具平平的官吏，哪怕一生无成、布衣终老，也会因为韩愈而青史留名。当然，孟郊并不需要借助韩愈的名望也会青史留名，但韩愈给予的友情和诗，让孟郊多了一个诗歌的知音，得到了工作与生活上的关照。人生得一知己足矣！从韩愈身上，孟郊看到了诗歌的意义，感受到人间的温暖。做孟郊的朋友，韩愈也是收获多多，他的诗歌诗风因孟郊而改变，他的为官为人只有孟郊才会给予带点刺的劝诫和寄语。韩愈知道老友的脾气，一点不在乎那一点刺。那一点刺，官场上的政客不会喜欢，但韩愈喜欢，话不好听，但真诚，实惠管用。

元和六年（811）秋，韩愈自东都还朝，任职方员外郎，属于兵部的官员，掌管地图、城隍、镇戍等。此时，他写了极具想象力的《双鸟诗》，朱熹认为这是写韩、孟二人的诗，以双鸟伴鸣暗喻两人的诗歌酬唱。韩愈以夸张的笔触极言双鸟鸣叫的不同凡响，"自从两鸟鸣，聒乱雷声收"，"不停两鸟鸣，百物皆生愁"，其威力之大能够惊天动地，万物生愁……以至于"天公怪两鸟，各捉一处囚"，把他们分离开。双鸟的友谊和遭遇何尝不是两位诗人的友谊和遭遇？尽管分离，期望有机会相聚，"还当三千秋，更起鸣相酬"。孟郊和韩愈，确实是中唐诗坛神奇的双鸟，唱出了诗歌创意的最强音。

元和八年（813），韩愈任比部郎中、史馆修撰，孟郊写有《赠韩郎中愈二首》，韩愈写了《江汉一首答孟郊》。这几首诗是韩孟最后的唱和诗。在诗中，孟郊写道："何以定交契？赠君高山石。何以保坚贞？赠君青松色。……闻君硕鼠诗，吟之泪空滴。"可见孟郊对韩愈的友情忠贞不渝，对韩愈诗作称许感怀不已。孟郊又说："众人尚肥华，志士多饥羸。愿君保此节，天意当微察。"当今世人崇尚富贵奢华，有才有志的读书人却处于饥饿羸弱，无从报国，他嘱告韩愈要注意保持自己的品德。孟郊依然是相见以诚、推心置腹，真是可贵的朋友。韩愈说："嗟余与夫子，此义每所敦。何为复见赠，缱绻在不谖。"他感叹两位诗友相与多年，情谊质朴笃厚，为什么又有诗相赠？是感情深厚，彼此永不相忘呀。他们的友情一直延续到生命的最后。

2

在洛阳，与孟郊交往比较密切的韩孟诗派诗人有贾岛、卢仝、卢殷、刘言史等。

贾岛（779—843），字阆仙，幽州范阳（今河北涿州）人。贾岛出身寒微，早年生计没有着落，出家做了和尚，法名无本。关于贾岛，大家最为熟悉的是推敲的故事：某一天，贾岛去长安城郊外拜访朋友，得了诗句"鸟宿池边树，僧推月下门"。贾岛骑在毛驴上，觉得"僧推月下门"中的"推"字不妥，可能用"敲"字更好，反复吟哦，但拿不定主意，无意冲撞了韩愈的仪仗。韩愈得知缘由，告诉贾岛用"敲"字更佳。从此，他和韩愈交上了朋友。其实，两人此前已有交往，这只是民间故事。但故事透露了贾岛作诗苦吟锤炼的习惯。贾岛自称"两句三年得，一吟双泪流"，"两句三年得"自然是夸张，但他吟诗常常煞费苦心是真有其事，正是他的刻苦弥补了天分不足，在众星璀璨的唐代诗坛赢得一席之地。

元和五年（810），贾岛曾来到洛阳，本想造访孟郊，因忙着游赵地而未能如愿。贾岛写有《投孟郊》诗一首，诗中写道："月中有孤芳，天下聆薰风。江南有高唱，海北初来通。客飘清冷余，自蕴襟抱中。"两人虽未谋面，但彼此读过对方的诗，早已心意相通。贾岛把孟郊的诗比作月光之花，是江南高唱，襟抱清冷，曲高和寡，但贾岛是真心喜欢，为之倾倒。他渴望早日与孟郊相见，愿掏心掏肺，把思念之情全部倾注到焦桐做的古琴声里，"原倾肺肠事，尽入焦梧桐"。第二年春，贾岛再到洛阳，拜见了韩愈与孟郊，神交已久的朋友终于见面。当时，洛阳有规定，僧侣午后不能外出，贾岛觉得自由受到束缚，难以忍受，感叹"不如牛与羊，犹得日暮归"。于是，他决定还俗，跟韩愈学古文，备考进士。

这年秋天，韩愈回长安任职方员外郎，贾岛跟随韩愈到长安，大概是准备参加来年的科举考试。或许是科举考试的资格审查没有通过，反正他没有交好运，也就没有滞留长安的必要，贾岛告别韩愈，怏怏不乐地来到洛阳。

他是要北归范阳故里，途经东都。两位诗友再次见面，孟郊自然是宽慰贾岛，写了《戏赠无本二首》，其一写道：

> 长安秋声干，木叶相号悲。
>
> 瘦僧卧冰凌，嘲咏含金痍。
>
> 金痍非战痕，峭病方在兹。
>
> 诗骨耸东野，诗涛涌退之。
>
> 有时跟跰行，人惊鹤阿师。
>
> 可惜李杜死，不见此狂痴。

　　长安的秋天过去了，树叶在寒风中悲号凋零。你无本，一个枯瘦的和尚，行走在冰雪中苦吟，苦吟里饱含着创伤，这创伤并不是战争带来的创痕，而是心灵的伤痛。和尚如此瘦骨嶙峋，病根正在这里。这内心的伤痛，孟郊是深有感触，贾岛失去进士及第的资格，连考场的门槛都没进，所有心血付之东流，前路悲风怒号，内心黯然。孟郊是懂贾岛的，所以赞美他的诗才，称颂他"诗骨耸东野，波涛涌退之"，你瘦硬有神的诗歌骨力高出了我孟东野，你的诗歌中的雄健气势冲击着韩愈。贾岛是韩孟诗派中的一支劲旅，一支生力军，孟郊的赞美中有鼓励的成分，也充满着无限的敬佩之情。最后，孟郊感叹"可惜李杜死，不见此狂痴"，可惜大诗人李白杜甫早已过世，无法见识你为诗痴狂的样子了。你有如此诗才，还闷闷不乐干啥呢？

　　第二首诗是送别，孟郊同样赞美贾岛开始，说他写诗追求创新，再述两人意气相投，期望贾岛再次重游洛阳，"再期嵩少游，一访蓬萝村"，到春光明媚的时候再来洛阳，一起登嵩山，到我长着蓬草、女萝的立德坊居所坐坐。两人相交不长，但拳拳的友情可见一斑。

　　在北归途中，贾岛作《寄孟协律》表达了对孟郊的缅怀之情。冬至那一天，他凭吊古迹，发思古之幽情，日落时分不觉潜然泪下。诗人的心总是敏感的，触景生情，他想到了诗友孟郊，"别后冬节至，离心北风吹"，一颗别离的心在北风中，是否要发抖？"坐孤雪扉夕，泉落石桥时"，他孤独地坐在旅店的门口，夕阳洒满了门外的雪地，不远处的石桥边，一股雪泉水落在岩石，发出清脆的声响。他听到猛虎在啸叫，但内心不惊不动，还在想着诗，但愿不辱好友孟君子的谬赞，"不惊猛虎啸，难辱君子词"。贾岛诗的最后两句是"岩峣依角窗，王屋悬清思"，角窗之外，高山巍巍，那是王屋山，是它勾起了贾岛那清雅美好的诗绪。没有想到，此去经年，两位诗友竟是天人永隔。

3

卢仝（约775—835），自号玉川子，河南济源人，祖籍范阳。他家庭贫寒，但爱书藏书，是一位藏书家。唐代书籍装帧形式，还是卷轴装，比较讲究的藏书人会在卷轴外套一个防尘套，称为"缥囊"；若干"卷"还可以汇总在一起，包裹成"帙"。一般保存方式是插在书架上，挂上写着书名的牙签，以便查阅。韩愈有诗写到宰相李泌家的藏书，"邺侯家多书，插架三万轴。——悬牙签，新若手未触"（《送诸葛觉随州读书》），诗句呈现了卷轴装的存放方式。卢仝家里穷但书多，架子上放满了，只得将部分卷轴直接堆在桌上或者地上。

卢仝也是一位茶人，曾隐居嵩山少室山茶仙泉边，著有与茶圣陆羽《茶经》齐名的《茶谱》，被世人尊称为"茶仙"。卢仝收到好友谏议大夫孟简，即孟郊的从叔，寄送来的茶叶，写下《走笔谢孟谏议寄新茶》诗，其中第二段就是著名的《七碗茶诗》，传唱千年而不衰：

> 柴门反关无俗客，纱帽笼头自煎吃。
> 碧云引风吹不断，白花浮光凝碗面。
> 一碗喉吻润，两碗破孤闷。
> 三碗搜枯肠，唯有文字五千卷。
> 四碗发轻汗，平生不平事，尽向毛孔散。
> 五碗肌骨清，六碗通仙灵。
> 七碗吃不得也，唯觉两腋习习清风生。

蓬莱山，在何处？

玉川子，乘此清风欲归去。

诗人叙述了煮茶和饮茶的感受，茶好，一连吃了七碗，吃到第七碗时，觉得两腋生清风，飘飘欲仙，营造了一个妙不可言极其浪漫的饮茶境界。

当然，卢仝还有一个身份是诗人，是韩孟诗派重要人物。他性格耿直，洁身自好，这同孟郊类似；他心怀雄豪之气，又与韩愈相近。"朝廷知其清介之节"，要征他为谏议大夫，他没有接受。

遗憾的是，大和九年（835）十一月卢仝遭遇了"甘露之变"。唐文宗借观甘露之名，与大臣密谋诛杀宦官头目仇士良，结果皇帝被劫持，朝廷重要官员遭宦官反杀，甚至灭门。卢仝恰巧在宰相王涯家留宿，就稀里糊涂地与王家人同时遇害。

卢仝一家老小十余口，生活贫困不堪，因债台高筑，曾举家东南走扬州。由于不适应南方气候的缘故，才于元和五年（810）秋从扬州回归洛阳。韩愈《寄卢仝》的诗里披露过卢仝洛阳的生活境况，"玉川先生洛城里，破屋数间而已矣。一奴长须不裹头，一婢赤脚老无齿"，几间破屋，居然还有两位衣不蔽体的奴仆，如果卢仝不再收留他们，就可能冻死饿死街头，即使家中仅靠邻僧送米度日，也没有把奴仆赶出家门。卢诗人有一颗善良的心。

孟郊在洛阳期间，与卢仝交往甚密。卢仝从扬州归来，载来了一船的书卷，孟郊欣喜若狂，作了《忽不贫，喜卢仝书船归洛》诗。诗中说："贫孟忽不贫，请问孟何如？卢仝归洛船，崔嵬但载书。"卢仝的书船归洛，看到船上堆积如山的书，竟使孟郊忽然间感到自己也不"贫"了，他只是物质贫乏，但精神富有得很。两个读书人碰到了一起，两个精神的富翁相聚了，两颗爱书之心、爱诗之心，心心相印。孟郊脱了衣服帮助一起搬书，搬到卢仝的家里，其乐融融，"我去官色衫，肩经入君庐"。孟郊希望自己像喜鹊一样，帮助好友筑起藏书屋，"我愿拾遗柴，巢经于空虚"。于是，两人可以经常一起共同研读经书，徜徉在儒家经典的书影文踪里。有知音，有书卷，更有人间古道，还何"贫"之有？

卢仝踏着洛水寒流坐船到立德坊拜访孟郊，舍舟登上水边的生生亭，写有《孟夫子生生亭赋》。孟郊把卢仝当作诗友文朋，而卢仝对孟郊以"夫子"相称，夸赞孟老师的古道热肠，表达了无限的敬仰崇尚之情。赋中有这样的句子："予小子戆朴，必不能济夫子，欲嗟自惭，承夫子而不失予兮，传古道甚分明。"说自己忠厚老实，肯定难以助上孟老师您一臂之力，只有咨嗟惭愧，但继承孟老师写诗的方法而不失努力，愿意一起传承古道，执着分明。"然后惭愧而来归兮，大息吾躬于夫子之亭"。大概是孟郊托卢仝什么事，卢仝无力办成，感到惭愧，才来到孟老师的立德坊居所，一要表示歉意，二想与孟老师一同到生生亭上发发感慨，感叹世道维艰。

孟郊和卢仝的诗文往来应该不少，只是留存有限。某一次，孟郊读了卢仝寄来的一篇文章，得知卢仝去了某个地方，孟郊写了《答卢仝》。在孟郊看来，诗歌是藏之名山的事业，他以屈原为标杆，愿意为之付出生命的代价，所以说"楚屈入水死，诗孟踏雪僵。直气苟有存，死亦何所妨"。卢仝虽然终身没有做官，但并非不问世事，他熟读儒家经典，满腹经世之学，"潜仙不足言，朗客无隐肠"，卢仝完全没有做隐士求道的念头，遗憾的是"天下岂无缘，此山雪昂藏"，天下无用武之地，才华雪藏了。卢仝曾直言孟郊"老更狂"，孟郊自认为与古代被称为楚狂的隐士接舆不同，不会劝卢仝避世隐居，而是渴望天下有道，以期凤凰现于当今。卢仝就是这样的凤凰，是治世之才，所以说"烦君前致词，哀我老更狂。狂歌不及狂，歌声缘凤凰"。他真的希望卢仝能归来，"凤兮何当来，消我孤直疮"，因为"洛友零落尽"了，快来平复他内心的孤愤与伤痛。他称颂卢仝"君文真凤声，宣隘满铿锵"，卢仝的诗文是凤的歌唱，铿锵有力，读了让人胸襟开阔，积郁为之宣泄。

孟卢二人趣味相投，都是贫苦的读书人，他们怀有经世致用的理想，又同样愤世嫉俗。他们惺惺惜惺惺，是知音。

4

卢殷（746—810）是孟郊青年时期在嵩山时相识的诗友，前文已经记述过他们在嵩山的交游。

据韩愈《登封县尉卢殷墓志》记载，卢殷能够作诗，是一个不错的诗人，录写下来的诗有1000多首；他是一个读书种子，几乎无书不读，为作诗打下坚实的基础。卢殷曾任河南登封县尉的职务，但因身体不好，不能任职。走投无路之际，卢殷把生平得意诗作抄写下来敬献给东都留守郑余庆，郑余庆怜才，几次送米送衣给予接济，还向当朝宰相举荐过，但宰相最终没有起用卢殷。元和五年（810）十月，卢殷于饥寒交迫中去世，活了65岁。

卢殷与孟郊有着相似的悲惨命运，"生男辄死，卒无子"，都是无子老人；他们的志趣也极其相近，专心致力于诗歌，是苦吟诗人。相似的志趣和命运让他们心灵相契，遗憾的是孟郊此时生活同样陷入贫困之境，无法给予好友帮助。

在洛阳，孟郊曾与从叔孟简、卢殷一起酬唱，孟郊写有《同从叔简酬卢殷少府》，少府就是县尉，诗里赞誉卢殷诗才和人品，"梅尉吟楚声，竹风为凄清。深虚冰在性，高洁云入情"。以汉代南昌县尉梅福作比，卢殷的诗有楚地的曲调，如竹林清风，幽美而凄清，卢殷的性情深远淡泊，心如止水，高洁无瑕，情高入云。

卢殷过世，孟郊十分悲痛，连续写了《吊卢殷十首》。孟郊为卢殷的不幸离世而哀伤，为世道的不公而愤慨，"诗人多清峭，饿死抱空山。白云既无主，飞出意等闲"（其一），清高孤直的诗人竟然饿死，期待改变卢殷命运的"主"的到来，但并没有出现。他不知道，其实并没有什么救世主。

孟郊哀悼卢殷，流露出无限的自伤，"邙风噫孟郊，嵩秋葬卢殷。北邙前后客，相吊为埃尘"（其二），在卢殷的墓地，他从北邙山的秋风中感悟天命，每一个人都是人间过客，终将进入坟墓化为尘埃。

孟郊感到人生如梦，转眼间就和诗友天人永隔了，"梦世浮闪闪，泪波深洄洄。薤歌一以去，蒿闭不复开"（其三），挽歌已经随风而去，坟墓已经封土，他忍不住泪水在眼眶里打转。

孟郊为卢殷没有子嗣而伤感，"可怜无子翁，蚍蜉缘病肌"（其四），也感谢好友韩愈出面料理了后事，"河南韩先生，后君作因依。磨一片嵌岩，书千古光辉。"（同上）韩愈还写了墓志铭，卢殷一定会千古光辉。

孟郊悲愤，似乎出离愤怒了，"饿死始有名，饿名高氛氲。孪叟老壮气，感之为忧云"（其六），一位贤能之人，活着，默默无闻，挣扎在饥寒交迫之中，以致"饿死"；一旦死了，才得到关注，反而因饿死而有了盛名。这是怎样的人间世道？时势之忧如黑云，压在诗人的心头。

孟郊甚至感慨世间的人，禽兽不如，他们对卢殷的不幸离世无动于衷，圣人提倡的"礼"都到哪里去了？"同人少相哭，异类多相号。始知禽兽痴，却至天然高"（其九），你看，那些禽兽能够相互关爱，拥有天然的高尚本性，而人呢？有谁为痛失卢殷这样的贤人而悲伤？"如何裁亲疏，用礼如用刀"（同上），用所谓的礼法来裁定人际关系，但礼法如刀，这怎么会是孔圣人理想的"礼"呢？孟郊为人性善与美的流失而激愤，恰是他至人至性的诗人性情之表露。

在孟郊的心目中，诗人卢殷是夜空中的一颗星，一颗明亮闪烁的文曲星。"圣人哭贤人，骨化气为星。文章飞上天，列宿增晶荧"（其十）。卢殷是诗人，是贤人，孔圣人在天之灵也为他哀哭，他像李白一样，是仙人下凡，如今升天，又成为耀眼群星中的一颗。这就是诗人。因为诗，脱离了人间世俗的腥臭味；因为诗，活色生香，虽死犹香。

这是一个诗人对另一个诗人的哀伤与怀念，永远留存在历史的时空里，历久弥香。

5

刘言史（？—812）也是孟郊诗友。他是赵州（今河北赵县）人，早年居乡耕读，后漫游河朔、湘楚、吴越等地。刘言史曾得到成德军节度使王武俊的器重，上奏朝廷推荐他做枣强县令，刘言史却说身体不好而婉辞。尽管他没做过一天枣强县令，却被世人称为"刘枣强"。

和卢仝一样，刘言史喜欢藏书，藏书达万余卷。他《放萤怨》诗中称："放萤去，不须留，聚时年少今白头。架中科斗万余卷，一字千回重照见。青云杳渺不可亲，开囊欲放增余怨。"孟郊在洛阳，刘言史曾到东都拜访，有《初下东周赠孟郊》的诗，说"素坚冰蘖心，洁持保坚贞。修文返正风，刊字齐古经。"表述自己朴素高洁的心志，主张修文刊经，希望挽救日下之世风，让世道重返清正。

刘言史和孟郊性情相近，所谓的"三观"相近，所以一见如故。他们一同在洛阳北郊的泉水边煎茶饮茶，刘言史的《与孟郊洛北野泉上煎茶》就是记录了他们在寒溪之上喝茶谈天的情景。茶是好茶，"粉细越笋芽"，是江南茶，嫩嫩的芽尖制成；水是清泉水，"撇泉避腥鳞"，没有一丝的鱼腥味；茶器也不错，"湘瓷泛轻花"，唐代长沙窑的陶瓷多彩绚丽。当然，最为重要的是，他们情谊相投。诗末写"此游惬醒趣，可以话高人"，刘言史此次郊游收益颇多，身心惬意，对高人孟郊的品行和诗歌由衷地敬佩。

后来，刘言史做了汉南节度使陇西公李夷简的幕宾。据《唐才子传》称：李夷简很看重刘言史的才华，要上奏朝廷提拔刘言史，但诏书下来那天他就死了。至于为何而死，孟郊写给淡然诗中认为刘言史和卢殷一样，是饥饿而死。死后，刘言史葬于襄阳。孟郊听闻好友死讯，作了《哭刘言史》诗，诗中说："精异刘言史，诗肠倾珠河。……洛岸远相吊，洒泪双滂沱"，在孟郊心目中，刘言史人是精异之人，诗是字字珠玑。站在洛水岸边，孟郊哀吊远方朋友的离世，也自伤诗人的悲苦命运，禁不住涕泪滂沱。

6

还有一帮朋友，与韩愈、孟郊都保持着良好的友情，但诗歌创作与风格却与韩愈孟郊若即若离，他们算是韩孟诗派的外围。他们是张籍、王涯、淡然、孟简等。

张籍（约766—830）是孟郊的朋友，和韩愈亦师亦友。因为做过水部郎中，世称"张水部"；做过国子司业，又称"张司业"。

早在贞元十二年（796），孟郊即与张籍相识。那年孟郊自长安东归，经乌江和州，探访了张籍，张籍写有《赠别孟郊》的诗。此后，孟张二人的交往始终没有断绝。韩愈在汴州为官，孟郊把张籍推荐给韩愈。张籍得到韩愈的欣赏与提携，于贞元十五年（799）登进士第。孟郊在溧阳，一时工作困扰，张籍过江来探望，曾给身处逆境的孟郊极大的安慰。元和元年（806年），张籍调补太常寺太祝，韩愈回到国子监任职，孟郊也来到长安寻找机遇，他们一起诗歌联唱，作过《会合联句》。

张籍性格耿直率真，《新唐书》称他"性狷直"，《旧唐书》称他"性诡激"，其实意思大致相同。正是他与孟郊的性格相近，让他们一直交往不断。他们虽为好友，但诗风却完全不同，孟郊作诗奇崛险怪，剑走偏锋，而张籍的特点是平易自然，简朴清醇，语短情长。张籍既参加韩孟诗派的诗会，也与白居易相互切磋，诗歌自成特色，但更倾向于元（稹）白（居易）的新乐府写作，强调以自创的新乐府题目咏写时事。这并不影响他与韩孟的友情。

或许因为张籍耿介狷直，不善于官场运作的套路，他始终不得志，不离贫寒。在太祝任上，一耽十年，其间因患眼疾，几乎失明。孟郊在诗里戏称他"穷瞎张太祝"，可见他们相与无间，开开玩笑没有关系。

孟郊在洛阳期间，我们没有足够的资料证明两人是否有过洛阳聚会。但两人的友情却一直没有中断。元和八年（813），孟郊又写了《寄张籍》的诗，对友人患了眼病表示同情，对友人的升迁不得表示愤慨。在孟郊心里，能够为皇帝效力，得以重用，"达者兼济天下"是美好的愿望，所以他说"未见天子面，不如双盲人"，见不到天子面，不如一个双目失明的人。他想到了贾谊失志，想到了孔子见人狩猎获麟而悲泣，感叹世衰道穷，时运不济，人生失意呀。张籍身为太祝，虽然目盲，却仍能听到天子前往祭祀百神的车辇声，诗人是羡慕的。但能怎样呢？你张籍一直身居下位，即使"有眼"，眼睛明亮，也未必被珍视：

西明寺后穷瞎张太祝，纵尔有眼谁尔珍！
天子咫尺不得见，不如闭眼且养真。

你张籍住在长安延康坊西明寺的后面，又穷又瞎，皇帝老子近在咫尺也见不到，得不到重用，不如闭上眼睛修身养性吧。诗是写给张籍的，本为劝慰张籍，为张籍鸣不平，孟郊却借题发挥，含蓄地表达了自己生不逢时、不遇明主的悲哀和愤慨。

7

孟郊的另一位诗友王涯（764—835），是韩愈的同年，即贞元八年（792）一起进士及第。王涯是会做官的人，元和、大和年间两度坐上了宰相的椅子。在与宦官的周旋中，王涯死于"甘露之变"，连诗友卢全因借宿王家也一同罹难。

历史上，王涯官做得大了，名声不算太好。《旧唐书·王涯传》说，他被斩时"百姓怨恨诟骂之，投瓦砾以击之"；被杀后，"涯积家财钜万计，两军士卒及市人乱取之，竟日不尽"。可见，王涯贪权贪财，深为百姓痛恨。但王涯的诗文不错，文思清丽，风格雅正古朴，这大概是孟郊能与之交往的基础吧。

元和三年（808）时，王涯的外甥皇甫湜以及牛僧孺等人参加朝廷策试贤良方正极谏科，直言指陈朝政得失，忤逆了宰相李吉甫。王涯作为翰林学士，没有避嫌，被攻击审考徇私，先后贬为都官员外郎、虢州（近河南灵宝）司马，后来才调到南方做袁州（今江西宜春）刺史。韩愈写了《祖席二首》为王涯送别。祖席，就是送别的宴席。韩愈动情地写道，"祖席洛桥边，亲交共黯然。野晴山簇簇，霜晓菊鲜鲜……"那个秋天的早上，韩愈、孟郊等诗友一起来送别，秋风白霜，落木萧萧，韩诗写出了每一个送别之人的心情，但愿王涯早点被召回朝廷。

朋友们的愿望果真很快实现，或许当时的王涯为官确实积极进取。元和五年（810），他就被召回朝廷做了吏部员外郎，到元和七年（812），又改任兵部员外郎、知制诰，除了兵部任职之外，还有起草诏令的任务。第二年春，王涯应孟郊之约，来到洛阳，一起游览东都并出游济源（今河南济源市）。

在洛阳，他们一同游览东都名胜昭成寺，在寺僧的带领下观赏粉墙上的壁画，在西廊遮蔽日光的墙壁上看到壁画家杨廷光画的《西域记图》；在三门下看到张遵礼画的《护法二神》，即两位"执金刚"；大殿香炉两头看到程逊画的《净土变、药师变》，这是描绘净土宗佛菩萨、药师佛菩萨及其随从的变相画。这三位都是唐朝名画家，唐代张彦远《历代名画记》有过记载。他们一起饮茶聊天，吟诗咏赋，探讨深奥的佛理，一直到佛寺响起晚磬声。孟郊作《与王二十一员外涯游昭成寺》一诗，记录了此时景象：

> 洛友寂寂约，省骑霏霏尘。
> 游僧步晚磬，话茗含芳春。
> 瑶策冰入手，粉壁画莹神。
> 赪廊芙蓉霁，碧殿琉璃匀。
> 玄讲岛岳尽，渊咏文字新。
> 屡笑寒竹宴，况接青云宾。
> 顾惭余眷下，衰瘵婴残身。

　　孟郊太一本正经了，在王涯这样的官员面前，表情有点严肃，言语间还要笑话"竹林七贤"，他们聚会时一个个任诞不拘。他感谢诗友的厚爱，但往事不堪回首，内心有点惭愧，如今已是疾病缠身的衰老之躯，废柴呀。

　　有朋友相伴，有茶有酒有诗，诗人即使有一点病痛，也好了一半。他们还北渡黄河，到太行山下的济源一游。此前，孟郊曾有济源之游，这一次算是故地重游。

　　这次济源行，孟郊有王涯相伴，自然放逐了寂寞，时间也冲淡了丧子丧母的悲伤，言语间不再伤感。他写了《济源春》诗：

> 太行横偃脊，百里芳崔嵬。
> 济滨花异颜，枋口云如裁。
> 新画彩色湿，上界光影来。
> 深红缕草木，浅碧珩沂洄。
> 千家门前饮，一道传褉杯。
> 玉鳞吞金钩，仙璇琉璃开。

朴童茂言语，善俗无惊猜。

狂吹寝恒宴，晓清梦先回。

治生鲜惰夫，积学多深材。

再游讵癫蹙，一洗惊尘埃。

太行山下的济源大地，山山水水披上了春的盛装。济水之滨鲜花绽放，缤纷如画；枋口之上云如衣裳，光影变幻。他们在水边嬉游洗濯，临水宴饮，像王羲之当年兰亭的"修禊事也"，消灾祈福，祈求一年的平安吉祥。他们还一起享受了钓鱼的乐趣，欣赏了音乐的表演。孟郊和王涯出游，当地官员肯定以高规格接待，这是与以往完全不同的体验。"再游讵癫蹙，一洗惊尘埃"。他反问自己，再一次游览济源岂是癫疯愚蠢？怎么会呢？这一游洗去了多少世俗尘杂之气。

孟郊还写有《与王二十一员外涯游枋口柳溪》，他自称"小儒"，称王涯"大贤"，"小儒峭章句，大贤嘉提携"，他毫不谦虚地说自己诗写得好，望王涯给予提携。孟郊太不会奉承人了，明明希望他人提携，结果写出了个人的诗歌主张，"江调摆衰俗，洛风远尘泥"。他直言不讳，自负不浅，说早年在江南的诗作摆脱流俗，而到了洛阳，诗风保持一致，远离卑污尘泥。

从目前掌握的资料来看，王涯并没有向孟郊伸出援助之手。韩愈、王涯、卢仝与孟郊几人关系都不错，理应倾力相助，或许王涯真的没有政治资源可用，或许王涯从内心看不上孟郊那样酸溜溜的诗人，跟着我去吃几顿饭还可以，怎么还想赖上我安排工作？王员外的名声毕竟不算太好，孟郊是否有点诗人的天真？

8

越中诗僧淡然（也作澹然），与孟郊结识很早，在孟郊溧阳县尉任上他们就结下友谊，但其生平不可考。据曹汛《淡然考》（《中华文史论丛》1987年第1期），淡然，俗名诸葛觉（一作珏），中唐诗僧，元和中游洛阳，与孟郊、韩愈交。他的诗现存只有两句："到处自凿井，不能饮常流。"韩愈曾作游戏诗《嘲鼾睡二首》，用诙谐风趣的诗句嘲笑淡然和尚有打鼾的习惯。韩愈说，澹师午睡时，鼾声多么像犬吠，又像狂风吹着肥厚油脂时发出的那种怪声，有时声音高昂如上山岩，有时又低沉得跌入深谷，简直是惊天地、泣鬼神。

元和八年（813），淡然南归，韩愈已经到京城任职，孟郊为之饯别，作《送淡公十二首》。孟郊用诗句称颂了淡公专攻五言，是独攀"新奇"的卓荦诗才，"燕本冰雪骨，越淡莲花风。五言双宝刀，联响高飞鸿"（其一）。他把燕地的无本（即贾岛）和越中的淡然相提并论，贾岛是冰雪冷骨，淡然是莲花禅风，都是五言宝刀、诗坛飞鸿。孟郊用诗语回忆他与淡然在溧阳的种种往事，划船拍曲，击浪射鸭，笑傲世俗。又叙说了他们洛阳这几年的交情，彼此知心，如今离别南下，他想到了在江南的过继小女儿，担忧不认识他，"江湖有故庄，小女啼喈喈。我忧未相识，乳养难和谐"（其六），希望淡然在佛前祈福，早一些让他们父女相见。淡然将往江南去，他惜别，他怅惘，他自伤，到了最后，变成了对世道人心的又一次控诉：

其十一

牵师袈裟别，师断袈裟归。
问师何苦去，感吃言语稀。
意恐被诗饿，欲住将底依。
卢殷刘言史，饿死君已噫。
不忍见别君，哭君他是非。

其十二

诗人苦为诗，不如脱空飞。
一生空鹭气，非谏复非讥。
脱枯挂寒枝，弃如一唾微。
一步一步乞，半片半片衣。

倚诗为活计，从古多无肥。

诗饥老不怨，劳师泪霏霏。

　　孟郊的诗友或生离或死别，飘零而去，洛阳已经不是诗的世界。他真心的希望淡然能够留下，但诗僧去意已决。他想问，何苦一定要离去，但感到难以启齿，一开口就口吃，疙里疙瘩的。他担心淡然，一个诗人在一个不再需要诗歌的时代将何所依靠。卢殷饿死了，刘言史也饿死了。诗人的生存空间何在？他们在贫困线上挣扎，甚至冻死饿死，还要苦吟作诗，一生空悲切，不如排空而飞的鸟儿，那样自由地飞翔。诗已经失去了教化的功能，这个世界也不需要诗来教化讽谏，诗人们苦苦吟出的诗，如同即将脱落的枯叶，挂在寒风中的树枝之上，弃之只要一唾之微力。诗人养不活自己，沦落到乞食的境地了，诗的意义何在？此时，孟郊的诗成了苦闷的象征，痛苦的牢骚，不是诗教，也不需要温柔敦厚，完全是孟郊的私人天地，可歌可咏，可感可叹，可泣可诉。

　　这就是中唐的诗，这就是孟郊的诗。孟郊清醒地看到，依靠诗歌难谋生存之计，自古如此，诗歌之路难行呀。四周总会充满了疑惑的目光，嫉妒的眼神，敌视的戕害……即使如此，孟郊依然把诗歌作为一生的追求，"诗饥老不怨"，即使挨饿，至死无怨无悔。这是一个怎样的灵魂，他的心中有一片属于自己的蓝天。

　　而此时，孟郊的蓝天上分明呈现出佛光，他的佛缘似乎越来越深。和他立德坊家门不远就是道光坊，道光坊内有东都第一刹——昭成寺，还有他的从侄僧悟空的禅院。他时常徘徊在佛寺黄壁塔影下，在晨钟暮鼓里感悟生命的无常。某一次，他独自去昭成寺，想登阁望远，昭成阁有上千级楼梯，无奈老眼昏花，体力不支，只走了几十级就放弃了，写有《上昭成阁不得于从侄僧悟空院叹嗟》。他夜宿悟空的禅院，灯下翻阅佛教经典，"灯窗看律钞"（《宿空侄院寄澹公》），还有茶相伴，"茗碗乳华举"（同上），不禁思念南归的淡然，"诗思空愁予"（同上），流露出一片寂寥的愁思。

9

　　孟简（？—823）的身份有点特殊，他与孟郊同族，孟郊始终以晚辈的身份来待他，称他从叔，但他是德州平昌（今山东省临邑县）人，那里是孟郊的祖居地。孟简的生年无考，估计年龄与孟郊差不多，他们很早就有往来，都曾读书嵩山。与孟郊相比，孟简会做人也会做官，于贞元七年（791）进士及第，而后通过科目考的博学宏词科，他性格"俊拔尚义"，官职有升有降，但总的是往上走，做过户部侍郎，做过地方大员，官终太子宾客、分司东都。孟郊受孟简的影响较多，现存孟郊诗集中有九首是写给孟简的。

　　居洛期间，孟郊与孟简时有来往，前文写到他们曾和卢殷酬唱。元和四年（809）十月，成德节度使王承宗反叛，唐宪宗命宦官吐突承璀为招讨使，带兵进讨。翰林学士白居易反对任命宦官做军队的统帅，谏议大夫孟简附议，直言"抗疏"，结果以"语讦"的罪名被贬出京，出任常州刺史。孟简途经洛阳，孟郊一直送行到洛水之畔的孝义渡。

　　在孝义渡驿站，孟郊与从叔分别在那个秋日早晨。孟郊目送从叔的船离开，行驶在明镜一般的洛水之上，惊起一双野鸭，朝霞在东方的天际飘如彩带，而船头飘动的旌旗仪仗宛如红色美人蕉。离别总是让人惆怅，心里空落落的。孟郊带着淡淡的离愁回到洛阳，作《送谏议十六叔至孝义渡后奉寄》，寄往常州：

> 晓渡明镜中，霞衣相飘飖，
>
> 浪凫惊亦双，蓬客将谁僚。
>
> 别饮孤易醒，离忧壮难销。
>
> 文清虽无敌，儒贵不敢骄。
>
> 江吏捧紫泥，海旗剪红蕉。
>
> 分明太守礼，跨蹑毗陵桥。
>
> 伊洛去未回，遐瞩空寂寥。

诗情的表达是给心灵最好的慰藉。此去常州，孟简在刺史任上担当作为，他研究江南水情，开凿"孟河"，纾解了漕运的困厄，造福了当地百姓。

元和六年（811），因孟简通晓佛典，皇帝下诏，传他到醴泉寺翻译《大乘本生心地观经》。这年五月，孟简来到洛阳，孟郊和他一同赏花，作了《看花五首》：

其　一

家家有芍药，不妨至温柔。
温柔一同女，红笑笑不休。
月娥双双下，楚艳枝枝浮。
洞里逢仙人，绰约青宵游。

其　二

芍药谁为婿，人人不敢来。
唯应待诗老，日日殷勤开。
玉立无气力，春凝且裴徊。
将何谢青春，痛饮一百杯。

我们知道洛阳牡丹名闻天下，其实牡丹最初的名字叫作木芍药。中唐时的洛阳，牡丹培育尚未普及，韩愈写过《戏题牡丹》的诗，但他没有提及花开何处；见于记载的，有丞相牛僧孺和魏博节度使田兴（后改名田弘正）的家里栽种牡丹。直到晚唐，牡丹才广泛种植和盛行，唐朝遂有牡丹国之称。而武则天嫌牡丹开得迟而贬牡丹于洛阳的故事，则是小说家言。如果你穿越到中唐的长安或洛阳街头，看到美女们头上戴着绚丽的花朵，那不是牡丹，而是芍药。孟郊和孟简去看的正是芍药。

在洛阳，几乎家家栽种芍药，芍药花开，那是最温柔的美。温柔一如那美丽的女子，你看芍药摇曳，如同开心地露出笑颜，又笑个不停。那花，是

272

嫦娥下凡，是楚艳起舞。这里，孟郊一点不像苦吟诗人，他浪漫的想象里分明可见柔软可爱的内心。他们为芍药的娴雅柔美而陶醉，直到清幽的夜色降临。

芍药谁为婿？在孟郊眼里，芍药在等待她的爱人降临，但无人敢勇敢地表白。孟郊感受到来自芍药爱的期待，她是在等诗人来欣赏，她要为悦己者容，每一天殷勤开放。芍药亭亭玉立，柔弱可人，她要把春光留住，让诗人多一些留恋。用什么来报答芍药绽放的青春之美呢，诗人愿意痛饮美酒百杯，为芍药彻底地醉上一次。此时的孟郊，沉浸在浪漫里，让悲伤顺流而去，于是，寒苦的人生有华美的呈现。

第二天一早，无奈风吹花飘落，芍药花枝尚存最后的美丽。孟郊他们再一次看花去，"余花欲谁待，唯待谏郎过"（《看花》其三），在孟郊心目中那些花或许是为曾任谏议大夫的孟简而留。他们一起高歌，一起畅饮，直至月明星稀，孟简先回去休息了。孟郊又独自举杯，邀花同饮，他真的醉了。醉中回想过往，这三年来不幸的遭遇又在眼前，不禁泪流满襟。

此外，李翱离开洛阳南下岭南，与孟郊的后续交往没有留下记载。孟郊与鲍溶、刘叉、卢汀等人有过诗歌酬唱，但难以考查出具体交往情形，无法作出详尽的解读，有待后来人作更为深入的研究。

诗人之死

1

在孟郊生活的中唐，读书人到寺院里礼礼佛吃吃斋饭，或到道观里修修道，结交僧人、道士并诗文酬唱，那是再正常不过，甚至读书山林成为一种风气。即使在朝官员，参禅悟道与官场生活也不相悖。可以说，儒释道三教在中唐时代相对调和，并不冲突，无论儒道互补、儒释互补，还是儒释道三教的兼容互补，都为社会所接受和认同。你可以今天进佛寺拜拜佛菩萨，明天到道观与道士谈天说仙，然后回到科举考试的考场去挤一挤那千军万马的独木桥，或者坐到朝堂上参与国家大事、百姓难事，这不矛盾。人们几乎都会自觉不自觉地接近三教，接受其滋润生命的精神调节。

儒释道为什么能够相互协调？因为三者具有相容的文化基因。儒家具有强烈的入世精神，主张积极参加社会生活，报效国家，造福百姓，实现"内圣外王"的理想。如果入世不顺，报国无门，则有道教给你回旋的余地。道家主张道法自然，以退为进，采取避世的态度，可以追求长生成仙或精神自由的人生理想。如若避世也不成，还有佛教的万法虚幻，唯心净土，即心即佛，以及天堂地狱的因果报应说等，给人以赏善罚恶和摆脱生老病死等现实苦难的精神安慰。你看，人们在不同境遇中调适身心的不同需要，都可以在儒释道的哲学阐述中找到依据。

于是，人们的社会生活自觉不自觉地融入了佛与道的元素，希望从佛与道那里祈求平安，祛病长生，也寻求心灵的慰藉与解脱。尤其在人生的逆境里，或身处战乱，或登第失利，或遭遇贬谪等，人们感到前途迷茫，仕途无望，往往从佛道宗教那里寻找"安身立命"的依持，寻求情感和心灵上的安慰和寄托。

孟郊早期隐居嵩山，体现的是一种隐士情怀。他与道士密切往来，受仙道思想的熏陶，曾写过《访嵩阳道士不遇》《隐士》《列仙文》等诗。与道教的亲密接触，让孟郊的诗歌沾染了一些神奇浪漫的色彩。他说，"君子隐石壁，道书为我邻。寝兴思其义，淡泊味始真"（《隐士》），他赞美真正的隐士，讨厌追名逐利的生活。这是孟郊隐居生涯的真实写照，也是他曾经的向往和追求。

但他读圣贤书，接受儒家经典的洗礼，他关注国家命运，关心百姓疾苦，他又遵从母命，赴长安考取功名，希望进士及第后登庙堂之高。这时，孟郊是一个不折不扣的儒士。儒家思想的影响折射到孟郊诗歌的创作，我们可见一颗忧国忧民、济世安民的心，一颗慷慨激昂的心。他说，"岂无感激士，以致天下平"（《感怀》），期望有一天能够兼济天下。他又说，"灵响复何事，剑鸣思戮仇"（《杀气不在边》），"壮士心是剑，为君射斗牛。朝思除国仇，暮思除国仇。计尽山河画，意穷草木筹"（《百忧》），诗人期望平定叛乱，抒写了一个壮士的豪情与激愤。他的诗，不仅是自述磨难、自鸣不平，也要"证兴亡""补风教"。纵观孟郊的一生，他始终渴望建功立业，始终关心社会现实，所以他非常注重诗歌的风雅传统。可见，儒家入世的思想一直盘踞在孟郊的脑海里，主宰着他生命的走向。

但诗人命途多舛，早先进士考试屡次落第，后来官场不顺、遭受挫折。到了洛阳，本想有朋友关照，有诗歌酬唱，不用为稻粱谋而烦心，也不会因寂寞而忧愁，无奈还是无奈，命运击碎他美好的梦想，三个孩子夭折，母亲又离他而去，他成了无子老人，生活失去了来源。在饥寒交迫的境遇中，诗人感到生命的困惑，他成了一名怀疑论者，怀疑上天，也怀疑儒教。这种怀疑让孟郊更加亲近佛教。

其实，孟郊对佛教一点也不陌生，早已耳濡目染。年轻时，他就跟随湖州诗僧皎然学诗，参加过颜真卿、皎然他们的诗会，通过皎然结识了许多僧人。他为庐山献上人送行，写送别诗《送草书献上人归庐山》，"手中飞黑电，象外泻玄泉"。献上人是禅宗南宗的"好才子"，是书法家，写的是狂草，气象万千，只是今天我们无缘欣赏到他的墨迹了。孟郊与建业（今南京）南禅青山寺的契上人、栖霞寺的道素上人都有交往，写过《赠建业契公》《忆周秀才素上人时闻各在一方》等诗，用"衣上不栖尘"来赞赏契上人恪守禅风，用"高僧月为性"来譬喻道素上人极高的佛性。他谒见过禅宗北宗的智远禅师，说"谒师见真宗"（《夏日谒智远禅师》），表达对禅师的敬重和对北宗钦仰。可见，孟郊不论对南禅的"顿悟"，还是对北禅的"渐修"，都以理解的心态对待，兼收并蓄。

在淮上，他参观过华严宗澄观禅师开元寺法堂，还在寺里小睡了一会，赞扬澄观的修持达到了极高境界，"高僧积素行，事外无刚强"（《憩淮上观公法堂》）。他又与天台宗僧人超上人颇有交情，感悟"遗身独得身"（《送超上人归天台》），忘却自己，才能真正认识自己。华严宗、天台宗都是中国佛教的精华，孟郊都有过接触。

孟郊交往的士大夫，几乎都与僧人有过交往，如韦应物、梁肃、陆长源、郑余庆等，一个个虔诚的佛教徒。他的从叔孟简，不仅是佛教徒，还曾翻译过佛经；他的族侄甚至做了和尚，法名悟空，或许后世《西游记》里的孙猴子孙悟空的法名就是从这个唐朝僧人借鉴过去的。

孟郊的脚步经常进出佛寺，去喝禅茶，去听佛法讲座，去读《维摩诘经》，但他把结交僧人、虔诚佛门只作为一种文化趣尚来品味，作为一时的内心调节来看待，没有作为一种至高无上的精神追求。他几乎没有真正地坐过禅，从他的诗中只能感到零星的佛理感悟。

到了晚年，命运的重击让孟郊的精神困惑无以复加，他多病、年老、孤苦无依，只有寻找佛教的寄托来安抚悲凉的心灵。他时常徘徊洛阳的寺院，甚至寄宿在悟空的佛院里，开始息心于佛法。

他读佛经，还教妻子一起读，"垂老抱佛脚，教妻读黄经"（《读经》），以前没有好好读，到老才拿起黄色封面的佛经，算是"抱佛脚"。"抱佛脚"

一词，后来成了约定俗成的成语。诗人年轻时即"曾读大般若"（同上）。他回忆，读大品般若时，身坐斗室之中，心含万物空灵，但一旦踏上长安道，就落入尘网之中，在追逐功名的奔忙里不得安宁了。如今，老来读经抱定不放松的心态，希望获得解脱。诗中写道：

> 拂拭尘几案，开函就孤亭。
> 儒书难借索，僧签饶芳馨。
> 驿驿不开手，铿铿闻异铃。
> 得善如焚香，去恶如脱腥。
> ……

（《读经》）

他读经很有仪式感，他来到生生亭，先把几案擦干净，点上三炷香，然后才打开佛经的书套。儒家圣贤的书里难以找到想要的东西，放开吧；而佛学经典饶有趣味，读之如入芝兰之室，芳香扑鼻。诗人手不释卷，似乎聆听到佛门那清亮悦耳的法铃声。读着佛经，他感受着人间的善意如焚香弥散，而内心的恶念如腥味脱身而去。

对于佛理，孟郊比以往参得更加透彻，已达到"声尽形元冥"的境界，一切归于寂寥，一切归于无形，所谓的四大皆空。诗人伸出双臂热情地拥抱佛教，真切，诚意。他虽然还以颜回自命，但在他的心目中，至少把佛法与儒教同等看待了。

孟郊的这种思想转变，同样表现表露在《自惜》诗里：

> 倾尽眼中力，抄诗过与人。
> 自悲风雅老，恐被巴竹嗔。
> 零落雪文字，分明镜精神。
> 坐甘冰抱晚，永谢酒怀春。
> 徒有言言旧，惭无默默新。

始惊儒教误，渐与佛乘亲。

人生易老，眼睛也老花了，只能吃力地睁着双眼，逐字逐句把新作的诗抄送给他人。他感叹诗歌风雅的传统已被看成老套了，和自己一样不合时宜，恐怕要遭受流行歌曲作者的嗔怪。看看人家，"巴人歌""竹枝词"之类歌词一出手，就被人在酒桌上传唱，雅俗共赏，他有点自卑，有点怨愤，但他认定的，不会因流俗而改变。诗如雪一般，洁白无瑕，尽管有些零落，但洞达清正的精神依然分明，如明镜光亮。愿怀抱一直如冰样的洁净，永别青春年少时痛饮酒的狂放。翻阅曾经写就的诗篇，徒有干巴巴的说教，真的感到惭愧，怎么没有那些尽在不言中的佛法新说呢。"始惊儒教误，渐与佛乘亲"。诗人惊悟，所谓入世与追求，梦想与希望，那些圣贤的教导，误人不浅；而在念佛的诵呗声中，他求得了心灵的安慰，那种亲近感油然而生。

2

孟郊的晚年生活一直与郑余庆交织在一起。郑余庆到洛阳做官，孟郊到郑氏手下做了水陆运从事、试协律郎，过了一段安定幸福的日子。尽管后来孟郊丁忧而辞去官职，但对郑余庆一直心怀感激，也寄予希望。

元和六年（811）四月，郑余庆官拜兵部尚书，仍担任东都留守，负责洛阳的军政事务。这年十月，郑余庆被任命为吏部尚书，将归朝长安，到中央政府报到任职。孟郊怀着不舍之情送别。

郑余庆离开洛阳的时候，已是冬天。从洛阳到长安，有南北两条驿道，到陕州地界两路汇合。北线路程稍近，是兵家必经之地，安史之乱的叛军就是从北线进攻长安，当年杜甫也是走北线驿道，过新安县、渑池县，到陕州、潼关，写下了著名"三吏""三别"。但唐朝的士大夫都习惯沿着洛水走南线，途经寿安县（今河南宜阳县）、永宁县到陕州，或许这里山高风景好，郑余庆归朝走的就是南线。孟郊丁忧辞职在家，就前往送行。亲人友人前往西京长安，人们一般送到洛阳城西的临都驿，但孟郊送了一程又一程，沿着洛水向西的驿道，一直送郑余庆到寿安县以西洛水边的渡口。这里本有永济桥，船只组成的浮桥，只是桥毁，只能渡河。

他们分别在一个冰霜寒冷的早晨，晴空瓦蓝，驿道边的槐树柳树萧索地站立两旁，光秃秃的样子，枯草地上白霜皑皑，阳光毫无顾忌地直泻在大地上。冷清的风微微吹来，水波不惊，但人的脸上还是有一丝寒意。诗人回首往事，感慨岁月易逝，多少次和友人一起聚会酬唱，多少次送别友人，一个个星散而去；今日，恩人郑余庆要回长安，孟郊的内心感伤涟涟，情不自禁写下了《寿安西渡奉别郑相公二首》。他说，"春别亦萧索，况兹冰霜晨，零落景易入，郁抑抱难申"，恩人离去，即使离别在春天，万物也会感到萧索，更何况是冬日，虽说阳光普照，树木没有遮挡，但抑郁伤感的心情还是难以言表。他看到官道上出游的显贵，他们兴味十足地在马车上谈笑，而自己，一个贫贱之人，一个本性疏懒的人，老友即将离去，感到无所适从，郁闷的心思开始绵延，悲吟苦吟也难以抒发心头的抑郁之情。

回忆总是让人感伤。孟郊有点忧伤，有点悔意，有点自责，那是人到老年的落拓、无奈与彷徨，其间有历尽苦难后洞察世事的透彻。在上述诗里，他还说，"寂静道何在，忧勤学空饶。乃知减闻见，始遂情逍遥"。"忧勤"之学没有给人富足的精神，儒家兼济天下的理想终成泡影。道家的清静无为之道呢？是否更受用？少一些见闻见识，或许更自由自在，"逍遥游"才会如愿以偿。他甚至认为诗歌失去了意义，赋诗作文获得美好的声誉，只会让人自以为是。

此时，孟郊的脑子里满是道家的清静无为、绝圣弃智的想法，他似乎要以此作为生命的皈依。但孟郊的内心充满了矛盾，他说"忧勤"之学无所用，要清静无为，那为何还要如此忧愁？他放不下，是"忧来蚕抽纶"，人生之忧无穷无尽。所以，郑余庆离去，孟郊要仰天长叹，深感再也没有机会与郑余庆亲近，再也无法得到郑的教益与帮助。

对于孟郊伤感之余的道家之想，我们不必惊奇。不管是道家的思想，还是佛教的理念，对于孟郊，或许都是获得心灵暂时慰藉的载体，都是一种值得追求的文化时尚。一旦人生有机遇，他还会非常热情地投入社会生活中去。

亦儒亦佛亦道，这是孟郊思想的真实写照。

郑余庆为人坦诚，乐于助人，是可以做朋友的君子；他为官担当，清正廉洁，是一个有所作为的官员。孟郊钦佩他，说"东都清风减，君子西归朝"，郑余庆归朝了，连东都洛阳的清廉之风也要减去几分。当然，他到了长安，长安的官场风气果真受到他的影响。唐朝时，高官门第有立门戟的礼仪，用来表示威仪，但有一定的定制规矩，什么样的官可以立，什么样的官不能立。当时的京兆尹元义方、户部侍郎判度支卢坦，都是实权派人物，提出申请，礼部的官员没有详细核实有关制度就批了下来，两位官员的门口很威风地立了门戟。郑余庆刚到长安，认为两位官员没有达到立门戟的条件，让礼部核实，结果夺了元、卢两家的门戟，涉事官员还受到罚扣薪俸的处理。郑余庆做官坚持原则，不怕得罪人，真是不负孟郊的眼光。郑余庆还阻止无功无绩官员的提拔，他的直言自然要遭到朝中权贵的排挤，回长安第二年就改任太子少傅，兼太常卿。太子少傅是虚职，太常卿是太常寺的长官，主管礼乐、郊庙等事务，具体主持朝廷登基、祭祀等重大活动，职位很高，但实权不大。

文朋诗友或离别，或零落，孟郊自然感伤不已，但新朋友的结交让他对诗歌依然充满着期待。青年诗人郑鲂（777—834）就是孟郊敬重与期待的一位。

郑鲂，字嘉鱼，郑州荥阳（今河南省荥阳市）才子。他与孟郊年轻时一样，苦读诗书，很早就有特立独行的才名，但他以钻营达贵门下为耻，无奈淹蹇科场多年。直到元和七年（812），兵部侍郎许孟容主持科考，慧眼识珠，郑鲂才进士及第。后来，郑鲂入忠武军节度使李光颜幕，官至尚书仓部郎中，掌管粮食收藏和发放等事务，遗憾的是在赴任途中去世了。

郑鲂年纪轻轻就名声在外，当时谚语称："不识郑嘉鱼，不名为进士。"孟郊、李贺等成名诗人也与之相互唱和，切磋诗艺。在年轻人面前，孟郊虽诗名远扬，但把自己放得很低，称郑为夫子。夫子，是对老师的尊称，也是对一般男人的尊称，像如今我们称某先生。孟郊称郑鲂夫子，相当于称郑先生。但孟郊从来就是一个率真的人，在韩愈面前这样，在郑鲂面前也这样，他当仁不让地阐述了自己对诗歌写作的看法：

天地入胸臆，吁嗟生风雷。

文章得其微，物象由我裁。

宋玉逞大句，李白飞狂才。

苟非圣贤心，孰与造化该。

勉矣郑夫子，骊珠今始胎。

（《赠郑夫子鲂》）

孟郊狠狠地夸奖了郑鲂一番，说郑鲂将天地自然之气纳入心胸，感叹一声也会像狂风惊雷一样，气势非凡；他写文章力求曲达幽微，万物变化的景象任由巧妙地裁剪。郑鲂有点像宋玉，写洋洋洒洒的长句；有点像李白，斗酒诗百篇，是酒中仙，是狂才。但孟郊不忘给年轻人以勉励，"苟非圣贤心，孰与造化该"。请郑先生再接再厉，如骊龙之珠的才华刚刚成胎，美好的前程还在后头。

细致入微地考察万事万物，再严格地取舍，诗歌写作才能获得最大的自由。而只有胸怀"圣贤心"，才能写出与天地自然争衡的诗篇。孟郊心系"圣贤心"，就是要恢复古道，就是对儒家传统道德的追慕，对简古淳朴的古代社会的向往。这是诗人孟郊至死不渝的梦想。

3

郑余庆真是惜才，他没有忘记孟郊，一直关心这位才子的生活处境。

元和九年（814）三月，郑余庆得到了新的任命，检校右仆射，出任兴元尹、山南西道节度使，又一次担任封疆大吏。一上任，他就上奏朝廷，授予孟郊兴元军参谋、试大理评事。郑余庆让孟郊去担任军队的参谋，并不是考虑孟郊的军事才能，而是出于关照赞助。参谋只是节度使幕府的幕僚，大理评事是从八品的职官，掌管案件的重新审理，但孟郊试大理评事，只能算虚职，能够享受从八品的职务待遇罢了。有职位，就有收入，自然可改善孟郊一家的生活困境。

郑余庆曾两度担任宰相，如今已经69岁，老相出任将军，居然还惦记着曾经的下属，孟郊的内心是感动的。虽然悲惨的生活摧毁了诗人的身体，他体弱多病，仍然强打精神整理行装，带着妻子郑氏一起赶往兴元府赴任。

唐朝的山南西道辖区包括今陕南、川西北。兴元府所在的南郑（今陕西汉中市）即为山南西道的治所。从洛阳到兴元府，山高水长，长路漫漫，孟郊行走在摩天的山路，颠簸在马背上。途中，他写下了生前最后的一首诗——《送郑仆射出节山南》：

> 国老出为将，红旗入青山。
> 再招门下生，结束余病孱。
> 自笑骑马丑，强从驱驰间。
> 顾顾磨天路，袅袅镜下颜。
> 文魄既飞越，宦情唯等闲。
> 羡他白面少，多是清朝班。
> 惜命非所报，慎行诚独艰。
> 悠悠去住心，两说何能删。

这首诗另一个标题是《酬郑兴元仆射招》，可见孟郊对郑余庆满怀感激之情。诗人文采飞扬，把诗歌作为生命的最大追求，把做官只看作寻常之事。虽说为官寻常，可路遇几位年轻的官员，一个个白面书生，竟羡慕起来，年轻真好。隐居养生，就难以报答郑国老的知遇之恩，但做一个幕僚，需要处处谨言慎行，确实非常艰辛。

临行前，诗人曾反复思量，是"去"（隐居出世）还是"住"（入世为官）？两者之间他难以取舍，他困惑，无法超脱。似乎冥冥中有一种力在牵引着他，这是儒者的立场，入世的理想。他摇摇摆摆，进退失据，一时无从确定自己的取舍。诗人强起病孱之身，走向兴元府的迢迢征途。

孟郊的马缓缓地沿着洛水行进，来到莎栅，那是他和韩愈曾经同游，一起作过联句诗的地方。当时的心情坏透了，诗都写不下去，《莎栅联句》戛然而止。

他来到石壕村。当年杜甫曾在这里过夜，正遇上抓壮丁。房东老妇人说，连年打仗，家里已经没有男丁，要抓就把我抓去，可以到军营里烧烧饭。小吏就把老妇人带走了。战乱给百姓带来了无尽的灾难，多少生命在战火中消亡。孟郊的好友韩愈、张籍都学习模仿过杜甫的诗作，可爱的是张籍，相传曾将杜诗烧成灰和水吞下，以便更好地吸收杜甫的诗才。物以类聚，人以群分，孟郊喜爱杜诗，读杜诗，一定读过《石壕吏》，他对战乱有过切身的心痛，刻骨铭心。

孟郊一定望见了驿道旁的七里古槐。那是一棵古老的树，在众多的槐柳之间它鹤立鸡群，高高耸立在中州大地。据说唐朝开国大将尉迟恭在七里之外就望见了这棵老树。孟郊肯定想去拜会一下这棵千年古木，但他有点累，连马也骑不了了……

古槐之西，黄河之畔，靠近潼关的地方，有一个古老的阌乡县（今属灵宝市）。孟郊的脚步永远停留在阌乡驿站了。他病了，病得很急很重，病来如山倒，他不是山，但他倒下了，永远地倒下了。

那一颗中唐时代的诗歌之星陨落了。那是元和九年（814）八月己亥日。根据陈垣先生《二十史朔闰表》推算，那一年是闰八月，己亥日按公历即为9月12日。

4

孟郊因病去世后，妻子郑氏怀着悲伤，着手处理夫君后事。家人远在江南，只得派人到长安韩愈那里报丧，请他告知长安各位朋友。她买了棺材，将夫君入殓，然后租用了一辆二人马车起灵回洛阳。

孟郊的死讯传到长安，韩愈身在西京，在自己家里设了孟郊灵位，供孟郊生前好友前来祭奠。他悲痛，在孟郊灵前哭祭，又喊来张籍一同哭。孟郊在长安的朋友，得知噩耗后都跑到韩愈家里来哭吊。

韩愈知道孟郊家里贫寒，是没有办法才应郑余庆的邀请前往兴元府，家里肯定连办丧事的钱都没有。闻讯后第二天，他就派人去东都洛阳送奠仪，以帮助办理丧葬事宜，并修书告知郑余庆，希望他也出手相助。

孟郊的朋友、青年作家、太子舍人樊宗师派人到韩家吊祭孟郊，带来了孟郊入葬时间，并要韩愈写墓志铭。韩愈哭着说，我怎么忍心写自己朋友的墓志铭呢？樊宗师又催，不然就要耽误下葬日期了。韩愈无法推辞，就动手写墓志铭。韩愈是写墓志铭的高手，很多达官贵人都求他写，写墓志铭是韩愈俸禄之外的重要收入来源。他不想为孟郊写墓志铭，或许他伤心过度，不忍回忆过往，或许是两人的情谊已经写得太多，够淋漓尽致了，不想重复。

山南西道节度使郑余庆得知噩耗，派人送钱来，帮助孟家办理丧葬，商量如何安排孟家今后事宜。将要安葬时，张籍提议：给孟先生取一个谥号，就用"贞曜先生"。古代的贤良之人过世后都有谥名，何况孟先生那样的仕进者呢？孟先生品德高尚，又诗才独绝，把古代的诗歌传统发扬光大，"贞曜先生"可以把他的姓、名、字、操行都概括其中，一看就知道孟先生的为人。这一提议得到大家的赞同。

韩愈很诚恳地为孟郊写了《贞曜先生墓志铭》，记录了孟郊过世后朋友们的悲伤之情，以及孟郊的后事。在墓志铭里，韩愈对孟郊的为人为诗作了盖棺定论的评价：

> 长而愈骞，涵而揉之，内外完好，色夷气清，可畏而亲。及其为诗，刿目鉥心，刃迎缕解，钩章棘句，掏擢胃肾，神施鬼设，间见层出。唯其大玩于词，而与世抹摋，人皆劫劫，我独有余。

这段话翻译成现代汉语，即为：孟郊成年以后更加超然出群，经过涵养磨炼，自身修养和待人接物接近圆满，他气色平和，气度清雅，态度严肃可畏又让人可亲。他写诗，往往出人不意，诗句让人触目惊心，他的诗气势独特，如挥刀断丝缕，谋篇布局、雕琢词句，如用钩戟悉心而为。他作诗冥思苦想，似乎要把胃和肾都掏出来，诗的奇妙如鬼神所施为，佳句层出不穷。

只有孟郊如此专心于诗歌，对世事不闻不问，他人竭尽全力追求而不得，而孟郊游刃有余，独自沉醉在诗的世界里。

韩愈不愧为孟郊的知音，把他的性行和诗，评述得十分明了，恰如其分。智慧的韩愈还思虑周全，在墓志铭的结尾，写到了孟简。孟简是两人共同的朋友，论辈分，还是孟郊的从叔。这年九月，孟简由给事中改任浙东观察使，担任了地方大员。韩愈在墓志铭里写道：孟简说了，孟郊活着，我没能帮助他；他死了，我得抚恤他家。确实，孟郊与孟简虽为叔侄相称，但孟郊从来没有开口求助于孟简，孟简也没有主动出手相助过。韩愈记上一笔，孟简今后就责无旁贷了。孟郊身后可以无忧了。

这一年的十月庚申日，孟郊安葬在洛阳城东北邙山母亲的墓旁，他可以永远地相依在母亲的身旁了。办丧事多余的钱，留作孟郊遗孀郑氏的赡养费。

洛阳，是孟郊生命中最后的栖息之地，也是他的归葬之处。在这里，他度过了一段安稳、闲适的生活，感受到生命的光与亮；在这里，他经历过生命的至暗时刻，连丧三子又痛失母亲，感受到彻骨的哀伤。母亲死后，孟郊选择了洛阳作为母亲的葬身之地。如今，诗人仙逝，他的朋友和家人同样选择了洛阳作为诗人的长眠之地。诗人孟郊，永远定格在洛阳那个悲凉的晚秋。

诗人是不幸的，因为时运不济；但又是幸运的，因为诗歌飞扬。有了孟郊，洛阳这座城市和他的故乡德清一样，多了一段不可磨灭的文化记忆；有了孟郊，中国文学史多了一位多愁善感的先锋诗人。

孟郊去世后，诗友都非常怀念他，以不同的形式表达对他的敬意。远在范阳的贾岛，赶到洛阳来吊唁孟郊。他到北邙山的孟郊墓地去祭奠，到立德坊探望孟郊的遗孀郑氏，并作诗两首。他写道：

才行古人齐，生前品位低。

葬时贫卖马，远日哭惟妻。

孤冢北邙外，空斋中岳西。

集诗应万首，物象遍曾题。

（《吊孟协律》）

贾岛透露的信息，我们可以知道孟郊的诗作数量巨大，称诗有万首自然有夸张的成分，但今天我们看到的肯定只是孟郊诗的一部分。并且，孟郊诗的题材内容，具有相当程度的开阔与多样性，遗憾的是大多数孟郊诗作消亡在历史的尘埃里了。贾岛的另一首写道：

> 身死声名在，多应万古传。
> 寡妻无子息，破宅带林泉。
> 冢近登山道，诗随过海船。
> 故人相吊后，斜日下寒天。

（《哭孟郊》）

可见，孟郊的诗当时传播很广，不仅在唐朝传颂，甚至"诗随过海船"，应该随着海船流播到了新罗、日本。孟郊的诗成了大唐文化交流的载体。

另一位诗人王建，写有《哭孟东野二首》：

其 一

> 吟损秋天月不明，兰无香气鹤无声。
> 自从东野先生死，侧近云山得散行。

其 二

> 老松临死不生枝，东野先生早哭儿。
> 但是洛阳城里客，家传一本杏殇诗。

王建的诗表达了对友人死去的痛惜和怀念，也透露了孟郊在唐朝洛阳的诗歌流量很大，孟郊是洛阳家喻户晓的诗人。

到了元和十一年（816），张籍的眼病痊愈，重见光明，韩愈就偕同张籍游长安城南，看到当年孟郊的题诗，不禁老泪纵横，当即写下《赠张十八助教》：

> 喜君眸子重清朗，携手城南历旧游。
>
> 忽见孟生题竹处，相看泪落不能收。

因为诗歌，韩愈和孟郊做了一辈子朋友，不，是做了永远的朋友。孟郊走了，天人两隔，但他们依然可以神交，那是诗歌穿透时空的力量。即使他们都走了，但他们的诗歌和友情永远存盘在历史的时空里了，让后人感受到诗歌的光亮和友情的温暖。

韩愈在另一首《赠贾岛》的诗里说："孟郊死葬北邙山，从此风云得暂闲。天恐文章浑断绝，更生贾岛著人间。"韩愈知道，孟郊的死，是中唐诗坛的大损失，从此少了风云变幻的诗坛气象。老天有眼，"韩孟诗派"仍有贾岛这样的主将在摇旗呐喊。

了不起的孟东野

1

在中唐之世，孟郊诗名远扬，韩愈、李观、李翱、张籍等诗友，对其交口称誉。前文已经列举，在此不再赘述。可以说，韩愈的文章，独步中唐，是后学典范；孟郊的诗，名扬海外，同样是典范。

韩愈一生敬重孟郊，推崇孟郊，可谓不遗余力。贞元年间两人在长安订交之时，孟郊已经以其高古卓群的诗歌雄立于诗坛，尤其是孟郊品性高洁，令人敬服，韩愈一见倾心。孟郊以古为道，循古为诗，举起诗歌复古的旗帜，要变唐人格律为汉魏古诗，在诗坛掀起了一股旋风。这让韩愈心生变云从龙的倾慕之情，愿意一辈子做孟郊的粉丝，永不改变的铁粉。可以说，韩愈的褒奖，不仅是他内心思想真实的袒露，也奠定了后世对孟郊及其诗歌的正向评价。

值得注意的是，同为中唐诗人但诗风迥异的白居易（772—846），对孟郊同样推崇有加。在《与元九书》里，他提出著名的"文章合为时而著，歌诗合为事而作"的观点，说到诗人孟郊：

> 近日孟郊六十，终试协律；张籍五十，未离一太祝。彼何人哉！况仆之才又不逮彼。

白居易感叹诗人往往穷蹇，自感才不如孟郊、张籍。年轻一些的白居易固然有自谦的意味，但他的感叹声里可以洞见孟郊在唐朝的声誉。

元和年间混迹于官场的李肇（生卒年不详），熟悉文坛掌故，留心艺文动态，撰写的《唐国史补》就有对中唐文学的评述：

> 元和以后，为文笔则学奇诡于韩愈，学苦涩于樊宗师；歌行则学流荡于张籍；诗章则学矫激于孟郊，学浅切于白居易，学淫靡于元稹，俱名为元和体。大抵天宝之风尚党，大历之风尚浮，元和之风尚怪。

李肇列举到的韩愈、樊宗师、张籍都是孟郊的诗友，只是与元白没有交往的记载。中唐元和年间，韩愈倡导"古文运动"，又与孟郊一起推动诗歌复古尚奇，而白居易、元稹掀起了诗歌的"新乐府运动"，他们同样给元和文学界带来了新的文风、诗风。李肇提出了"元和体"的概念，把韩孟、元白等诗人作家都纳入"元和体"名下。在李肇看来，天宝年间的诗歌崇尚美，大历年间的诗歌显得空泛，而"元和体"总体上风格"尚怪"，与众不同。评价孟郊为"矫激"，指的是孟郊诗歌语言风格的奇异而激切，甚至反常理而行之，这正是孟郊诗歌创新之所在。

元和年间生人的赵璘（生卒年不详），他的《因话录》成书时间当与孟郊去世之年不远。他最早把韩愈文章和孟郊诗歌并论：

> 韩文公与孟东野友善。韩公文至高，孟长于五言，时号孟诗韩笔。

赵璘明确提出"孟诗韩笔"，并称为"时号"，也就是元和年间唐朝文坛公认的说法。"孟诗韩笔"，就诗文论诗文，没有掺杂以官职地位而论的世俗偏见。

晚唐张为（生卒年不详）《诗人主客图》，体例奇特。他列举了80多位诗人，大多为草野诗人，他们的生平很少见诸记载。作品虽为残卷，但我们可以知道，张为把风格类同的若干诗人分别列入六主门下为客，并分为上入室、入室、升堂、及门等级别。他以白居易为"广大教化主"，孟云卿为"高古奥逸主"，李益为"清奇雅正主"，孟郊为"清奇僻苦主"，鲍溶为"博解宏拔主"，武元衡为"瑰奇美丽主"，共设六主。张为的说法，当然只是一家之言，但给予孟郊"清""奇""僻""苦"四字，可以概括孟郊诗风的特色。

唐末五代的画僧、诗僧贯休（832—912）是真心喜爱孟郊的诗，他的《读孟郊集》写道：

> 东野子何之，诗人始见诗。
> 清刳霜雪髓，吟动鬼神司。
> 举世言多媚，无人师此师。
> 因知吾道后，冷淡亦如斯。

贯休佩服孟郊诗的格调之高、技法之奇，"清刳霜雪髓，吟动鬼神司"是最生动的赞美。但孟郊死后，世人媚俗，学习孟诗的人少了，贯休心生感叹。

比贯休稍晚一些的王定保（870—954），他的轶事笔记集《唐摭言》谈到孟郊，笔记集的史实虽不太精确，但对孟郊"工古风，诗名播天下"的评价比较客观。

中晚唐时期对孟郊的评价以褒扬为主，但也有异样的声音。宋朝王谠《唐语林》记载了大臣李珏上奏唐文宗的一段话："臣闻宪宗为诗，格合前古，当时浅薄之徒，摛章绘句，謷牙崛奇，讥讽时事，尔后鼓扇名声，谓之元和体，实非圣意好尚如此。"这里把"元和体"全盘否定，韩愈、孟郊都被列于"元和体"名下，统治者眼中的"浅薄之徒"自然包括韩孟，他们的诗风不合统治者的口味，开始遭受非议。

2

宋初，以欧阳修（1007—1072）、梅尧臣（1002—1060）为首的诗人们，一心要改变杨亿、钱惟演等人倡导的"西昆体"风格，进行了诗歌革新运动。他们学韩愈、孟郊等人的诗，反对"西昆体"以李商隐为准则，一味地追求形式美。他们的诗风自然受韩孟的影响极大。

欧阳修撰写《六一诗话》，说"孟郊、贾岛皆以诗穷至死，而平生尤自喜为穷苦之句"。宋祁、欧阳修纂修《新唐书》，其中说："郊为诗有理致，最为愈所称。然思苦奇涩。"欧阳修主张"诗穷而后工"，肯定孟郊的诗"有理致"，虽说孟郊诗"思苦奇涩"，但并不持否定态度。说到《答友人赠炭》"暖得曲身成直身"，欧阳修表示"人谓非其身备尝之，不能道也"，同情与敬重同在。

在《读圣俞蟠桃诗寄子美》诗中，欧阳修称："韩孟于文词，两雄力相当。篇章缀谈笑，雷电击幽荒。众鸟谁敢和，鸣凤呼其凰。孟穷苦累累，韩富浩穰穰。穷者啄其精，富者烂文章。……天之产奇怪，希世不可常。寂寥二百年，至宝埋无光。郊死不为岛，圣俞发其藏……""圣俞"是梅尧臣的字，"子美"是苏舜钦的字。欧阳修对韩愈、孟郊推崇备至，对两家诗歌的特色洞悉透彻，并说梅尧臣发掘了孟郊诗歌这座宝藏。

欧阳修把韩愈当作诗歌的导师，又把好友梅尧臣与孟郊比作，认为梅深得孟郊诗歌的真传。梅尧臣在《依韵和永叔澄心堂纸答刘原甫》一诗写道："退之昔负天下才，扫掩众说犹除埃。张籍卢仝斗新怪，最称东野为奇瑰……欧阳今与韩相似……以我拟郊嗟困摧……"梅尧臣对韩孟诗派全盘接受，他得益于孟郊又不愿被比作孟郊，真是有点矫情，有点好笑。这，大概是不希望命运如孟郊一样的悲惨吧。而欧阳修《太白戏圣俞》诗中"下看区区郊与岛，萤飞露湿吟秋草"，用游戏的文字想象李白酒醉飘然云霞中，看到下界的孟郊、贾岛在秋天里苦吟，其"吟秋草"开了苏轼"郊寒岛瘦"的先声。

苏轼（1037—1101）在《祭柳子玉文》中写道："元轻白俗，郊寒岛瘦"。

他在《读孟郊诗》又说:"初如食小鱼,所得不偿劳。又似煮彭蚏,竟日持空螯……何苦将两耳,听此寒虫号?不如且置之,饮我玉厄醪。"

在苏轼看来,孟郊、贾岛的"寒"与"瘦",元稹、白居易的"轻"与"俗",都有问题,该贬抑不该揄扬。但当代吴小如先生分析,不论是"元轻白俗",还是"郊寒岛瘦",并不专指元白和郊岛本人,主要指北宋那些仿效者……何况,苏轼的诗受孟郊和白居易的影响不止一端,怎么可能一棍子打死呢?

苏轼对孟郊既恨又爱,用他自己的话是"我憎孟郊诗,复作孟郊语"。他生性豪放,追求李白的达观,对孟郊诗的穷愁苦寒有所不满,这算是恨吧。但他命途多舛,倍感仕途险恶,常怀忧国忧民的"不平之鸣",这是他与孟郊有共鸣的地方。而孟郊与命运抗争,面对世道的鞭打绝不躺平,追求诗歌的理想至死不悔,懂诗的苏轼怎能不爱?其实,苏轼对孟郊诗的不满,不是简单的评判轩轾,而是在肯定基础上复杂心理的流露,是对自我人生的深层思考,是对命运忧患与穷达得失的精神超越。他有诗写道:

> 但得低头拜东野,不辞中路候渊明。(《次韵答孙侔》)
> 小诗试拟孟东野,大草闲临张伯英。(《赠葛苇》)
> 长笑右军称草圣,不如东野以诗鸣。(《次韵致远》)

你看,苏轼也要像韩愈一样"低头拜东野",他学孟郊诗,要像孟郊一样以诗明志,哪里有半点对孟郊的不敬之意。苏轼《书林逋诗后》还称:"诗如东野不言寒。"他以林和靖诗比况孟郊,可见他心中有孟郊的位子。遗憾的是,后世人们只看到了"郊寒岛瘦",只看到了"寒虫号"。真是好话不出门,"坏话"传千年。

苏轼是北宋文坛主盟,他对孟郊的讥诮,引出了更多的负面批评。自此,"郊寒岛瘦"成了人们的共识,孟郊常被看作"草间吟虫"。这真是文坛千古奇冤。

苏轼的弟弟苏辙(1039—1112)撰写《诗病五事》,嘲笑孟郊和他的诗友都是"陋于闻道"的文人:"唐人工于为诗,而陋于闻道。孟郊尝有诗曰:'食莽肠亦苦，强歌声无欢。出门即有碍，谁谓天地宽。'郊耿介之士，虽天地之大无以安其身，起居饮食有戚戚之忧，是以卒穷而死。"然后说到李翱、韩愈如何称颂孟郊，是"不闻道"的表现，甚至从道学家的视角举例孔子的弟子颜回，穷困而不改其乐，而孟郊显得太为衣食而忧了。

张耒（1054—1114）《张右史文集》里说得更过分，对孟郊的谥号都要讥笑一番，认为"郊以饿士偶工于诗尔"，韩愈、张籍给予"贞曜"的谥号名不副实。

可以说，苏轼的几句"差评"，极大地影响了后世对孟郊的否定之评，甚至部分抵消了韩愈对孟郊及其诗歌的推尊。

进入南宋，永嘉学派集大成者叶适（1150—1223），在《习学记言序目》里质疑韩愈对孟郊的称誉，说"郊苦寒孤特，自鸣其私，刻深刺骨，何足以继古人之统？"真是道学家的眼光。

去世于南宋淳祐年间的诗论家严羽（生卒年不详），提倡"兴象""妙悟"，更是对孟郊倍加贬斥："孟郊之诗刻苦，读之使人不欢"，"李杜数公，如金翅擘海，香象渡河，下视郊岛辈，直虫吟草间耳。""孟郊之诗，憔悴枯槁，其气局促不伸……诗道本正大，孟郊自为之艰阻耳"等等。严羽的"下视郊岛辈，直虫吟草间耳"，何尝不是当年欧阳修说法的加强版？

此外，还有很多有名的无名的宋朝人，对孟郊和他的诗或讪笑、或讥讽、或疵议、或质疑，宋朝人在风雅的宋词唱腔里，在衣食无忧的优裕生活里，自然难以理解孟郊所处的时代与生活，难以理解孟郊的诗艺，只看到孟郊诗歌里那些偏执的性格，要他们接纳孟郊的作品就难了。

生活在金国的元好问（1190—1257）和许多宋儒一样，不喜欢孟郊那种苦吟的表现方法和直露促迫的感情抒发。元好问的《放言》："韩非死孤愤，虞卿著穷愁，长沙一湘累，郊岛两诗囚。"他把战国时期的韩非子、虞卿，西汉的贾谊和唐朝的孟郊、贾岛都讽刺了一番，而苦吟诗人孟郊、贾岛被看作"诗囚"。郊岛讲求炼字铸句，把诗看作生命中最重要的事情，好像成为诗的囚徒一般。在《论诗三十首》诗里又说："东野穷愁死不休，高天厚地一诗囚。"元好问看不上孟郊的奇险诗风，重复了孟郊是"诗囚"的观点。

当代学者范新阳先生在《孟郊诗研究》中指出："宋人批评孟郊的世界观，认为他不能够做到安贫乐道。可是，如果孟郊能像宋儒那样安贫乐道，我们今天就见不到许多酸涩寒苦的诗作了。孟郊之所以为孟郊的地方，正在于其'在思想内容上，是他孤苦贫寒的生活的表现，在艺术创作手法上，是他孤僻、高洁、不谐俗的性格的表现'。（施蛰存语）在今天看来，宋儒的指责，恰恰是东野诗的最可贵之处——率真。"

当然，宋朝学者们对孟郊的态度是多元化的，臧否人物往往体现了不同群体的主张和评论者个人的喜好。除了前文提到的欧阳修、梅尧臣，喜爱孟郊诗、力挺孟郊的文人墨客大有其人。他们是孟郊在宋朝的知音。

黄庭坚（1045—1105）十分喜爱推崇孟郊的诗歌，并在诗歌创新的实践中善于吸取孟郊的成果，主张"以故为新"。他诗风奇崛瘦硬，力摈轻俗之习，开一代风气，开创了江西诗派。所以清朝刘熙载说："孟东野诗好处，黄山谷得之，无一软熟句；梅圣俞得之，无一热俗句。"足见孟郊对二人影响之深。当他人怀疑孟郊诗才，认为韩孟联句都是韩愈润色，孟郊只是坐享其成，黄庭坚就据理力争，说"退之安能润色东野？若东野润色退之，即有此理也。"（吕本中《童蒙诗训》）可见，孟郊奇崛的诗风，刚直猛烈的批判精神，在后世时有回响。

与陆游、朱熹有过交往的曾季貍（生卒年不详），其《艇斋诗话》提到自己先受苏轼影响，不喜欢孟郊的诗，五十岁后才感到自己的偏见，他说：

> 东坡性痛快，故不喜郊之词艰深。要之，孟郊、张籍，一等诗也。唐人诗有古乐府气象者，惟此二人。但张籍诗简古易读，孟郊诗精深难窥耳。孟郊如《游子吟》《列女操》《薄命妾》《古意》等篇，精确宛转，人不可及也。

有了人生履历，曾季貍对孟郊的诗才会有切身的感悟，遗憾的是他没有点到孟郊后期著名的代表作。

敖陶孙（1154—1227）《臞翁诗评》以意象评述孟郊的诗："孟东野如埋

泉断剑，卧壑寒松。""埋泉断剑"一语，比喻孟郊诗格的古淡、奇险；"卧壑寒松"，则比喻孟郊诗的孤寒、高尚。这一意象评判恰如其分，是孟郊诗的传神写真。

范成大（1126—1193）仿孟郊《峡哀》作《初入峡山效孟东野》诗，最后说："悲吟不成章，聊赓峡哀诗。"（《石湖居士集》卷九）他诚心要传承孟郊的诗风。在《送李仲镇宰溧阳》诗中又称："唤起酸寒孟东野，倒流三峡洗余悲。"孟郊的《峡哀十首》，竟使范成大念念不忘，反复吟味，可见石湖居士对孟郊的倾倒之情。

费衮（生卒年不详）《梁溪漫志》的评说，从诗歌源流看到了孟郊的独特魅力：

> 自六朝诗人以来，古淡之风衰，流为绮靡，至唐为尤甚。退之一世豪杰，而亦不能自脱于习俗。东野独一洗众陋，其诗高妙简古，力迫汉魏作者……此退之所以深嘉屡叹，而谓其不可及也。

孟郊的诗高妙古淡，是这一诗风在中唐时代的独倡者，连韩愈也不能免俗，只有孟郊一如既往，至死不渝。

刘克庄（1187—1269）《后村诗话》与费衮的看法如出一辙，他抄录了孟郊的多篇诗歌，说明韩愈揄扬孟郊，视为畏友，实非谬敬。"当举世竞趋浮艳之时，虽豪杰不能自拔。孟生独为一种苦澹不经人道之语，固退之所深喜，何谬敬之有！"他认为，孟郊"纯是苦语，略无一点温厚之言，安得不穷"，而这恰是韩愈看重孟郊的地方。

南宋国材本的《孟东野诗集》书前有舒岳祥的题诗，写道：

> 了然彻眸子，可以观人心。仙儒固当惧，清扬照古今。既见东野像，又闻东野音。其音何琅琅，笙磬箫瑟琴……初尝讶苦硬，久味极雄森……

国材（字成德）在武康当县令的时候，着手刻印孟东野诗集。他得知好友舒岳祥家里藏有孟郊的画像，就请他临写画像，并要印到诗集上。舒岳祥端详孟郊的画像，读孟郊的诗句，称赞孟郊的画像目光有神，推崇孟郊的诗歌音节优美，强劲有力。

看来，只要你的诗写得足够好，不愁没有跨越时代的知音。

3

元、明、清三朝，文人学者对孟郊的评价渐趋理性，给予更多肯定，尤其到了清朝，孟郊的文学地位明显提高。

元朝辛文房（生卒年不详）《唐才子传·孟郊》，是有关孟郊最为重要的小传之一。写道：

> 郊拙于生事，一贫彻骨，裘褐悬结，未尝俯眉为可怜之色。然好义者更遗之。工诗，大有理致，韩吏部极称之。多伤不遇，年迈家空，思苦奇涩，读之每令人不欢，如"借车载家具，家具少于车。"如《谢炭》云"吹霞弄日光不定，暖得曲身成直身"，如"愁人独有夜烛见，一纸乡书泪滴穿"，如《下第》云"弃置复弃置，情如刀剑伤"之类，皆哀怨清切，穷入冥搜。其初登第，吟曰："昔日龌龊不足嗟，今朝旷荡恩无涯。春风得意马蹄疾，一日看尽长安花。"当时议者，亦见其气度窘促，卒漂沦薄宦，诗谶信有之矣。

辛文房糅合《旧唐书》《新唐书》和有关史料写成的孟郊小传，虽然关于孟郊籍贯、进士及第时间等记述有明显错误，但能够综合前人观点，他的评价依然体现了对孟郊的自我认知。他赞赏诗人"未尝俯眉为可怜之色"，赞同《新唐书》"工诗，大有理致"的观点。"思苦奇涩，读之每令人不欢"，是取自严羽"孟郊之诗刻苦，读之使人不欢"，但又有"哀怨清切"的评价，能够感受到孟郊的诗感情悲凉真切。至于对前人所谓"气度窘促"之说，他相信性格决定论，是孟郊的性格使然。

元朝诗人方回（1227—1305）明确自己与苏轼不同的观点，在《桐江集·跋方君至庚辰诗》写道：

> 东坡谓："郊寒岛瘦，元轻白俗。"予谓：诗不厌寒，不厌瘦；惟轻与俗则决不可。

方回赞同韩愈对孟郊"高处古无上"的评价，甚至认为孟郊《送远吟》"离杯有泪饮"犹老杜"泪逐劝杯落"，并且更为深切。

明朝学者认为孟郊诗的源流是正宗之脉。宋濂（1310—1381）在《答章秀才论诗书》说："孟东野阴祖沈谢，而流于蹇涩。"他指出孟郊诗上承南朝沈约和谢灵运，但认为其诗文字有些生硬，言语迟钝。杨慎（1488—1559）《升庵诗话》："李贺孟郊，祖骚宗谢。"杨慎认为孟郊接受了屈原和谢灵运的影响，主张复古的孟郊是从古诗中得到了养分。

高棅（1350—1423）有自己的唐诗分期，初唐为正始，盛唐为正宗、大家、名家和羽翼，中唐为接武，晚唐为正变、余响，方外异人为旁流。他把韩孟诗派的创新视为晚唐之变，在《唐诗品汇·叙目·韩愈孟郊》写道：

> 东野之少怀耿介，龌龊困穷，晚擢巍科，竟沦一尉。其诗穷而有理，苦调凄凉，一发于胸中而无吝色。如古乐府等篇，讽咏久之，足有余悲，此变中之正也。

《唐诗品汇》是明朝重要的唐诗选本，当然其唐诗分期只是一家之言。高棅论孟郊，说孟诗有苦调，但发自肺腑，感人至深，认为走的是创新的正道，即"变中之正"。可见，孟郊在明朝前期文学史家心目中的重要地位。

明代晚期，对孟郊的评述主要有"后七子"和竟陵派两派的对立主张。

"后七子"受"前七子"李梦阳等人的影响，强调"诗必盛唐"、复古拟古；而竟陵派主张性灵、反对拟古，尤其是倡导幽深孤峭的诗风，恰与孟郊诗合拍。

"后七子"中的李攀龙（1514—1570）、王世贞（1526—1590）等人看来，唐天宝年以后的诗歌没有什么价值，明朝只以"前七子"的李梦阳为尊，连崇尚复古的孟郊也被看作几乎一无是处。王世贞《艺苑卮言》就斩绝地认为苏轼"郊寒岛瘦"是定论。

竟陵派诗人钟惺（1574—1624）、谭元春（1586—1637）与孟郊趣味相投，都非常欣赏孟郊的诗艺。《谭元春集·郊寒辨》记录：

> 朱无易先生出孟东野诗相与论之，予目为貌险而其神坦，志栗而其气泽。其中《送淡公》《吊卢殷》《石淙》《峡哀》动逾十首，入其题，如入一岩壑；测其旨，如测一卦象。其于奇险高寒，真所谓生于性、长于命而成如故者。郊寒岛瘦，元轻白俗，非不足于诗之言也。岂苟然而已哉？

谭元春真切感受到了孟郊诗里的真性情，诗风奇险孤峭，与众不同。他认为，孟诗奇险没有什么不好，诗心是坦然的；诗人心中凄楚，而气韵闪亮。因为孟郊的"奇险高寒"是他生命苦难的结晶，是对人间世道的责问。《唐诗归》中，钟惺的观点是："东野诗，有孤峰峻壑之气。其云郊寒岛瘦者，高则寒，深则寒也，勿作贫寒一例看。"孟郊之寒，是高处不胜寒，所以知音难得。

晚明学者许学夷（1563—1633）《诗源辨体》对孟郊的看法也算公允：

> 东野五言古不事敷叙而兼用比兴，故觉委婉有致。然皆刻苦琢削，以意见为诗，故快心露骨而多奇巧耳。此所以为变也。
>
> 东野诗诸体仅十分之一，五言古居十之九，故知其专工在此。然其用力处皆可寻摘，大要如连环贯珠，此其所长耳。

许学夷延续唐人关于孟郊专长五言的说法，又说到了"委婉有致"和"以意见为诗"的特色，看到了孟郊诗"奇巧"之"变"的一面。其实，这点明了孟郊诗歌内容上批判现实主义的倾向，形式上创新求变的追求。

陆时雍（生卒年不详）的批评十分苛刻，对孟郊、贾岛的诗几乎一棍子打死。他在《诗镜》里说："孟郊诗之穷也，思不成伦，语不成响……"在他的眼光里，孟郊才气不高，又想独创成一家风格，终弄"穷"成拙。针对陆时雍的观点，周珽（1565—1647）大为不满，认为陆不懂孟郊，只见皮毛，不见孟郊诗的风骨。他在《删补唐诗选脉笺释会通评林》指出：

> 孟东野诗孤峭古拔，独成一家，简处不嫌意竭，苦处不病意促，语语出自心精……陆氏（时雍）谓自古诗未有拙于郊者，且读孟诗如嚼木瓜，齿缺舌敝，不知味之所在。是徒见孟皮毛，不见孟神骨，彼岂识真味中味与味外味耶！

到了清朝，诗歌批评界的主流对孟郊诗歌成就的评述不再偏激，大多客观理性，把孟郊放在特定的历史环境里来考察，而不是从自身喜好出发。

方世举（1675—1759）在诗学上主张"宗唐、宗杜"，乾隆年间曾编撰《韩昌黎诗集编年笺注》，对韩孟诗体深有研究。他在《兰丛诗话》说：

> 徐文长有云："高、岑、王、孟固布帛菽粟，韩愈、孟郊、卢仝、李贺，却是龙肝凤髓，能舍之耶？"此王（世贞）、李（攀龙）盛行之时，真如清夜闻晨钟矣。余尝因此言，而效梁人钟嵘《诗品》，为四家品藻：韩如出土鼎彝，土花剥蚀，青绿斑斓；孟如海外奇楠，枯槁根株，幽香缘结；卢如脱砂灵璧，不假追琢，秀润天成；李如起网珊瑚，临风欲老，映日澄鲜。

方世举赞同徐渭对韩孟诗派"龙肝凤髓"的意象类比，然后也用意象对韩孟等人品评，说孟郊诗如"海外奇楠"，可见其珍视的眼光。

沈德潜（1673—1769）《唐诗别裁》提出："岛瘦固然，郊之寒，过求高深，邻于刻削。其实从真性情流出，未可与岛并论也。"他强调了孟郊诗"从真性情流出"，这是区别于贾岛的地方。

最有代表性的是贺裳（生卒年不详）的《载酒园诗话》，对前人的孟郊论提出质疑。针对宋朝人拿孟郊和白居易比，他从不同的人生际遇出发，指出宋朝人比对的偏颇之处；而苏轼、苏辙兄弟少年得志，没有经历过战乱与饥寒，就不理解孟郊的心灵之痛：

> 宋人多不喜孟诗。……且尤不可与乐天比拟。……（白居易）其于遇合，可谓荣也。东野穷饿，不得安养其亲，五十始得一第，才尉溧阳，又困于秃令。此其身世何如，而与白较。旁观者但闻人嬉笑，而遂责问向隅者耶？二苏皆少年成名，虽有谪迁之悲，未历饥寒之厄，宜有不知此痛痒之言。

贺裳特别评价了《游子吟》："孟东野最为高深，如'慈母手中线……报得三春晖'真是六经鼓吹，当与韩退之《拘幽操》同为全唐第一。"贺裳看到了《游子吟》的儒教意义，并且把它列为唐诗第一，但不知为何将之与罪臣文学意味的《拘幽操》放在一起，或许都有道德教化的功能吧。

赵翼（1727—1814）《瓯北诗话》把中唐韩、孟、元、白四家分为"奇警""坦易"两种风格：

> 中唐诗以韩、孟、元、白为最。韩孟尚奇警，务言人所不敢言；元白尚坦易，务言人所共欲言。……奇警者，犹第在词句间争难斗险，使人荡心骇目，不敢逼视，而意味或少焉。坦易者，多触景生情，因事起意，眼前景、口头语，自能沁人心脾，耐人咀嚼。此元、白较胜于韩、孟。

赵翼是乾嘉时期"三大家"之一，与袁枚、蒋士铨齐名。他喜爱浅显易懂的诗，明显倾向于元白，但对韩孟没有贬抑，实则韩孟与元白各有所长，各具特色，难分轩轾。而袁枚（1716—1798）《随园诗话》和翁方纲（1733—1818）《石洲诗话》，对孟郊诗均有一定程度的指摘，甚至肆意贬低，但并无新意，拾人牙慧罢了。

乾嘉时期的学者纪昀（1724—1805）主持《四库全书》的纂修工作，《四库全书总目提要·孟东野集序录》对孟郊有一段总结性评论：

> 郊诗托兴深微，而结体古奥。唐人自韩愈以下，莫不推之。自苏轼诗"空螯、小鱼"之诮，始有异词。元好问《论诗绝句》乃有"东野穷愁死不休，高天厚地一诗囚"之句。当以苏尚俊迈，元尚高华，门径不同，故是丹非素。究之郊诗品格，不以二人之论减价也。

纪昀认为，孟郊的诗借物抒情寓意深刻，细致入微，而用词遣句古雅难懂，但这是一种写作风格。苏轼、元好问只是彼此写作的路径不同，我们探究孟郊诗歌的品位格调，不要因为苏元两人的评论而减价。纪昀曾说："凡物色之感于外，与喜怒哀乐之动于中者，两相薄而发为歌咏。"他对于孟郊的哀情苦语，有足够的理解，评论起来平正通达，鞭辟入里，算是对宋朝以来孟郊评价的总结，了却一段持续700多年的公案。

晚清金湜生（1841—1924）《粟香三笔》论及唐五言诗，认为"韩、孟皆戛戛独造，而涂畛又分；乐天若平平无奇，而裨益自远"。金湜生对不同流派诗人的评价非常客观，韩愈、孟郊诗歌别出心裁，富有独创性，但各自风格分明；白居易的新乐府诗，看似没有韩孟诗歌的奇崛，显得平平，但通俗易懂，大有裨益。

关于孟郊及其诗歌的评述还有许多，以上仅引述了有代表性的观点。

4

纵观孟郊去世以后的中唐到晚清的1000多年里，孟郊和他的诗歌一直是文人学者笔下的话题，一直维持着褒贬不一的热评度。其实，受人关注本身就是价值的体现，孟郊的诗歌如同明珠般闪耀在中国诗歌史的长河。尽管后世对他的诗歌屡有诟病，认为题材内容太过狭隘，专注苦寒，格局不大，气度窘促，喜怒常常形于色，但这些批评本身存在相当的局限，缺乏历史的眼光，这些并不影响孟郊在诗歌发展史上的重要地位。孟郊是中国诗歌史绕不过的代表性诗人。

综合古今学者的评述，孟郊的文学史身份至少有如下三种：

第一，孟郊是戛戛独造的中唐先锋诗人。

"安史之乱"标志着天宝盛世的结束，随之而来的是盛唐神话在诗人们的感伤里破灭。中唐诗人仰望了一番盛唐诗歌的璀璨光辉，没有亦步亦趋地一味模仿它，而是在汲取其养分的同时激烈地反叛它，按照自己的内心来抒写社会、自然与人生。孟郊和韩愈接过前人已经竖起的"复古"的旗帜，独辟蹊径，通过呼唤朦胧的古代理想来推行文学的创新和道德的重建。

孟郊主张"文高追古昔"，"独其心追古人而从之"，写诗往往选用新的字眼，创造新的语词，故意写生硬的句子，用韩愈的话是"横空盘硬语"。同时，孟郊将江南诗风带入北方诗坛，并糅合南北诗风，形成自己独特的诗歌面貌。他与韩愈等人志同道合，赋诗酬唱，催生了韩孟诗派。包括韩愈在内的韩孟诗派成员，都对孟郊的诗歌给予很高的评价，尤其是韩愈，对孟郊更是敬佩得五体投地，义无反顾地做孟郊忠实的粉丝。在唐朝，就有"孟诗韩笔"的称誉，孟郊的诗和韩愈的文并称文坛，这说明了韩孟诗派真正的灵魂人物是孟郊。1940年，夏敬观先生编《孟郊诗》，在"导言"里说：

> 韩愈说他作诗："刿目鉥心，钩章棘句"，不当作雕刻解，是
> 说他能够独造；他独造的本领，虽间有晦涩的处所，多读几回，

便能咀嚼他的兴味，了解他的意义，实无过于奇异的。他诗中决
不使用一个死名词，决不掺杂一个呆故典，他率情而书的处所，
简直如寻常说话一样；做这派诗，当推他是一个开山的祖师……

当代范新阳先生称孟郊是"韩孟诗派的先锋官""诗语革命的探路人"，
与夏先生"开山的祖师"意思相同。因为至死不渝的创造，孟郊成为中唐名
声显赫的先锋诗人。戴建业先生说，"他来到人世像是特地为了体验不幸、痛
苦、贫穷、凄凉，连不大喜欢他的苏轼也说他'诗从肺腑出，出辄愁肺腑'。
然而，痛苦的存在使他得以走进生命存在的深度，使他对人生与社会都有深
至的认识和体验；在现实世界处处碰壁，使他把身心都倾注于精神创造，并最
终成为一位开宗立派的诗人。正是苦难和不幸玉成了他，伤心的眼泪凝成了
他那诗的珍珠。"郝世峰先生也认为："孟郊诗以其独具阴郁狠峭的风貌而极
富创造性、开拓性。他的风格，即使在全部唐诗的历史中，也是迥不犹人的。
治中唐诗歌史愈是深入，便愈会发现孟郊对于诗歌发展的意义也许并不下于
韩愈……"

孟郊过世后，这种创新的风潮失去了强劲的推力，"从此风云得暂闲"
（韩愈《赠贾岛》），韩愈自身的创作开始回归传统，韩孟诗派逐步走向平淡和
衰微。

第二，孟郊是批判现实的苦吟诗人。

孟郊生活的中唐是一个动荡的时代，内忧外患，战乱不断，社会矛盾深
重。孟郊是一个真正的寒士，他的生活已经沉沦到社会的底层，他经常在饥
饿和寒冷的境地挣扎。孟郊被称为苦吟诗人，他的诗歌反映的不仅是他个人
生活的怨痛，也触及了时代的伤疤。孟郊的苦吟，某种程度上是中唐时代的
文学代言。

闻一多先生很早就洞察了孟郊诗歌的批判现实主义倾向，他认为孟郊的
诗歌具有"写实"和"敢骂"两大特点，是继承和发扬了杜甫的写实精神，
他说：

孟郊是以毕生精力和亲身的感受用诗向封建社会提出血泪的控诉，他动人的力量当然要超过那些代人哭丧式的纯客观描写，它是那么紧紧扣人心弦，即使让人读了感到不快，但谁也不能否认它展开的是一个充满不平而又是活生生的有血有肉的真实世界，使人读了想到自己该怎么办。所以，从中国诗的整个发展过程来看，我认为最能结合自己生活实践继承发扬杜甫写实精神，为写实诗歌继续向前发展开出一条新路的，似乎应该是终生苦吟的孟东野，而不是知足保和的白乐天。

当然，孟郊不是杜甫，不会发"致君尧舜上"的感叹劝告；他更不是白居易，不会作改良社会的理性分析，他以自己的方式发泄心中的不平之气，批判人心不古、世道险恶，有点西方19世纪批判现实主义的文学创作倾向。孟郊书写的是真实的生活，抒发的是真实的感情，但一变前人温柔敦厚的作风，诗多苦吟，句多凄苦。闻先生说他是"破口大骂"，肯定使人读了不快。这正是孟郊遭人诟病的地方，但闻先生以为孟郊的快意处也在这里，颇有点像现代人读俄国作家陀思妥耶夫斯基的那种味道。在闻先生看来，孟郊始终坚持"文学与人生合一"，"沉着而有锋棱"，"为写实诗歌继续向前发展开出一条新路"。

当代学者华忱之、喻学才先生同样认为，孟郊之所以喜作愁苦之音，不仅仅是抒写他个人小小的悲欢、一生的坎坷，而是从他个人的不幸中更深刻地折射出时代的艰难，现实的残酷，世路的险峻，揭示了专制社会中无数有正义感的知识分子悲惨命运和苦闷心情，是有其特定的现实意义与思想价值的。

可以说，孟郊的苦吟虽然没有韩愈那种雄奇豪放的气势、浓郁瑰丽的色彩，但他以奇崛的文字透辟地表情达意，具有震撼人心的力量，也证实了特定历史条件下"诗穷而后工"的文学原理。

第三，孟郊是崇尚道德的纯粹诗人。

说起诗人，人们一般认为比较随性、自由，厌弃仁义道德，但孟郊不是，他的理想就是要重建道德的大厦。孟郊在《答友人》诗里说"怀抱多正思……

落落出俗韵，琅琅大雅词"，在另一首《赠郑夫子鲂》中说"苟非圣贤心，孰与造化该"。诗人以圣贤之心为心，精神气度要与造化同一，从而获得"正思"，进入诗歌创作的自由王国。在孟郊的思想观念里，诗人要先道德，而后文章；只有道德高尚，脱离低级趣味，才可能成为真正的诗人，纯粹的诗人。孟郊一直在思考自己作为诗人和道德家的本质。

面对中唐无序的世界，孟郊在早期诗歌里就明确自身的道德立场。他赞颂李将军"山岳恩既广，草木心皆归"（《上河阳李大夫》），是选取道德的角度而不是军事的角度，他说李将军如山岳一般，草木都归向他，这昭示了李将军身上道德的力量，具有无比巨大的感召力。在《杀气不在边》的诗里，诗人把国家、百姓、个人的哀愁融汇在一起，痛恨叛乱带来的灾难，心欲报效国家，强烈的愿望化为平息叛乱的剑鸣，"剑鸣思戮仇"。孟郊一直自觉不自觉地用诗语阐释儒家传统理念，如《游子吟》被看作"六经鼓吹"，母慈子孝的观念正是体现传统的伦理美德，如今我们读这首诗，"谁言寸草心，报得三春晖"，形象的隐喻里饱含深情与哲理，不仅可以感受到诗人对慈母的感恩之情，而且能够联想到更为深广的社会容量与时代元素，游子文化就是超越时代跨越国界的社会情感指向。当然，《烈女操》所写贞妇殉夫，这种节烈观符合儒家的道德伦理，符合唐朝的主旋律，但与现代理念已经背道而驰，显露了孟郊迂腐僵硬的一面。

孟郊试图摆脱贫寒的困境，纾解内心的痛苦，也深受儒家"君子固穷"的价值观的影响。按照美国汉学家宇文所安的观点，孟郊肯定贫困本身的价值，痛苦成为诗人应该具有的特点，是孟郊道德上的优越感。正是在贫寒、饥饿的痛苦中，诗人作为道德的传达者，诗传身教，以强烈个性色彩的诗歌保鲜一个道德高尚的人之纯粹。如《秋怀》其八，"君子山岳定，小人丝毫争"，他再一次用山岳来暗示君子道德准则的坚定和持久，而小人的忧虑和争执，只会使人的生命变得短暂；其十四，如同雄辩而热情洋溢的复古宣言，"忍古不失古，失古志易摧"，罗列了一系列意象"古泪""古心""古骨""古衣"，宣告了诗人对古代理想的执着和无限接近，并告诫人们以古为师，"劝君勉忍古，忍古销尘埃"；其十五，抨击痛斥小人的毁谤行为，"詈言不见血，

305

杀人何纷纷。声如穷家犬，吠窦何阗阗……"伪装正直的毁谤，如狗叫如鬼哭，杀人不见血。这是孟郊诗歌里难得的对邪恶的正面进攻，也是对传统集体记忆中美德的呼唤。可以说，孟郊一生的苦吟里，充满了重建道德文化的呼唤声。

翻阅孟郊现存500多首诗歌，透过那些或古奥或奇崛的文字，我们可以看到一个突破传统、异于众趣的诗人形象，他创造而特立独行，他苦吟而呕心沥血，他率真而耿介方拙，他的诗歌诗风成了中唐及以后很长一段时间的文学风尚。孟郊和他的诗歌一直影响着中国诗歌的发展，影响了一代又一代的诗人。

真是了不起的孟东野。

2022年8月21日初稿完成于钟管前村老屋

2023年1月12日二稿于武康

2023年4月11日三稿

主要参考文献

［唐］《通典》，国学导航电子书。

［后晋］刘昫等撰：《旧唐书》，中华书局2000年版。

［宋］欧阳修、宋祁撰：《新唐书》，中华书局2000年版。

［元］辛文房著，李立朴译注：《唐才子传全译》，贵州人民出版社1995年版。

［明］万历《重修昆山县志》。

［明］嘉靖《昆山县志》。

［清］嘉庆《溧阳县志》。

［清］光绪《溧阳县续志》。

［清］道光《武康县志》。

［清］徐松撰，张穆校补，方岩校点：《唐两京城坊考》，中华书局1985年版。

［清］徐松撰，孟二冬补正：《登科记考补正》，中华书局2019年版。

吕思勉：《唐朝大历史》，北京联合出版公司2019年版。

钱穆：《国史大纲》，九州出版社2011年版。

岑仲勉：《隋唐史》，商务印书馆2017年版。

陈寅恪：《隋唐制度渊源略论稿·唐代政治史述论稿》，生活·读书·新知三联书店2015年版。

程千帆：《唐代进士行卷与文学古诗考索》，商务印书馆2016年版。

向达：《唐代长安与西域文明》，商务印书馆2015年版。

闻一多：《闻一多全集》，生活·读书·新知三联书店1982年版。

闻一多著，郑临川述评：《闻一多论古典文学》，重庆出版社1984年版。

李志庭:《浙江通史·隋唐五代卷》，浙江人民出版社2005年版。

陈茂同:《中国历代选官制度》，华东师范大学出版社1994年版。

傅璇琮:《唐代科举与文学》，中华书局2020年版。

王勋成:《唐代铨选与文学》，中华书局2021年版。

萧涤非等撰:《唐诗鉴赏辞典》，上海辞书出版社1983年版。

徐乐军:《科举与唐诗》，暨南大学出版社2017年版。

柏杨:《中国历史年表》，海南出版社2006年版。

章培恒、骆玉明主编:《中国文学史》，复旦大学出版社1996年版。

游国恩等主编:《中国文学史》，人民文学出版社1963年版。

胡平:《未完成的中兴——中唐前期的长安政局》，商务印书馆2018年版。

许嘉璐:《中国古代衣食住行》，中华书局2013年版。

严耕望:《唐代交通图考》，北京联合出版社2021年版。

谭其骧主编:《中国历史地图集》，国学导航电子书。

陈垣:《二十史朔闰表》，1926年北京大学研究所国学门印，励耕书社重印，国家图书馆数位化。

张德二主编:《中国三千年气象记录总录》，凤凰出版社2004年版。

方世举撰:《韩昌黎诗集编年笺注》，中华书局2012年版。

马其昶校注，马茂元整理:《韩昌黎文集校注》，上海古籍出版社1986年版。

吴文治编:《韩愈资料汇编》，中华书局1983年版。

孙昌武选注:《韩愈选集》，上海古籍出版社2013年版。

任崇岳:《韩愈传》，郑州大学出版社2002年版。

[宋]吕大防等著，徐敏霞校辑:《韩愈年谱》，中华书局1991年版。

肖占鹏:《韩孟诗派研究》，南开大学出版社1999年版。

[美]斯蒂芬·欧文著，田欣欣译:《韩愈和孟郊的诗歌》，天津教育出版社2004年版。

[美]宇文所安著，贾晋华译:《初唐诗》，生活·读书·新知三联书店2014年版。

［美］宇文所安著，贾晋华译《盛唐诗》，生活·读书·新知三联书店2014年版。

［美］宇文所安著，陈引驰、陈磊译：《中国"中世纪"的终结》，生活·读书·新知三联书店2014年版。

杨鸿年：《隋唐两京坊里谱》，上海古籍出版社1999年版。

贾晋华：《皎然年谱》，厦门大学出版社1992年版。

［宋］国材评：《孟东野诗集》，明凌濛初刻本。

［明］秦禾序本：《孟东野诗集》，明嘉靖刻本。

夏敬观选注：《孟郊诗》，商务印书馆（长沙）1940年版。

郝世峰笺注：《孟郊诗集笺注》，河北教育出版社2002年版。

华忱之、俞学才校注：《孟郊诗集校注》，人民文学出版社1995年版。

韩泉欣校注：《孟郊集校注》，浙江古籍出版社1995年版。

刘斯翰选注：《孟郊贾岛诗选》，生活·读书·新知三联书店香港分店1986年版。

尤信雄：《孟郊研究》，台北文津出版社1984年版。

陈爱虔：《苦寒诗人孟郊研究》，台北文史哲出版社1990年版。

戴建业：《孟郊论稿》，上海古籍出版社2006年版。

范新阳：《孟郊诗研究》，中国社会科学出版社2014年版。

德清文史资料第十辑《德清游子文化》，中国文史出版社2008年版。

德清文史资料第十一辑《双城记》，中国文史出版社2009年版。

德清文史资料第十八辑《品味孟郊》，中国文史出版社2018年版。

奚渭明：《读李白孟郊》，江苏省溧阳市地方志办公室2004年编印。

后　记

关于孟郊的写作缘起于德清的游子文化节。

2002年，我经过"双推双考"进入德清县文联工作。彼时，孟郊游子文化是文联主打的文化品牌之一。孟郊是唐朝武康（今浙江德清县）诗人，其《游子吟》感人至深，真切地吟出了人间至美的情感——慈母之爱、游子之情。德清人挖掘孟郊文化，正是看重《游子吟》所寓含的诗艺感染力和诗教性质。

我有幸参与筹备第一、二届中华游子文化节，并且操盘"孟郊奖"全球华语散文大赛。2004年，第一届游子文化节，我得到张抗抗老师倾力相助，也得以聆听她的教诲。其时，有人曾好心提议，"孟郊奖"要办得红火，是否联络动员某名人撰写征文，最后把大奖颁给某名人，借助名人效应提升散文大赛的影响力。我把这个提议告知抗抗老师，她当即否定，说做人做事要讲原则的，如此操作有悖公平。我听了她的"原则"二字，真的有点汗颜，后悔把这样有悖公平的提议转述给她。因为有原则在，那次征文全部是网络或纸质自由来稿，并隐去作者姓名由评委评审。海内外华人纷纷撰稿参赛，其中不乏名家来稿，他们都是奔向"孟郊"两字而来。大家一定熟悉美术大师韩美林，他既是美术家，也是作家，那一届他的来稿获得二等奖，我们邀请他参加当年的游子文化论坛，他很开心地来参加论坛并到颁奖晚会上台领奖。

2006年，第二届游子文化节给大家带来了难得的文化大餐，余光中、余秋雨、张抗抗三位名家共论游子文化。时隔多年，我还清晰地记得游子文化论坛上三位名家的一些精彩语录，如"他乡和故乡，是在有限的空间里安放无限大的心灵"（张抗抗语），"中文在握就是故乡在握，拿着汉字写作就是故乡"（余光中语）……最让人感动的是张抗抗老师，德清的两次游子文化活动都倾注了她的心血和热情。

从那时开始，我开始买孟郊诗集，读孟郊的诗，对诗人孟郊这位文学先贤逐渐多了一些认识。游子情怀只是孟郊诗的一个部分，孟郊的诗更多是一个寒士在寒夜冷风里的悲鸣苦吟，是中唐时代世道人心的曲折反映。可贵的是，孟郊举起复古创新的大旗，与韩愈一起创立韩孟诗派，开中唐诗歌一代新风。他成为中唐诗坛赫赫有名的先锋诗人。

对孟郊的诗，历代评论经久不息，有褒有贬。褒的是孟郊的独创，孟郊被奉为五言诗泰斗式人物。贬的有点复杂，是既恨又爱。恨他的诗佶屈聱牙，老是寒酸酸作寒苦之言，老是用大家难懂的词语；爱的是天下竟有如此人物，笔下诗句能够切入人心深处，深入骨髓。

对于孟郊生平，《旧唐书》《新唐书》《唐才子传》等文献都有简要的记载，后来的研究者编撰孟郊的年谱，探讨孟诗的价值和特色，考查其精神生活和人生履历，取得了许多成果。如夏敬观、华忱之先生都编过孟郊的诗集和年谱，尤其是华先生的《孟郊年谱》一直是人们研究孟郊的必读书；戴建业、范新阳先生在前人的基础上对孟郊进行深入的研究，诞生了《孟郊论稿》《孟郊诗研究》等著作。但，至今仍没有一部全面审视诗人孟郊一生的传记诞生。

因孟郊而生的游子文化节在德清已经举办过11届，是否应该为诗人孟郊写一部传记？这个念头一直萦绕在我的心头，并且越来越清晰。2008年，我编《德清游子文化》，对孟郊研究资料作了一次搜集；2017年，我编《品味孟郊》，对孟郊研究资料又作了一次收集整理。随后，根据华忱之先生的《孟郊年谱》，反复研读孟郊诗，梳理孟郊行迹，重新审定孟郊部分诗作的编年。2020年2月，新冠肺炎疫情肆虐，我居家隔离，得有较为完整的空余时间，于是开始《我心随月光——孟郊传》的写作。经过两年多文路跋涉，中间几次因故而停顿，终于完稿。

抬头老家窗外，儿时栽种的水杉参天高耸，尽管高温烈日难耐，依然苍翠欲滴，邻家屋顶上瓦楞草生长在瓦缝间，枯黄而不死。回想晨起时喜鹊在水杉枝头嬉闹，河港上白鹭传来沙哑的鸣声，深感家园的自然之美。而我的家园，将在新一轮村庄整治中湮没消失，不禁感慨系之。

2022年8月22日

鸣　谢

在这部传记的写作过程中得到了许多领导和师友的支持和帮助，在此表示衷心的感谢。感谢著名作家张抗抗、原华中师范大学教授戴建业两位老师的热情推荐！感谢湖州市文史研究馆领导的支持，此书得以成为该馆2023年度立项课题！感谢湖州市人文建设促进会、湖州市文联、德清县政协、德清县委宣传部、德清县文联等部门领导的鼓励与支持！感谢本书责任编辑王文运先生的辛勤付出！感谢湖州师院图书馆龚景新先生，以及德清图书馆杨敏红女士、陈国平先生提供宝贵的资料！感谢盛荣良先生、朱炜先生以及其他师友给予的帮助！

因为有你们的支持和帮助，才有这部书稿的顺利收官和出版。

2023年10月8日